장소경험과 로컬 정체성

| 필자 |

신지은 辛智恩, Shin, Ji Eun 부산대학교 한국민족문화연구소 HK교수. 문화사회학 전공
차철욱 車喆旭, Cha, Chul Wook 부산대학교 한국민족문화연구소 HK교수. 한국현대사 전공
차윤정 車胤汀, Cha, Yun Jung 부산대학교 한국민족문화연구소 HK교수. 국어학 전공
장세용 張世龍 Jang, Se Yong 부산대학교 한국민족문화연구소 HK교수. 역사이론 전공
하용삼 河龍三, Ha, Yong Sam 부산대학교 한국민족문화연구소 HK연구교수. 독일근대철학 전공
박규택 朴奎澤, Park, Kyu Taeg 부산대학교 한국민족문화연구소 HK교수. 인문지리 전공
공윤경 孔允京, Kong, Yoon Kyung 부산대학교 한국민족문화연구소 HK연구교수. 도시공학 전공
조관연 趙寬衍, Cho, Gwan Yeon 부산대학교 한국민족문화연구소 HK교수. 문화인류학 전공
이은자 李銀子, Lee, Eun Ja 부산대학교 한국민족문화연구소 HK교수. 중국 근현대사 전공

부산대학교 한국민족문화연구소 로컬리티 연구총서 14

장소경험과 로컬 정체성

초판인쇄 2013년 5월 10일 **초판발행** 2013년 5월 20일
엮은이 부산대학교 한국민족문화연구소
펴낸이 박성모 **펴낸곳** 소명출판 **출판등록** 제13-522호
주소 서울시 서초구 서초동 1621-18 란빌딩 1층
전화 02-585-7840 **팩스** 02-585-7848 **전자우편** somyong@korea.com **홈페이지** www.somyong.co.kr

값 23,000원 ⓒ 부산대학교 한국민족문화연구소, 2013
ISBN 978-89-5626-884-2 94300
ISBN 978-89-5626-802-6 (세트)

이 저서는 2007년 정부(교육과학기술부)의 재원으로 한국연구재단의 지원을 받아 연구되었음(NRF-2007-361-AL0001).

부산대학교 한국민족문화연구소
로컬리티 연구총서 14

장소경험과 로컬 정체성

Place Experience and Local Identity

부산대학교 한국민족문화연구소 엮음

 소명출판

인간과 장소 그리고 로컬을 상상하다

로컬을 기반으로 발현되는 다양한 사회적 현상이나 세계관에 대한 논의를 포함하는 로컬리티 연구에서는 일차적으로 인간과 로컬의 관계, 그중에서도 장소와의 관계에 주목한다. 장소는 실존적 존재로서의 인간의 거처이자 사회적 존재로서의 인간의 삶이 영위되는 곳이다. 인간이 자신을 세계 속에 위치시키는 기준이자 다양한 관계맺기의 장인 장소는 인간 행위와 경험, 기억과 상상이 가득 찬 의미 공간이다.

장소는 인간에 의해 의미화 되고 장소 정체성을 부여 받지만, 인간 역시 장소에서의 다양한 경험을 통해 장소애착과 정체성을 형성한다. 그런데 인간의 장소경험은 개별성을 띠는 동시에 공통성을 띤다. 특정 장소가 개인에 따라 다르게 경험될 수도 있지만 공통적 경험이 형성되기도 하기 때문이다. 장소에서의 공통적 경험은 정서적 · 심리적으로 깊은 유대를 느끼는 로컬의 생성 기반이 된다. 따라서 장소에서의 다양한 경험들 즉, 물리적 경관으로부터 사람들이나 조직 같은 사회적 관계를 통한 경험과 그 의식의 변화과정을 살피는 것은 로컬의 생성, 나아가서는 로컬의 정체성 형성 과정을 읽어내는 중요한 방법이 될 것이다. 물론 이러한 과정을 통해 형성된 로컬 정체성은 내밀한 결들의 차이를 내포한 가운데 유사성을 띠게 될 것이다.

로컬은 끊임없는 변화 속에 자리한다. 변화의 요인은 로컬 내외부에서 지속적으로 발생하지만, 로컬의 급격한 변화를 초래하는 것은 외부적 요인이다. 외부 특히 국가나 자본 같은 권력에 의해 일방적으로 기획된 로컬의 변형은, 진정한 장소경험에 기반하지 않음으로써 인간과 장소의 괴리를 불러일으킬 뿐만 아니라 로컬 정체성의 급격한 변화를 야기한다. 이러한 자연스런 장소경험의 흐름을 바꾸려는 권력과 자본의 기획에 대응하는 로컬인들의 방식은 갈등과 저항, 자발적 포섭과 전유 등의 다양한 모습을 띠게 된다.

이 책에서는 인간과 장소의 관계에 주목하면서 장소에서의 경험이 어떻게 로컬 생성에 관여하는지, 그리고 위로부터 기획된 로컬의 변형이 어떻게 로컬 정체성을 굴절시키는지를 다양한 사례를 통해 살펴보고자 한다.

제1부 '장소경험과 로컬의 생성'에서는 인간과 장소의 만남에 주목하여 장소에서의 경험이 어떻게 로컬이나 로컬 정체성 생성으로 이어지는지 그 과정을 탐색한다. 뿌리박힌 장소를 통해 인간 삶에서 장소가 갖는 의미를 확인하고, 물리적 경관이나 인간의 행위, 사회적 관계 같은 인간의 경험이 어떻게 장소에 대한 애착을 형성시키고 장소 정체성을 구성하는지 그리고 그것이 로컬의 생성으로 이어지는지를 살핀다.

「장소와 기억, 그리고 기록」은 유년기 기억의 부재 회복을 위해 글쓰기를 운명으로 여기는 페렉을 통해, 장소를 기억하고 기록함으로써 장소와 인간의 관계를 회복할 수 있는 여지를 가늠해 본다. 부모의 죽음, 유년기 기억의 상실, 집의 상실을 고아로서의 자기의식, 뿌리 뽑힌 자기 정체성, 작가로서의 정체성과 연관시키는 페렉은 '기억의 정치'를 시도한다. 깊이 뿌리박힌 장소의 상실, 유년기의 상실은 우리를 보호해주고, 시간의 흐름에 따라 변하고 잊혀가는 것에 대한 저항의 '기준, 출발점, 기원'의 상실을 의미하기 때문이다. 기술문명이 지배하고 근대적 이성이 발현되는 근대 공간의 확장은, 자본축적을 위해 추상화되고 계량화되면서 인간의 삶과 괴리되어 장소 상실을 부추긴다. 이 연구는 사적이거나 공적인 기억은 언제나 장소에 기반하고 있으며 이러한 장소에 대한 기억은 사라져가는 것에 대한 끈질긴 추적이자 망각과 죽음을 늦추는 일이라는 것과 종국적으로는 인간과 장소의 관계 회복이야말로 인간다운 삶을 회복하는 길임을 제시하고 있다.

「한국전쟁 피란민의 부산 정착과 국제시장 로컬리티의 생성」은 한국전쟁 피란민들이 국제시장을 무대로 정착해 가는 과정을 통해 로컬리티의 형성 문제를 살핀다. 고향으로 돌아갈 수 없는 이북 피란민들은 새로운 장소에서 생활을 위해, 미군 물품이나 밀수품을 취급하는 모험적이고 불법적이기까지 한 행위를 한다. 때문에 피란민들은 항상 국가권력이나 미군의 감시와 통제 대상이었으며, 자기 권리의 확보를 위해 네트워크를 만들어 국가권력에 저항하거나 결탁하는 등의 다양한 방식으로 대응한다. 이러한 행위와 대응 과정이 곧 피란민들이 국제시장에서 정착하는 과정이며 이 과정에서 피란민들은 국제시장을 개방적이고 역동적인 공간으로 만들어 나간다. 이 연구는 새로운 삶터에 정착하는 과정에서의 인간 행위와 경험에 초점을 맞추어 로컬리티의 생성 문제를 논의함으로써, 로컬리티 생성 과정을 구체적으로 고찰할 수 있게 해 준다.

「무덤마을 주민들의 경험과 장소애착―돌산마을 사례를 중심으로」는 돌산마을을 사례로 배제된 공간을 새로운 장소로 만들어가는 주체들의 행위와 경험을 통해 로컬 생성의 과정을 살핀다. 돌산마을의 대표적 경관인 무덤은 이곳이 산 사람들의 생활공간이 아니며, 국가로부터 배제된 사람들의 삶터라는 중층적인 의미를 포함한다. 이주 초기 외부의 차별적 시선과 무덤이라는 경관 때문에 형성되었던 부정적 장소 의미는 이곳이 살아야만 하는 장소라는 인식과 함께 장소애착으로 환치되는데, 장소애착은 안정적 수거권 확보와 사회적 기반시설 확보 같은 장소만들기 과정에서 중요한 역할을 한다. 배제된 삶의 경험과 열악한 환경은 주민들의 공동체주의 정신과 네트워크 형성을 촉진시키고, 타협과 저항으로 조율된 마을의 장소만들기 과정은 다시 장소애착으로 연결되는 순환적 과정을 보인다. 이 연구는 장소경험이 어떻게 장소애착으로 연결되고 이를 통해 배제된 공간이 로컬로 생성되는지를 미시적으로 살핌으로써, 로컬 생성의 과정을 구체적으로 확인하는 계기를 제공한다.

「일상의 리듬과 장소성 형성」은 도시공간에서 리듬이 자본의 속도에 포섭되어 동일해지거나 가속화될 때, 어떻게 하면 인간주의 리듬을 회복한 로컬공간으로 생성될 수 있는지 그 가능성을 탐색한다. 앙리 르페브르의 '리듬분석' 이론 틀에 근거하여 해운대 쇼핑센터로 대표되는 소비공간에서 일상의 리듬이 자본의 속도에 어떻게 포섭되고 반응하는지 살펴보고 통근열차와 KTX가 오가는 기차역인 구포역에서 반복되는 이동성의 리듬이 인간과 물질, 환경에 작동하는 방식을 심리지리적 방향에서 검토한다. 일상의 리듬은 소비자본과 기술공학의 끊임없는 포섭과 재편성의 대상이기도 하지만, 한편으로 일상은 개방되어 있고 지속적으로 변화하며 창조하는 경험과 이해와 감각의 형식이 맞물려 있기 때문에 새로운 가능성이 열려 있다. 후자의 특성으로부터 근대의 자본과 기술에 의해 삭제된 로컬공간의 회복 가능한 실마리를 찾을 수 있다. 이 연구는 무장소성의 대표적 공간들이 로컬공간으로 회복될 수 있는 가능성을 탐색함으로써 인간과 장소의 관계 회복에 대한 새로운 가능성을 제시한다.

제2부 '로컬의 변형과 정체성의 굴절'에서는 장소경험의 흐름을 바꾸는 권력과 자본의 기획을 통한 로컬의 변형과 이에 대한 로컬인들의 다양한 대응 방식을 살핌으로써, 로컬의 정체성이 어떻게 변화되는지를 탐색하고 로컬 차원의 대안을 궁리해 본다.

「로컬리티의 타자화와 로컬공동체」는 국가와 자본에 의해 로컬인들과 로컬리티가 개인화·상품화 되고, 주변화·타자화 되는 데 대하여 로컬공동체가 유효한 대안이 될 수 있는지를 검토한다. 세계화 시대의 초국가적 자본에 의한 타자화에 대응하는 로컬공동체는 공동선에 대한 숙고, 공동체 참여와 자치, 그리고 공동체를 위한 시민적 덕목을 형성하는 과정을 포함한다. 이것은 개인과 로컬공동체의 동반적 변화를 위한 역사에 적극적으로 참여하게 되는 연속적인 순환이다. 이러한 순환은 주민들의 참여, 자치로서 로컬공동체, 보편적 인권으로서 지구공동체를 연결시키고, 현재 여기의 공동체와 과거 저기 공동체를 이어줄 수 있다. 이 연구는 세계화 시대에 자본이 로컬리티와 로컬인들을 타자화하는 과정을 밝히고, 그 극복 대안으로 로컬공동체의 형성과 함께 로컬을 넘어 세계공동체와의 연결을 시도한 점에서 주목할 만하다.

「울산공업단지의 탈장소화와 갈등」은 아감벤의 정치철학에 근거하여 국민국가 내에 위치한 로컬이 국가권력에 의해 어떻게 포섭·배제·기획되는지와 이러한 삶터의 변화에 따른 주민들의 의식 변화를 살핀다. 울산공업지구의 지정은 국가권력에 의해 결정된 예외공간으로, 이에 속한 주민들은 '법의 지배'에 의해 포섭된 뒤 배제된 상태에 놓이면서 법이 보장하는 권리를 행사하지 못하게 된다. 주민들의 삶의 일부로 녹아든 로컬은 사회·문화·

역사적 의미를 지닌 구체적 장소에서 국가권력과 자본의 논리가 관철되는 추상공간으로 탈바꿈하게 된다. 로컬의 변화 과정에서 주민들은 국가 혹은 자본가들과 많은 갈등을 겪지만, 이러한 갈등은 1960~1980년대 억압적 시대 속에서 적극적으로 표출되지 못한다. 이 연구는 국가의 기획에 따른 로컬의 변형이 어떻게 갈등을 불러일으키는지를 구체적 사례를 통해 살핌으로써, 로컬 정체성이 굴절되는 양상을 보여준다.

「재개발사업을 둘러싼 산동네 주민들의 경험과 타자화─부산 안창마을을 중심으로」는 지자체의 일방적인 로컬 기획에 따른 도시빈민들의 경험과 의식을 통해 로컬 정체성의 변화를 읽어 본다. 도심 속의 배제된 지역인 안창마을의 주민들은 어려운 사람끼리 함께 사는 것에 대해 정신적 안정감과 동질의식을 느끼며 살아왔다. 하지만 지자체의 일방적인 행정구역 분리와 이에 따른 행정지원, 복지서비스의 차별은 주민들에게 선망과 불만을 가지게 하였다. 그리고 토지 불하와 재개발사업으로 인해 주민들 내의 사회경제적 격차가 심화됨으로써, 소외와 배제 현상이 나타날 뿐만 아니라 다양한 갈등이 표출된다. 이 연구는 로컬을 기반으로 동질적 의식을 공유하던 주민들이 지자체의 일방적 기획에 따른 로컬의 변형에 기인하여 다양한 갈등관계를 만들어내는 모습을 살핌으로써, 위로부터의 일방적인 로컬 변형이 로컬의 정체성을 어떻게 굴절시키는지를 확인시켜 준다.

로컬의 변형과 관련한 로컬의 대응은 변화와 기획의 흐름에 저항하며 갈등을 일으키기도 하지만, 전략적으로 변화를 수용하여 이를 로컬의 새로운 정체성으로 재구성하려는 양상을 보이기도 한다. 「문화콘텐츠산업의 전유와 안동 문화정체성의 재구성」은 자본의 논리에 따른 문화콘텐츠산업의 수용을 통해 어떻게 로컬이 변형되고 로컬의 정체성이 재구성되는지를 살핀다. 안동 지자체와 지역의 파워엘리트들은 침체된 지역경제 활성화와 고루한 지역 이미지를 탈피하기 위해, 유교 관련 문화콘텐츠산업을 진흥시키고 한국의 정신문화수도 담론을 유포시킨다. 이 과정에서 서로 결이 다른 지역 정체성들이 전략적으로 타협되면서 공존하게 되는데, 그 이유는 문화적 다양성이 관광의 활성화를 통해 지역 경제를 되살리는 데 중요할 뿐만 아니라 제한된 자원을 둘러싼 다른 지역들과의 경쟁에서 우월적 지위를 차지하는 데 도움을 주기 때문이다. 이 연구는 로컬이 자본의 논리에 포섭되어 변화하는 과정을 통해, 다층적 형상을 띤 로컬 정체성이 어떻게 배제, 동일화 되면서 새로운 정체성으로 재구성 되는지를 보여준다.

「광저우의 '13행' 기억과 장소성의 재구성」은 지자체와 자본에 의한 로컬 기획이 장소성을 어떻게 재구성하는지를, 중국 광저우의 13행역사박물관 건립을 둘러싼 논의를 통해 살펴본다. 광저우는 과거 서구와의 대외무역을 독점한 특허 상인 13행의 기억이 자리한 곳이다. 개혁·개방과 더불어 중국의 상인과 대외무역에 대한 관심이 고조되는 가운데 13행에 대한 재인식은 지자체와 학계를 중심으로 13행역사박물관 건립 제안으로 이어진다. 박물관 건립은 13행 상관구에 자리한 문화공원의 개조와 연동하여 논의되는데, 이 논의들 속에는 13행과 문화공원의 기억에 대한 서로 다른 층위가 존재한다. 13행 유적 개발을 주장하는 목소리가 문화공원의 현상 유지를 주장하는 여론에 비해 훨씬 큰 가운데, 13행 상관구의 장소성을 둘러싼 경합에서 문화공원의 개조와 13행역사박물관 건립은 현실화 되고 있다. 이 연구는 장소에 대한 기억이 자본의 논리에 편입됨으로써 어떻게 로컬 기획 전략에 이용되고, 장소성의 재구성으로 이어지는지를 확인시켜 준다.

이 책은 두 가지 상상을 통해 기획되었다. 첫째, 로컬리티 연구가 궁극적으로 추구하는 목표 중의 하나인 '로컬에서 행복하게 살기'이다. 이를 위해서는 로컬의 가치 발견과 함께 인간과 장소의 관계에 대한 이해가 필수적이다. 오늘날 자본과 권력에 포섭된 비진정성에 기반한 공간의 확장은, 뿌리 뽑힌 자들을 양산함으로써 인간 존재와 그 실존의 방식에 부정적 영향을 끼치고 있다. 장소 상실의 시대를 살아가는 우리는 자신을 감싸는 안전지대의 상실과 함께 정서적 애착의 부재를 통해 정체성의 혼란과 심리적 불안을 경험한다. 이 책은 '장소경험과 로컬 정체성'이라는 주제 아래 장소에 기반한 로컬의 생성과 로컬 정체성 문제를 논의하고, 장소경험을 통해 형성된 진정성에 기반한 로컬 정체성을 탐구함으로써, 장소와 인간의 관계 회복을 상상한다. 진정성에 기반한 로컬 정체성에 대한 인식이야말로 장소 상실의 시대를 살아가는 인간의 불안을 잠재우는 한 가지 대안이 될 수 있을 것으로 여겨지기 때문이다.

둘째, 인문학적 연구 방법의 확장이다. 이 책은 장소경험이 로컬 생성에 어떻게 관여하는지 로컬의 변형이 로컬 정체성의 굴절에 어떤 영향을 끼치는지를 구체적으로 살피기 위해, 각 양상 별로 추출한 사례연구에 질적연구 방법을 도입한다. 질적연구방법은 객관성과 보편성에 기반을 둔 설명보다는 시간과 공간이라는 특수성 속에서 발생하는 사회현상에 대한 이해를 추구하며, 그 이해의 방식이 당사자의 주관적 시각에 따른다. 따라서 양적연구에서 숨겨졌거나 소외된 진실이 질적연구를 통해 그 모습을 드러낼 수 있다. 이런 점에서 질적연구는 근대성과 동일화의 논리 속에 배제되었던 로컬의 가치와 의미를 발견하려는 로컬리티 연구에서 반드시 필요한 방법론이다. 이 책에서는 질적연구방법을 도입하여 구술 발화의 인용이나 관찰 사례를 이용하기도 하고 이를 구조 속에 포함시켜 논의를 재구성하기도 하면서 사례연구에서 인간을 살려내고 로컬의 특수성을 살려내고자 했다. 질적연구로서의 사례연구는 그동안 담론 중심의 인문학 연구가 모색해 온 현실과의 접점 찾기 방안의 유효한 대안이 될 수 있을 것이다. 이런 점에서 이 책이 인문학 연구 방법론의 지평을 넓히는 계기가 되기를 희망한다.

2013년 5월
부산대학교 한국민족문화연구소
로컬리티의인문학연구단

차례

1부

장소경험과 로컬의 생성

장소와 기억, 그리고 기록*

신지은

1. 기억의 상실

1) "나는 유년기의 기억이 없다."

폴란드 유대계인 조르쥬 페렉[1](프랑스 작가. 1936~1982)은 2차 대전 동안 그의 부모를 잃었다. 그는 "나는 유년기의 기억이 없다"고 단정하면서 자신

---

* 이 글은 『한국사회학』 제45집 2호(2011)에 게재된 논문 「장소의 상실과 기억―조르쥬 페 렉Georges Perec의 장소 기록에 대하여」를 본 단행본의 취지에 맞추어 수정한 것이다.
1 조르쥬 페렉은 파리 20구 빌랭 가 24번지에서 6살까지 살았다. 그곳에 페렉 어머니의 미 용실이 있었다. 메닐몽탕 가의 측면에 있는 빌랭 가는 쿠론 가로부터 시작해서 뒤집어진 S자 모양으로 43미터 가량 나있다. 가파른 계단으로 피아 가로 연결되는데, 이 계단 꼭대 기에서 사람들은 파리의 가장 멋진 경관을 볼 수 있었다. 페렉이 1969년 12년 동안 공간 의 변화를 기록하고자 기획했던 것이 바로 이 길의 12개 장소이다. 아이러니하게도 1982 년 3월 3일 페렉이 죽은 다음 날, 빌랭 가는 불도저 아래에서 사라졌다. 지금 그 곳에는 광대한 녹색지 벨빌 공원이 있다.

의 어린 시절을 다음과 같이 몇 줄로 요약한다. "(나는) 4살에 아버지를 잃고, 6살에 어머니를 잃었다. 전쟁 중에 빌라르 드 랑스의 여러 기숙사를 전전했다. 1945년, 고모와 고모부가 나를 입양했다."[2] 평범한 유년기를 보낸 사람이라면 당연히 자신의 유년기 기억, 어머니와 아버지로 둘러싸인 따뜻한 가정에 대한 기억이 자신을 보호한다고 하겠지만, 페렉은 오히려 이 기억의 부재함이 자신을 보호한다고 쓰고 있다.

이런 역사의 부재가 오랫동안 내게는 위안이 되었다. 그 객관적 메마름, 눈에 드러나는 명백성, 그 순수성이 나의 보호막이 되었는데, 그러나 그것이 무엇으로부터 나를 보호했을까, 바로 나의 역사, 내가 겪은 역사, 나의 생생한 역사, 결코 메마르지도 객관적이지도 않고 눈에 드러나게 명백하지도 않으며 명백하게 순수하지도 않은, 오로지 나만의 역사로부터 나를 보호해 주는 것은 아닐까?[3]

발리프Balif 부인은 행복한 아이라면, 문이 닫혀서 잘 보호되고 있는 집, 든든하게 깊이 뿌리박힌 집을 그릴 수 있을 것이라고 했다.[4] 그리고 그런 아이들이 그린 그림에 나타나는 집은 따뜻해 보인다고 했다. 그림 속 집 굴뚝을 통해 나오는 연기를 통해 우리는 그 집 안에는 불이 있다는 것을 알 수 있다. 행복한 집이라면, 연기는 지붕 위로 부드럽게 너울거린다. 그런데 불행

---

2 조르쥬 페렉, 이재룡 역, 「W 혹은 유년기 기억—E에게」, 『작가세계』 22, 세계사, 1994, 429쪽.
3 위의 글, 429~430쪽.
4 Françoise Minkowska, *De Van Gogh et Seurat aux dessins d'enfants-à la recherche du monde des formes*, Paris : Béresniak, 1949.

한 어린이의 경우, 집은 그 아이의 불안의 흔적을 담고 있다. 폴란드 출신의 유대인 정신의학자 프랑스와즈 민코프스카Françoise Minkowska는 2차 대전 때 독일 점령의 공포를 겪었던 유대인 어린이들이 그린 그림을 전시했다. 매번 장롱 속에 숨어 있어야 했던 어떤 아이는, 비좁고 싸늘한 집, 문을 닫아 건 집들을 그렸다. 민코프스카는 그런 집을 '움직임 없는 집'이라고 했는데, 그것은 살아 있는 집과 구별된다. 살아 있는 집에는 문으로 다가가는 움직임, 집으로 향하는 오르막 길, 즉 운동 감각을 자극하는 요소들이 있게 마련이다.[5] 페렉은『공간의 종류들』에서 인간이 살 수 없는 곳으로, 하수처리장, 진창, 악취가 나는 도시, 지하철 역 등과 함께, 창문 없이 다닥다닥 붙은 작은 방들, 자물쇠로 잠긴 곳, 유리조각으로 덮여있는 벽, 방호벽, 구멍, 숨 막히는 곳, 시체유기장, 해골 더미, 적대적인 곳 등을 들고 있다.[6] 우리는 거기서 페렉의 상상계를 사로잡고 있는 아우슈비츠의 흔적[7]을 발견할 수 있다. 페렉의 글들에는, 건강하고 행복하지 못한 아이가 그린 그림 속의 집처럼,

---

5 가스통 바슐라르, 곽광수 역,『공간의 시학』, 동문선, 2003, 166~167쪽.

6 Georges Perec, *Espèces d'espaces*, Paris : Galilée, 1974, p.176.

7 페렉의 어머니와 이모는 파리에서 체포되어 아우슈비츠에서 죽었다. 페렉 어머니의 죽음을 페렉은 성냥팔이 소녀나 학대받는 소녀 이미지를 빌어서 재구성한다(이러한 왜곡된 기억과 기억의 재구성에 관해서는 이 글 2절 2항「기억의 왜곡」을 참조). "어머니를 생각하면 유대인 거주지역인 게토의 꼬불꼬불한 골목길, 눈이 하얗게 쌓였을지도 모를 그 길을 비추는 희미한 가로등, 어두침침한 허름한 구멍가게 앞에 늘어선 행렬이 눈앞에 떠오른다. 그리고 그 줄에 끼여 있는 아주 보잘것없는 어머니, 좁쌀만한 키에 뜨개질한 목도리를 세겹 네겹으로 둘둘 두르고 자기 몸무게의 두 배나 되는 장바구니를 질질 끌고 서 있는 그녀가 떠오른다."(페렉, 앞의 글, 1994, 448쪽) 페렉은 어머니의 죽음을 "그녀는 아무것도 이해하지 못한 채 죽었다"고 정리한다.(위의 글, 450쪽) 어머니의 죽음은 소설 부분에서 다음과 같이 좀 더 자세히 재구성된다. "더욱 끔찍하게 죽은 건 캐실리아(소설 속 아들을 잃은 어머니)였습니다. 다른 사람처럼 즉사하지 않고 좌초의 충격으로 제대로 묶여 있지 않았던 대형 트렁크가 떨어지면서 허리가 부러진 캐실리아는 거의 몇 시간 동안이나 선실문을 열려고 시도했던가 봅니다. 칠레 구조단이 발견했을 때는 그녀 심장이 딱 멈췄던 때였고 떡갈나무로 된 선실문은 피 묻은 그녀의 손톱자국으로 깊게 패여 있었지요."(위의 글, 469쪽)

집은 움직임 없이 닫혀 있거나 잠겨 있는 것으로 표현되고 있다. 간혹 페렉은 자신이 어린 시절에 살았던 동네를 운동 감각을 살려서 묘사하기도 하지만, 그것은 이내 '강요된' 운동으로 변화한다.

나는 뛰면서 언덕을 내려온다: 나는 발걸음 내디딜 때마다 땅에 닿은 발로 한번 껑충 뛴다. (…중략…) 아이들의 특유한 걸음으로 쿠론 거리를 뛰어내려오는 내 모습이 '보인다'. 그러나 나는 내 등을 떠미는 힘, 부당함의 명백한 증거를 '느끼며' 내 위에서부터 시작해서 내게 떨어지는, 타인에 의해 강요된 불균형의 감각은 내 육체에 너무도 강렬히 각인되어 혹시 이 기억이 사실은 정반대의 기억을 감추는 것은 아닐까 생각한다.[8]

페렉의 개인사는 세계의 큰 역사에 의해 파괴되었고, 그에게 남아 있는 것은 별 의미 없는, 통계수치와도 같은 정보와 몇 조각의 사진뿐이었다. 그는 자신이 유년기 기억이 없다고 단언하면서, 이 문제는 자신과 무관하다고 말한다.

"나에겐 유년기에 대한 기억이 없다": 나는 거의 도발적이라 할 만큼 당당하게 확언했다. 누구도 이 문제에 대해 내게 묻지 말아야 한다. 이 문제는 나의 인생 프로그램에 입력되어 있지 않다. 나는 면제받은 것이다. 전쟁, 집단수용소라는 다른 역사, (도끼grand hache, H를 들고 있는) 커다란 역사가 이미 내 대신 답을 했다.[9]

---

8 위의 책, 466쪽.
9 위의 책, 430쪽. 필자가 부분 수정했음.

그는 자신의 '부재의 유년기'를 재구성하기 위해 우선 커다란 역사에 의존한다. 그는 출생 신고서 복사본, 자신이 태어난 날짜의 신문(주로 1936년 3월 7일, 8일자 『시대』 신문)을 뒤진다. 페렉의 『W 혹은 유년기 기억*W ou le souvenir d'enfance*』[10]은 두 종류의 이야기가 얽혀 있다. 이 소설은 실종된 가스파르 빙클레르Gaspard Winckler를 찾는 여정을 그린 W섬 이야기와, 페렉이 자기 어머니와 헤어지기 전까지의 유년기의 파편들로 이루어진 자전적 이야기가 교차 편집된 작품이다. 페렉은 이 소설을 처음에는 모험 소설로 구상했다고 한다. '더욱 강하고 더욱 빨리 더욱 높이'라는 슬로건을 지상 목표로 내건 W섬은 온 나라가 스포츠에만, 더 정확하게는 스포츠에서 이기는 것에만 집착하고 있는 곳으로 묘사되고 있다. 그런데 소설이 전개될 수록 이 나라는 단순히 스포츠 국가인 것이 아니라 점점 독재국가, 나치의 집단 수용소를 연상시키게 된다. 이 소설의 마지막 장에서 페렉은 스포츠와 유대인의 운명을 연결시킨다. 그는 유대인 수용소에서는 사람들이 흔히 생각하는 것과 달리 사실은 강제 노역을 시키지 않고, 대신 수용소에 갇힌 사람들은 쉴 새 없이 스포츠를 해야 한다고 지적하고 있다. 즉 그들은 구령에 맞춰 땅에 엎어졌다가 뒹굴고 선착순 달리기를 하고, 그런 그들에게 독일군은 하루 종일 "슈넬, 슈넬Schnell, Schnell"(빨리, 빨리) 하고 외친다. 스포츠와 스포츠 규칙들은 페렉에게 독재와 광기를 연상시키고 있는 것이다. 여기서 개인사와 큰 역사, 개인의 기원 및 성장과 역사적 사건, 혹은 개인의 기억 상실과 큰 역사(나치의 유대인 학살)는 긴밀한 관계 속에서 설명될 수 있는 것처럼 보인다.

기억을 사회학적 연구의 대상으로 최초로 고려했던 모리스 알박스Maurice

---

10 Georges Perec, *W ou le souvenir d'enfance*, Paris : Denoël, 1975; 페렉, 앞의 책.

Halbwachs에 따르면, 인간의 기억은 그것이 어떤 사건과 관련된 것이든 혹은 어떤 사물과 관련된 것이든 늘 집단적이라고 한다.[11] 인간은 태어나면서부터 사회에 속하기 때문에 개인의 기억은 하나 혹은 여러 집단의 관점을 벗어나 형성될 수 없고, 따라서 우리가 개인의 기억이라고 생각하는 것 역시 우리가 소속된 집단의 기억에서 완전히 벗어난 독창적인 것일 수 없는 것이다. 페렉 역시 개인의 기억과 개인의 정체성이 집단 기억과 집단 정체성과 밀접한 관련을 맺고 있다고 생각했던 것으로 보인다. 소설 속에서 화자(페렉 자신)는 자신의 유년기 기억의 부재의 고통에서 벗어나기 위해 혹은 유년기 기억의 부재를 메우기 위해 집단 기억에 의지한다. 예를 들어 소설 속 자서전 부분에서 화자는 자기가 기억하지 못하는 유년기에 관한 정보를 얻기 위해 그 시대의 신문을 뒤지는데, 이 장면은 주목할 만하다. 그는 세계 역사를 통해 자신의 개인사를 이해하고 기억을 상기시켜 보려고 한 것이다. 자서전 부분 외에도, 소설 부분에서도 유사한 내용이 확인된다. 소설의 화자는 어느 날 알지 못하는 사람으로부터 한 통의 편지를 받는데, 그 편지 봉투에 그려진 그림이 무슨 의미인지, 그 편지를 보낸 사람이 누구인지를 알아보기 위해 사전이나 백과사전, 연감을 찾아본다. 이 행동은 보편적 정보를 통해 편지를 보낸 사람의 개인 정보를 얻고자 하는 행동이다. 그런데 화자는 그 단어의 의미 혹은 그 편지의 발신자 오토 아펠스탈Otto Apfelstahl에 관한 정보를 사전이나 책자를 통해서는 전혀 얻을 수가 없었다. 사전으로 상징되는 객관적 역사는 결코 개인사를 밝혀줄 수 있으며, 허구와 사실의 이야기를 중첩시킴으로써 잃어버린 정체성을 회복할 수 있으리라는 기대는 무너지게 된다.

---

11 Maurice Halbwachs, *La mémoire collective*, Paris : PUF, 1968.

결국 허구와 사실 또는 개인사와 역사를 중첩시킴으로써 개인의 정체성의 문제가 해결되기는 쉽지 않다는 사실을 확인할 수 있다.[12]

하지만 페렉은 부재하는 개인사를 대신할 집단 기억을 참고하거나, 과거 역사를 통해 자기 개인사를 재구성하려고 끊임없이 노력했다. 어쩌면 그가 할 수 있는 것은 그것뿐이었는지도 모른다. 그는 단절되고 모순되는 이 기억들, 개인 기억과 집단 기억을 연결해 가면서 자기 개인의 역사, 부모와 자신의 지난 삶을 기록한다. 하지만 그는 이내 "진실이든 거짓이든 간에 어떤 사항을 자세히 덧붙인다 해도, 그것을 냉소, 감동, 메마름, 사랑으로 포장한다 해도, 아무리 자유로운 환상의 날개를 펼친다 해도, 어떤 가공의 이야기를 전개한다 해도, 그 자신은 영원히 같은 이야기만을 반복할 수밖에 없을 것 같다"[13]고 체념한다. 그리고 그는 "내가 정말 할 말이 없는지는 나도 모르지만 내가 아무 말도 하지 않았다는 건 안다. 내가 해야만 하는 말을 내가 했는지도 모르겠다"고 고백하는데, 그 이유는 "그건 말로 표현될 수 없는 것이기 때문이다."[14] 페렉은 이 말로 할 수 없는 것, 상상할 수 없는 것, 즉 자신의 유년기를 송두리째 파괴해 버린 폭력적인 역사에 맞서 그것을 표현하고 그것에 대해 이야기하고자 했다. 그래서 자연스레 기록 편집광인 그에게 글쓰기는 운명적인 작업이 되었다.

내가 글을 쓰고자 마음먹은 것과 나의 살아온 역사를 써야겠다는 계획은 거의 동시에 일어났다.[15]

---

12 유호식, 「기억, 기억의 부재, 허구―조르주 페렉의 『W 혹은 유년기의 추억』 연구」, 『불어불문학연구』 64, 한국불어불문학회, 2005, 259쪽.
13 조르쥬 페렉, 앞의 책, 456쪽.
14 위의 책, 457쪽.

나는 쓴다 : 나는 쓴다, 왜냐하면 우리는 함께 살았고, 나는 그들 속에 있었으며, 그들 그림자 속의 그림자, 그들 몸 가까이에 있는 몸이었기 때문이다; 나는 쓴다, 왜냐하면 그들은 내게 지울 수 없는 그들의 흔적을 남겼으며 그 흔적의 자국이 바로 글이기 때문이다; 그들의 기억은 글쓰기에서 죽는다. 글쓰기는 그들 죽음의 기억이며 내 삶의 확인이다.[16]

2) 사라진 집 혹은 빈집

부모의 죽음과, 그에 따른 어린 시절의 기억의 상실(상실의 기억) 그리고 집의 상실은, 뿌리 뽑힌 자기 정체성, 고아로서의 자기 정체성에 대한 자각과 연관된 것으로 볼 수 있을 것이다. 그래서 유년기 기억을 가지지 못했다는 페렉의 말은, 확고부동하고 깊이 뿌리박힌 장소가 이제 더 이상 존재하지 않는다는 사실과 연관해서 이해될 수 있을 것이다.[17]

바슐라르Bachelard는 기억과 추억이 상실된 이 뿌리 뽑힌 불완전한 거소는 상자나 구멍일 뿐 집이 아니라고 말했다. "파리에는 집이 없다"[18]고 단정하며, 바슐라르는 대도시의 삶에서 거소居所와 공간의 관계는 인위적인 것이 되었고, 거기서는 모든 것이 기계적이고, 내밀한 삶은 다 사라졌으며, 따라서 집은 이제 우주의 드라마를 알지 못하게 되었다고 했다.[19] 우주의 드

---

15 위의 책, 445쪽.
16 위의 책, 457쪽.
17 Georges Perec, *op. cit.*, 1974, p.179.
18 가스통 바슐라르, 앞의 책, 107쪽.
19 위의 책, 107~108쪽.

라마 속에 위치하는 집, 혹은 우주의 드라마를 직접 체험하고 그것을 흔적으로 가지고 있는 집에 대한 연구 속에서, 바슐라르는 다음과 같이 질문한다. "그 방은 컸던가? 그 지붕 밑 방은 잡동사니로 차 있었던가? 그 구석은 따뜻했던가? 그리고 빛은 어디서 흘러 들어오고 있었던가? 또 그 공간들 속에서 존재는 침묵을 어떻게 알고 있었던가? 그는 고독한 몽상이 거하던 그 여러 숙소들의, 그토록 특이한 침묵을 어떻게 음미하고 있었던가?" 바슐라르는 기억을 생생하게 하는 것은 시간이 아니라 공간이라고 강조한다. 시간은 우리에게, 두터운 구체성이 모두 삭제된, 추상적인 시간의 선만을 기억하게 하지만, "우리들이 오랜 머무름에 의해 구체화된, 지속의 아름다운 화석들을 발견하는 것은, 공간에 의해서, 공간 가운데서"이다. 즉 "추억은 잘 공간화 되어 있으면 그만큼 더 단단히 뿌리박아, 변함없이 있게 되는 것이다."[20] 바슐라르는 우리가 소속감, 내부에 있다는 느낌, 공동체의 일원으로 자기 장소에 있다는 느낌을 받는 공간, 즉 내밀성의 공간에 대한 연구를 강조한다. 우리는 보통 고향, 집, 지역이나 국가에 대해 이러한 감정을 느끼게 되는데, 이러한 뿌리박힘의 소속감을 제공하는 '장소감'은 "개인의 정체성에 중요한 원천을 제공하고, 이를 통해 공동체에 대해서도 정체감의 원천"이 되기 때문에 매우 중요하다."[21] 그리고 보통 가장 원천적으로 '우리 집'이 장소감을 제공하게 된다. "집은 개인으로서 그리고 한 공동체의 구성원으로서의 우리 정체성의 토대, 즉 존재의 거주 장소이다."[22] 하이데거Heidegger가 말한 대로 '세계-내-존재'는 '안에-있음'에 근거하는데, 이는 일차적으로

---

20 위의 책, 83~84쪽.
21 에드워드 렐프, 김덕현 외역, 『장소와 장소상실』, 논형, 2008, 150쪽.
22 위의 책, 97쪽.

'집 안'일 것이다.[23] 그리고 '안에' 존재한다는 것은, "현존재는 세계내부적으로 만나게 되는 존재자와 배려하며 친숙하게 왕래한다"는 것을 의미한다.[24]

이처럼 인간의 최초 정체성 형성과 연관된 집의 이미지는 결국 '어머니로서의 집' 이미지를 연상시킨다. 러시아계 시인 밀로슈Milosz는 "나는 '어머니'라고 말하느니. 그리고 내가 생각하는 것은, 오 '집'이여! 그대이다. 내 어린 시절의 어슴푸레한 아름다운 여름의 집이여"라고 말했다.[25] 마찬가지 의미에서 우리는 어린 아이에게 부모는 제일의 장소라고 말하기도 하고, 또한 타인의 사랑에 '안주'하고 '휴식'한다고 말하기도 한다.[26] 집에는 공동의 애정, 공동의 힘, 용기와 저항의 응집이 있다. 그 집에 거주하는 자를 감싸 안는 집이야말로 훌륭한, 존재의 응집의 이미지이다.[27]

따라서 집은 인간이 완전히 벌거벗은 상태가 되지 않도록 만들어준다. 따라서 '세계에 던져진 인간'을 말하기 이전에, 우리는 폭풍 아래 돌풍을 받으며 꼿꼿이 서 있는 집, 그 속에 인간을 담고 있으며 인간을 보호하는 집을 강조할 수 있을 것이다. 즉 집은 "인간이 우주와 용감하게 맞서는 데 있어서 하

---

23 하이데거는 '건립 거주 사유'라는 강연에서 집을 짓는 것과 거주하는 것에 대해 사유한다. 그에게 집을 짓는 것(건립)은 '죽을 자들이 땅위에서 존재하는 방식'으로서의 거주를 의미한다. 그는 거주, 곧 '죽을 자가 땅위에 존재함' 속에는 하늘, 땅, 신적인 것, 죽을 자가 함께 속해 있다고 한다. 그리고 그는 이 네 가지가 통일성을 이루고 있는 모습을 4중자(사방)라고 부르는데, 이것이 바로 '세계'이다. 죽을 자들은, 그들이 땅위에 거주하는 한 이미 4중자 속에 존재한다. 거주로서의 건립은 동식물의 돌봄과 건축물의 설립을 통해 전개된다. 죽을 자들이 땅에 거주한다는 것은 4중자 속에서 사물들 옆에 체류한다는 것을 의미한다. '세계-내-존재'는 인간의 존재상황을 집약적으로 표현하는데, 이는 인간이 세계를 열면서 세계 안에 존재하고 있다는 것을 말한다. 이는 '현-존재'라는 표현으로 축약되어 표현되기도 하는데, 여기서 '현'은 인간의 삶의 현장을 의미한다.
24 마르틴 하이데거, 이기상 역, 『존재와 시간』, 까치, 2007, 148쪽.
25 가스통 바슐라르, 앞의 책, 132쪽에서 재인용.
26 이-푸 투안, 구동회 역, 『공간과 장소』, 대윤, 2007, 222~223쪽.
27 가스통 바슐라르, 앞의 책, 132쪽.

나의 도구"[28]이다. 집을 가진 인간은 따라서 다음과 같이 말할 수 있다.

어떤 것을 향해서라도 또 어떤 것에 대항해서라도 집은 우리들이 이렇게 말하도록 도와준다 : 나는 이 세계가 싫어하더라도 이 세계의 거주자가 되겠다. 문제는 다만 존재의 문제만이 아니고, 힘의 문제 따라서 반대 힘의 문제이기도 하다. 이와 같은 인간과 집의 역동적인 공동체성, 이와 같은 집과 세계의 역동적인 적대성에 있어서 우리들에게 연상되는 것은, 단순히 기하학적인 형태와는 어떤 것과도 거리가 멀다. 체험된 집은 움직임 없는 상자가 아니다. 거주되는 공간은 기하학적인 공간을 초월하는 것이다.[29]

빈센트 비시나스Vincent Vycinas는 하이데거를 해석하면서, 집이라는 현상은 "우리가 복종할 수밖에 없는 압도적이고 교환 불가능한 무엇이며, 우리가 여러 해 동안 집을 떠나 있었다 해도 우리 삶의 방향을 정하고 길잡이가 되는 어떤 것"이라고 설명했다. 즉 집은 우리 정체성의 토대, 존재의 거주 장소인 것이다.[30] 그런데 특이한 것은, 하이데거에게 집은 과거 시제로 기록되고 있다는 점이다. 그에게 현재 오늘날의 집은 왜곡되고 비뚤어진 현상이다. 즉 진정한 고향의 의미로서의 집은 사라지고, 거주지로서의 주택만이 남아있다는 것이다. 진정한 의미의 집, 즉 '과거 시제로 기록되는 집'(고향)[31]

---

28 위의 책, 133쪽.
29 위의 책, 133~134쪽.
30 에드워드 렐프, 앞의 책, 97쪽.
31 전광식은 『고향』이라는 책에서 고향이란 말은 다음과 같은 함의를 내포하고 있다고 지적한다. ① 고향의 고故라는 문자가 '예스러움', '오래됨'을 의미하듯 고향은 우리가 적응하기에 바쁜 급변하는 세계가 아니라 예스러운 안정된 삶의 세계. ② 고향의 고故라는 문제에는 '떠나온'이란 의미가 있기에 고향은 내가 떠나왔지만 그리워하는 추억의 장소. ③ 고향은 무엇인가 은닉되어 있고 순수한 삶의 세계. ④ 고향은 자연을 압도하는 대도시와

은 페렉이 상실한 '어린 시절'과 겹쳐진다. 인간 실존에 대해 반성하는 사람들에게, 현대인은 집 잃은 존재이며, 집이라는 장소에 대한 애착을 상실해 버렸다. 하이데거가 바로 이런 입장을 잘 대변한다.

하이데거는 현대의 고향(집, 어린 시절) 상실은 기술 문명의 발전이 초래한 결과로 본다. 그에게 현대의 기술 문명 세계는 인간을 에너지원으로 무자비하게 동원하는 세계인 반면, 고향은 인간과 모든 존재자가 자기 고유의 존재를 발현하고, 그들 사이에 조화와 애정이 발견되는 세계이다. 그는 자기 고향 메스키르히Messkirch의 들길을 회상하면서 "고향에서 인간은 들길 옆에 튼튼하게 자란 떡갈나무처럼 광활한 하늘에 자신을 열고 어두운 대지에 뿌리를 박고 산다"라고 말하고 있다. 인간은 나무와 마찬가지로 "드높은 하늘이 부르는 소리에 귀를 기울이고 자신을 감싸 안은 대지의 보호에 감사하면서 견실한 생명력을 갖는다." 하이데거는 현대의 위기는 고향을 상실하면서 비롯되었다고 생각한다. 그리고 고향 상실에 따른 공허감과 불안감에서 벗어나기 위해서 인간은 더욱 더 기술 개발에 몰두하고 물질적인 소비와 향락을 추구하게 되었다고 본다.[32]

기술문명시대의 공간, 근대적 이성이 발현되는 근대적 공간은 자본축적을 위한 추상화·계량화된 공간, 인간의 삶과 괴리된 소외의 공간, 물신화된 공간이라 할 수 있을 것이다. 반면 고향으로 상징되는 전근대 공간은 공동체적 공간, 즉 생산과 소비가 공동으로 이루어지는 구체적 공간, 한 지역

는 달리 자연에 안겨 있는 아늑한 곳. 익명의 타자들이 모여 사는 도시와 달리 고향이란 가정의 연장이다. 도시인들이 군중 속의 고독을 느낀다면 고향에서는 사랑과 정, 혈연적, 지연적 유대감과 서로에 대한 애정을 느낀다. 또한 고향은 동일한 언어와 관습, 전통을 공유하는 곳이다.(박찬국, 『들길의 사상가, 하이데거』, 동녘, 2004, 22쪽에서 재인용)
[32] 위의 책, 22~23쪽.

내에서 발생한 사건이 공동적으로 체험되는 공간이다.[33] 인간이 오관을 통해 체험하는 공간, 즉 '인간화된 공간인 장소'[34]는 기존 가치들의 잔잔한 중심, 보금자리이다. 이처럼 장소에 대한 인간의 일상적이고 일차적인 관심과 이해는, 위상학적이고 추상적인 개념으로서의 공간이 아니라 '우리 집', '내 고향'으로서의 장소를 의미하는 것이다. 그래서 르네 듀보René Dubos가 『내재하는 신』에서 "장소들이 불러일으키는 것은 지리적 위치가 아니라 그 당시 나의 삶의 모습이기 때문에, 나는 장소의 정확한 특징보다 그 장소들의 분위기를 더 잘 기억하고 있다"고 말한 것은 적절하다.[35] 사실 우리가 보통 직접 경험하는, 현상으로서의 장소에 대한 연구는 장소의 정신spirit of place, 장소감sense of place, 장소의 분위기genius loci 등과 밀접하게 연관되어 있다. 여성 탐험가 프레야 슈타크Freya Stark를 인용하면서 이 푸 투안은 친밀함의 경험지로서의 집을 미세하면서도 따뜻하게 그리고 있다.

집은 친밀한 장소이다. 우리는 주택을 집과 장소로 생각한다. 그러나 과거의 매혹적인 이미지는, 바라볼 수 있을 뿐인 전체 건물에 의해서 환기되는 것이 아니라 만질 수 있고 냄새 맡을 수 있는 주택의 구성 요소와 설비(다락방과 지하실, 난로와 내달은 창, 구석진 모퉁이, 걸상, 금박 입힌 거울, 이 빠진 잔)에 의해서 환기된다. 슈타크는 말하길, "보다 작고 친밀한 것에서, 기억은 어떤 사소한 것, 어떤 울림, 목소리의 높이, 타르 냄새, 부둣가의 해초 …… 등을 가지고 가장 매혹적인 것을 엮는다. 이것은 확실히 집의 의

---

33 최병두·윤일성, 「대담―근대적 공간에 대한 성찰」, 『오늘의 문예비평』 47, 2002, 27~28쪽.
34 이-푸 투안, 앞의 책, 94쪽.
35 에드워드 렐프, 앞의 책, 92쪽.

미이다. 집은 매일 매일이 이전의 모든 날들에 의해 증가되는 장소이다."[36]

따뜻한 공기가 머무는 구석, 매일 매일의 평범하지만 소중한 경험들이 먼지처럼 켜켜이 쌓여가는 다락방과 지하실은 인간의 가장 기본적인 공간이면서, 최초의 정체성 형성을 가능하게 해주는 장소이다. 따라서 이러한 장소의 상실은 곧 자기규정의 상실, 정체성 상실이라는 결과를 가져올 수 있다. 특정 장소가 제공하는 소속감, 친밀감 그리고 이에 따른 공동체적 정체성 등이 사라지는 장소-탈귀속화는 점차 의사pseudo 정체성을 형성하게 된다.[37] 혹은 왜곡된 장소감을 형성할 수도 있다. 건강한 존재라면 작고 비좁은 장소를 명상이나 우정을 위한 곳으로 받아들이고, 개방된 공간은 잠재적 행동을 발산하거나 자아를 확장하는 곳으로 받아들일 수 있겠지만, 그렇지 못한 사람은 밀실공포증이나 광장공포증을 느끼게 된다.[38]

바슐라르가 말했듯 참된 의미로 인간이 거주하는 모든 공간은 집이라는 관념의 본질을 가지고 있기 때문에, 집은 "우리들의 최초의 세계", "하나의 우주"라고 할 수 있다.[39] 그런데 바슐라르적 의미에서의 집, 즉 보호, 부드러움, 따뜻함으로서의 집을 상실한 채 유년기를 보낸 사람은 건강한 장소감과 정체성을 가지기 힘들 것이다. 페렉의 경우, 자신의 지표가 되어 줄 유년기 기억의 부재로 시간의 지속성을 확보하지 못했고, 따뜻한 집의 부재로 자신을 둘러싼 세계를 올바로 파악하는 장소감을 갖지 못 하게 된 것으로 볼 수 있다.[40]

---

36 이-푸 투안, 앞의 책, 232쪽.
37 최병두, 『근대적 공간의 한계』, 삼인, 2002, 195~196쪽.
38 이-푸 투안, 앞의 책, 94쪽.
39 가스통 바슐라르, 앞의 책, 77쪽.

2. 상실의 기록– 역사의 재구성

1) 리포그람hipogramme

페렉은 1960년대 프랑스에서 전위적인 위치를 차지했던 '잠재 문학의 공동작업실ouvroir de littérature potentielle'(OuLiPo, 울리포)이라는 문학 그룹의 일원이었다. 이 그룹은 제약을 통해 새로운 형식의 구조를 제안하고 새로운 독서를 독자에게 제공하고자 하는 목표를 가지고 있었다. 예를 들어 11개의 글자로만 이뤄진 단어로 11행시를 쓴다거나, 순열, 조합, 치환 등의 수학이론 혹은 체스의 행마이론을 적용하여 글을 쓴다거나, 단어의 수를 제한하여 글을 쓴다. 페렉의 소설 중 『실종*La disparition*』[41]은 e자를 제외한 단어로 쓰었다. 이처럼 알파벳 중에서 특정 글자를 제외한 단어로만 쓰거나 주어진 몇 개의 글자만으로 쓰는 방식을 '리포그람hipogramme'이라고 한다. 리포그람은 단어의 제약(단어의 상실)을 통한 글쓰기라는 점에서 지금 우리의 논의에 흥미롭다.

울리포OuLiPo가 실험한 리포그람은 글쓰기에서 어떤 단어도 자동적으로 쉽게 결정되지 않고 엄격한 검열과 숙고의 과정을 거쳐서 선택된다. 페렉은

---

40 페렉은 공간 지각에 어려움을 겪었다고 하는데, 예를 들면 대칭되는 두 요소가 병치, 교체되어 그에게 계속해서 혼란을 일으켰다고 한다. 혹은 오른쪽, 왼쪽을 구분하는데도 어려움을 느꼈고, 그래서 간직할 원고, 버려야 할 원고를 둘로 나눠 정리한 가방을 혼동하여 많은 작품을 버린 경험도 있다고 한다.(이재룡, 「만능열쇠로도 열 수 없는 페렉의 세계」, 『작가세계』 22, 세계사, 1994, 402쪽) 이는 페렉의 정신생활 뿐 아니라 작품세계의 특징이기도 하다. 이것은 그의 작품 속에서 팔렌드롬palindrome에 대한 집착으로 나타나기도 한다(이 글 2절 2항을 참조).

41 Georges Perec, *La disparition*, Paris : Denoël, 1969.

의미상 적절한 단어라 해도 e가 포함된다면 그것을 대체할 다른 단어를 찾거나 문장을 재구성했다. 이 과정을 통해 작가는 잘 사용되지 않는 단어, 무의식 속에 잠재되어 있는 단어들을 찾아낼 수 있었다. 여기서 제약은 평소에 잘 사용하지 않고 즉각적으로 떠오르지 않는 단어와 표현들을 상기시키는 작동을 하는 것이다.[42]

소설『실종』에서, e자가 '실종'된 것은 페렉에게 단순히 리포그람 소설의 실험이라는 의미 뿐 아니라 또 다른 차원에서 고찰될 수 있다. e는 나je, 아버지père, 어머니mère, 페렉Perec의 이름에서 사용되는 유일한 모음이고, 그 발음은 '그들eux'과 같다. 페렉의 자전적 소설(소설적 자전)『W 혹은 유년기 기억』은 '실종된 섬'에 관한 소설로 첫 페이지에 'E에게'라는 헌정 문구가 붙어 있다. '실종된 섬île disparue'은 '실종된 그들ils disparus'과 발음이 동일하다. 이런 단어 유희를 통해 페렉은 실종된 자기, 사라진 그들(부모)을 e로 치환하면서 리포그람 소설을 쓴 것으로 볼 수 있다. 작가에게 단어의 실종은 의식의 큰 구멍, 망각의 심연을 나타낸다. 즉 시니피에signifié는 있는데 시니피앙signifiant이 사라진 것이다. 그래서 리포그람 즉 단어의 빈공간은 리포셈liposème 즉 의미의 빈 공간을 형성한다.[43]

의미의 빈 공간을 이용하여 소설을 쓸 수 있다면, 과연 그 소설은 어떤 글이 될까? 이야기 거리가 되지 않는 의미 없는 이야기, 빈 공간과 망각으로만 백지를 채우는 일, 사건을 제외한 소설, 즉 의미의 빈 공간을 드러내는 리포

---

42 1960년대 프랑스에서 유행했던 문학 운동에는 울리포 외에 누보로망le nouveau roman
   이 있다. 누보로망은 문학에 내재하는 기존 법칙을 억압이라 여기고 그것을 파괴하는 데
   주력했다면 울리포는 법칙(억압)이 둔감해진 인간의 잠재력을 자극하고 개발한다고 생
   각해 제약을 만들어내고자 했다.
43 이재룡, 앞의 글, 1994, 398쪽.

셈 소설이라 불릴 수 있는 것이 페렉의 『나는 기억한다*Je me souviens*』[44]와 같은 책이다. 이 책은 지극히 개인적이고 평범한 기억들을 480가지 나열하고 있다. 같은 시대를 살았던 사람이라면 다 알지만 대수롭지 않아 대개는 잊어버린 조그만 일들, 초등학교 레크리에이션 시간에 불렀던 노래, 첫 번째 기차 여행, 자크 프레베르Jacques Prévert의 죽음, 할아버지가 사주셨던 첫 번째 자전거, 흑백텔레비전, 광고, 배우 등을 나열하면서 소설이라는 관점에서 보면 결코 사건이 될 수 없는 사소한 것, 빈 의미로 글을 쓴 것이다.[45]

자기 부모가 사라진 빈집, 개발의 명목으로 파괴된 집의 부재, 상실의 시대에 각 사람과 각 사물, 각 장소가 가지는 의미의 상실이 어떻게 해서 페렉의 상실의 기록으로 연결되고 있는 것일까? 의미 없는 사소한 사실들이 문학이 될 수 있다면, 사실(역사)과 허구(문학)의 관계는 어떻게 재정립되어야 할 것인가? 큰 역사에 의해 파괴된 작은 역사의 소중함, 사소한 일상의 중요성, 별 의미를 갖지 않는 것 같은 '우리 집'과 개인적으로만 의미 있는 장소의 역사를 기록하는 것은 과연 무슨 의미가 있을까? 상실의 기록자 페렉에게 장소의 상실, 집의 상실은 그 개인의 삶과 그의 작가로서의 삶에 상당히 큰 중요성을 가지는 것으로 보인다. 집(부모)을 통한 최초의 소속감과 공동체 의식을 제대로 가져보지 못한 페렉은 지속적이고 모호한 혼란과 두려움, 존재론적 불안정을 경험했을 것이다. 페렉은 자기 정체성의 기준, 출발점이 되어 줄 수 있는 장소의 중요성을 적절히 지적한다. 그리고 그는 의미 있는 장소가 사라졌음에 대한 안타까움을 표현하면서, 장소의 상실을 늦추고, 상

---

44 Georges Perec, *Je me souviens*, Paris : Hachette / POL, 1978.
45 이재룡, 앞의 글, 1994, 399쪽.

실된 장소를 되살리려는 노력으로서의 기록과 글쓰기를 강조한다.

　　나는 안정되고 움직이지 않고 만져지지 않았고 만질 수 없고 확고부동하
고 깊이 뿌리박힌 장소가 존재했으면 한다. 기준, 출발점, 기원이 되는 장
소 말이다.

　　내가 태어난 나라, 내 가족의 고향, 내가 태어난 집, (아버지가 내가 태어
난 날 심었던 것으로) 내가 그것이 크는 것을 보게 될 나무, 순결한 추억들
로 가득 차 있는 내 어린 시절의 다락방.

　　그런 장소는 이제 존재하지 않는다. 그리고 바로 그것들이 존재하지 않
기 때문에 공간이 문제가 되고, 더 이상 명백하지 않고 통일되어 있지도 않
고 적합하지도 않다. 공간은 걱정거리가 되었다. 나는 계속해서 그것을 지
적해야 한다. (…중략…)

　　손가락 사이로 모래가 빠지는 것처럼 공간이 녹아내린다. 시간이 공간을
데려가 버렸고, 오직 형태가 일정하지 않은 조각들만 남아 있다.

　　글쓰기란 무엇인가를 붙잡아두고, 무엇인가를 되살아나게 하고, 깊어지
는 공백 속에서 몇몇 편린들을 끄집어내고, 한편으로는 주름, 흔적, 표시
혹은 징표를 남겨두고자 세심하게 애쓰는 것이다.[46]

---

46 Georges Perec, *op. cit.*, 1974, pp.179~180.

2) 기억의 왜곡

자신의 정체성과 자신의 개인사를 큰 역사가 지워버렸다고 해도, 결코 큰 역사에게 즉각적으로 작은 역사의 복구를 요청할 수는 없다. 페렉은 자신의 불확실한 유년기를 환기시켜줄 것으로, 빛바랜 사진 몇 장, 몇몇 증언과 서류 조각 밖에 가지지 못했기 때문에 결국 "치유불가능한 것이라 명명한 것들을 환기시키는 일"만을 할 수 있을 뿐이다.[47] 그는 기억이 없음에도 불구하고 '파멸'의 이야기를 할 수 있는 사람은 그 자신밖에 없으며, 자신만이 유일하게 기억을 소유하고 있다고 선언한다. "나는 이 세계의 유일한 소유자, 살아있는 유일한 기억이며, 유일한 흔적이다. 다른 무엇보다도 그것 때문에 나는 책을 쓸 것을 결심했다."[48]

페렉의 기억은 유년기의 트로마티즘traumatisme에 의해 많은 부분 왜곡되어 있고 부정확하다. 페렉의 기억에서 특이한 것은 몇몇 단어의 형태에 집착을 보인다는 점이다. 특히 그는 X, V, W에 대한 지대한 관심을 드러낸다. 알파벳 X와 V, W는 팔렝드롬palindrome(회문回文) 글자이다. 팔렝드롬이란 좌우로 읽어도 똑같이 단어가 성립하는 것을 말한다. 뿌리가 유대인인 페렉은 유대인이 사용하는 히브리어는 오른쪽에서 왼쪽으로 읽히지만, 프랑스인으로서 자신이 사용하는 불어는 왼쪽에서 오른쪽으로 읽힌다는 점을 염두에 두면서 팔렝드롬에 매력을 느꼈던 것으로 보인다. 그는 특별히 X에 큰 관심을 가졌는데, 그는 X가 글자를 지울 때 쓰는 문자이자 절제의 기호이기도 하고, 끝 부분을 꺾어 놓으면 나치의 십자가 혹은 유대인의 별 모양이 된

---

47 조르쥬 페렉, 앞의 책, 1994, 434쪽.
48 유호식, 앞의 글, 260쪽.

다고 지적한다. 그의 상상계 속에서 X가 존재를 지우는 과정과 연관이 있는 것은, 개인사를 압도하고 말살하는 '도끼를 든 역사'의 역사적 무화無化과정이 그의 단어 상상력에 은밀한 영향을 끼쳤기 때문일지도 모른다.[49]

페렉의 기억은 많은 경우 상처나 부상을 통해 묘사된다. 상처는 부재하는 기억을 대신할 수 있는 육체적 기억이다. 페렉은 여러 곳에서 자기 어머니와의 이별과 관련된 부상의 기억을 떠올리며 서술한다. 페렉이 어린 시절 어머니와 이별하고 적십자를 따라 철수해야 했는데 마치 부상당한 것처럼 팔을 스카프로 묶어 목에 걸고 있었다고 한다. 그런데 페렉의 고모는, 페렉이 전쟁고아이기 때문에 철수할 권리가 있었기 때문에 일부러 부상당한 척 할 필요가 없다고 한다. 그리고 자신이 스키를 타다가 생긴 상처에 대해 이야기하지만, 사실 스키를 타다가 다친 것은 페렉의 친구였다고 한다. 그 외에도 페렉은 1942년 어머니와 이별하던 리용Lyon 역에서 어머니가, 찰리 채플린 Charlie Chaplin이 바지에 낙하산을 걸고 뛰어내리는 그림이 그려진 책을 사주었다고 기억한다. 그런데 실은 이 시기에 파리에 채플린 책이 있을 리가 없다.[50] 페렉은 자기 기억 속의 낙하산, 매달린 팔, 붕대 등에서 하나의 공통점을 지적한다. 즉 그것들은 존재를 지탱해주는 받침대라는 것이다.[51] 그런데 페렉에게 기억은 무슨 이유 때문에 왜곡되어 기억되고 있는가, 왜 그는 거짓 기억을 만들어내고 그것을 일종의 환상으로 간직하고 있을까?

페렉과 동시대에 유대인으로서 아우슈비츠에 끌려갔지만, 살아 나온 한

---

[49] 위의 글, 259쪽.
[50] 채플린은 1940년 히틀러를 희화한 영화 〈독재자〉를 만들었고, 미국과 독일은 1941년 12월 전쟁에 돌입했다. 그런 상황의 독일 점령지역에 그런 책이 존재하지 않았다는 것은 상식적이고, 또한 자료 고증에 의해서도 입증되었다.(이재룡, 앞의 글, 1994, 408쪽)
[51] 조르쥬 페렉, 앞의 책, 1994, 467쪽.

여성의 증언은 페렉의 '기억 오류'를 이해하는데 도움이 될 것이다. 예일대학의 "홀로코스트 증언 비디오 보관소"를 위해 정신과의사 도리 라웁D. Laub[52]이 생존자들을 인터뷰했는데, 그때 한 60대 후반의 여성 증인이 아우슈비츠 경험을 단조로운 어조로 이야기 했다. 그런데 1944년 10월에 있었던 폭동에 관해 이야기할 때가 되자 그녀의 목소리는 강렬해지고 열정을 띠기 시작했다. 그녀는 화장장의 굴뚝 네 개가 갑자기 불길에 휩싸여 폭발하는 게 보였고 사람들이 달려 나갔다고 증언했다. 그런데 사실은 이 여성의 증언은 정확하지 않은 것이었다. 1944년 10월 아우슈비츠에서 폭발한 화장장의 굴뚝은 네 개가 아니라 사실은 하나였다고 한다. 역사학자들은 역사적 사실로서 정확하지 않은 이 진술을 진지하게 고려할 수 없다는 입장을 보였다. 그렇지만 역사적 사실 관계로만 따졌을 때 그것은 부정확하고 쓸모없는 한 조각의 거짓이라 할지라도, 그것은 또한 왜곡을 통한 트로마티즘의 치유이자 해방의 한 과정으로 해석될 수 있다. "그것은 사실의 왜곡이 아니라 사실의 빗나감 속에서 터져 나온 숨죽이고 있었던 진실의 우연한 조각들이었고, 저항과 자유의 외침의 암호였던 것이다. 그녀는 외치기 위해 화산처럼 폭발하고 있었던 것이다. 그녀의 진실은 하나의 일관성을 가지고 있으면서도 동시에 우연히 넷으로 증폭된 굴뚝을 비집고 나온 그 형식의 간극, 빗나감 사이에 있었던 것"이다.[53] 그녀의 증언은 단순한 거짓 증언이 아니라, 생동감, 침묵, 폭발이 우연한 형식의 과잉(1→4)과 겹쳐지면서 과거의 억압으

---

52 Shoshana Felman · Dori Laub, *Testimony, Crises of Witnessing in Literature, Psychoanalysis and History*, New York : Routledge, 1992.

53 김병준, 「목격증언-기억의 (재)구성, 그리고 통과」, 『라깡과 현대정신분석』 7(1), 한국라깡과현대정신분석학회, 2005, 10 · 23~24쪽.

로부터 해방된 불가능한 기억을 만들어 낸 것이다.

이와 같은 방식으로 왜곡된 기억에 대한 페렉의 집착을 우리는 불가능의 증언으로, 끔찍한 과거에 대한 '통과'로 이해할 수 있을 것이다. 페렉은 한 가지 사건에 대해 여러 가지 버전으로 회상하거나 심지어 그것이 전적으로 자기 상상의 소산일 수도 있다는 여지를 남기고 있다. 그래서 그의 기록은 자서전적 기억의 '기록'이라기보다, '기억의 창조'라고 보는 것이 타당할 것이다.[54] 보통 우리는 과거의 경험을 추억으로 상기하겠지만, 페렉의 경우는 과거를 기억하지 못하거나 파편화되고 왜곡된 상태의 기억들만을 가지고 있다. 이는 과거의 사건을 망각하거나 왜곡시킴으로써 자신을 계속 위협하고 있는 그 사건들로부터 벗어나고자 하기 때문이다. 따라서 기억의 왜곡은 현재의 위협에서 벗어나려는 무의식적 자기 보호 메커니즘이다. 페렉의 기억 속에 있는 부러진 팔은 그가 겪었던 어머니와의 분리, 학살이라는 역사 속에서 느꼈던 상실감, 상처와 파멸의 경험을 상징한다고 할 수 있을 것이다. 그리고 부러진 팔을 묶어서 목에 매단 것은 상처와 상실, 개인적인 기억의 부재를 극복하는 방법이라고 볼 수 있을 것이다. 그리고 우리는 그가 상실감을 부재의 이미지로 표현하지 않고, 가짜 팔이라는 형상을 통해 자기 치유의 노력을 하고 있다는 데 주목할 수 있다.[55] 그것은 역사적 사실을 증언하면서도 사실이 표상할 수 없는 과거의 우연성들과 억압되고 숨겨져 있는 것들에 의미를 부여하며 기억을 재구성하는 것으로, 그렇게 함으로써 페렉은 그 경험의 숨은 의미를 드러낼 수 있었던 것이다.

---

54 이재룡, 「W ou le souvenir d'enfance—글자와 숫자의 술래잡기」, 『불어불문학연구』 44, 한국불어불문학회, 2000, 480쪽.
55 유호식, 앞의 글, 268쪽.

사실 기억은 고정된 역사적 순간에 대한 상기가 아니라, 사건 이후 재해석되고 왜곡된 결과이다. 역사가 과학적 방법에 기초하여 연대순으로 정리한 과거라면, 기억은 보통사람이 '기억할 만한' 과거만을 그들의 회고를 통해 형성시켜온 것이다. 다시 말해 역사는 공적이고 객관적인 기록의 산물이자 각 사건에 대한 평가의 연속체로, 사건의 원인, 과정, 결과의 체계적 분석이 강조되지만, 기억은 사적 사건들이 남긴 이미지의 단편이자 연쇄로서 그 시점도 유동적이다. 그리고 기억은 과거에 대한 주관적 의미, 감정, 느낌까지 포함된다.[56] 기억에서는 어쩌면 사건의 내용 그 자체 보다 사건의 분위기에 대한 기억, 감각들에 각인된 단편들이 더 중요한 것처럼 보이기도 한다. 기억은 역사 연구가 제공하지 못하는, 사건들에 관한 다양한 정보를 제공해 주어서 과거를 보다 더 온전하게 이해할 수 있게 해준다고 볼 수 있다.

파괴된 역사적 진실을 극복하는 방법은 용서나 화해가 될 수도 있겠지만, 기억을 탐색하는 서사적 진실의 재구성이 될 수도 있는 것이다.[57] 기억은 결코 회고와 같이 정태적이고 비변증법적인 행위가 아니라, 현재의 (집단 그리고 개인의) 트로마티즘을 이해하기 위해, 그리고 그것을 극복하기 위해 조각난 과거를 짜 맞추어 보는 고통스러운 과정이다. 그리고 이것이 바로 '기억의 정치'일 텐데, 그 이유는 이 역사는 현재진행형이기 때문이다. 기억의 정치학에는 집단적 기억에 대한 비판과 개인적 기억의 복원-증언의 이중적 맥락이 존재한다. 공적 기억과 기록은 계속해서 말할 수 있는 것과 없는 것, 말해도 좋은 것 혹은 인정해도 좋은 것과 그렇지 않은 것을 나눈다. 따라서

---

56 권귀숙, 「기억의 재구성 과정-후체험 세대의 4·3」, 『한국사회학』 38(1), 한국사회학회,
2004, 109~110쪽.
57 유호식, 앞의 글, 272쪽.

공적 역사의 기록은 결코 모든 것을 다 말하지는 않는 것이다. 이런 점에서 아카이브archive에 대한 열정이 역사나 정치에 대한 물음으로 바로 이어질 수 없고, 공적 역사의 기록이란 어쩌면 공적 비밀들 위에 덮인 재에 불과한 것일지도 모른다고 했던 데리다의 지적은 대단히 의미심장하다.[58] 그렇다면 이 비밀들, 즉 공적 언어로 해석되고 기록될 수 없었던 분열되고 왜곡된 것들, 공적 역사의 틀 속에 끼워 넣을 수 없는 이질적인 것들, 의도적으로 망각된 것들은 어떻게 기억되고 기록될 수 있는가? 이 비밀을 둘러싼, 뒤틀렸거나 바래버린 페렉의 '그때 거기에 있었음'의 기록은 일상의 시공간에 대한 아카이브의 역할을 한다.

3. 장소 기억, 장소 기록

1) 장소-지향적 기억

마르셀 프루스트Marcel Proust 전문가인 장 이브 타디에Jean-Yves Tadié[59]는 인간을 만드는 것은 바로 기억이라고 지적했다. 그런데 살아 있는 기억이라면, 그것은 대부분 장소에 연관되어 있다. 캐시Casey에 따르면 기억은 일반적으로 장소-지향적 혹은 장소-기반적이다.[60] 그런데 이 때 장소는 전체

---

58 Jacques Derrida, *Mal d'archive*, Paris : Galilée, 1995.

59 Jean-Yves Tadié, *Le sens de la mémoire*, Paris : Gallimard, 1999.

60 Edward S. Casey, *Remebering-a phenomenological study,* Indiana University Press, 1987, pp.186~187; 전종한, 「도시 뒷골목의 '장소 기억'-종로 피맛골의 사례」, 『대한지리학회지』 44(6), 대한지리학회, 2009, 780·788쪽.

상으로서의 건물이나 추상적인 장소를 의미하는 것이 아니라, 작게는 특별한 안락의자가 장소가 될 수 있고, 다락방과 지하실, 난로와 내달은 창, 구석진 모퉁이, 구석이나 선반, 서랍 등이 장소가 될 수 있다.[61] 앞에서 인용했던 집에 관한 슈타크의 글을 다시 한 번 인용하자면, "기억은 어떤 사소한 것, 어떤 울림, 목소리의 높이, 타르 냄새, 부둣가의 해초……… 등을 가지고 가장 매혹적인 것을 엮는다." 이처럼 친밀함의 경험을 제공하는 공간은 인간에게 그 장소를 몸으로 기억하게 한다. 페렉의 유년기 기억도, 구체적으로 이미지화된 장소 기억이다. 뚜렷하게 그려내고 설명할 순 없지만, 자기 삶을 풍부하게 하는 장소에 대한 총체적 기억, 주로 소리, 냄새 등을 동반한 추억을, 생트마이어Helene Santmyer가 잘 그리고 있다.

> 잡화점 창문으로 보이는 발렌타인, 커피 볶는 냄새, 푸줏간 마루 위에 있는 톱밥 - 비판적인 마음을 가진 사람조차도 이것들이 아름다운 노래와 노래하는 도시와 유서 깊은 아케이드만큼이나 ……… 알고 기억하기에 좋은 것이라고 인정하게 되는 중년기가 온다.[62]

장소는 기억의 원천으로 작동하는 모든 앎의 방식들 - 시각, 청각, 후각, 촉각, 미각 - 을 가지고 있다.[63] 그리고 각 문화는 친밀함의 기억을 불러일으키는 고유한 장소적 상징들을 가지고 있으며, 그것들은 그 문화권에 속한 사람들에게는 널리 알려진 것이다. 예를 들어, 미국인들은 뉴잉글랜드 교

---

61 에드워드 렐프, 앞의 책, 91쪽.
62 이-푸 투안, 앞의 책, 233~234쪽.
63 전종한, 앞의 글, 793쪽에서 재인용.

회, 중서부 도시의 광장, 길모퉁이 잡화점, 마을 연못과 같은 상징물에 반응을 보인다. 팔걸이의자나 공원 벤치도 역시 단순한 사적 상징물이 아니다.[64] 이처럼 기억이 장소-기반적인 이유는, 무엇보다 장소 그 자체가 지닌 물질성과 그 위에 조성된 경관이 공적 기억을 각인해 담아두기 때문이다.[65] 즉 상징적 장소 주위에는 장소의 '아우라', 그 주변을 배회하는 장소의 정령, 축적된 과거의 위안과 향기가 존재한다. 공원의 벤치나 오래된 가죽 의자가 어느 한 문화권 혹은 어느 한 가족의 사람들이 집단 기억을 간직할 수 있는 것이 바로 이 때문이다. 장소는 과거에 생명을 불어 넣어 현재에 존속하게 하는 힘을 가지고 있고, 이를 통해 사회적 기억을 재생산 할 수 있다.[66]

캐시는 기억의 종류를 세분화하면서(몸 기억, 장소 기억, 기념 등), 장소 기억을 중심적인 것으로 여긴다. 장소 기억이란, 구체적인 장소는 과거를 담고 있으면서 우리가 그 장소를 기억함으로써 상기될 수 있는 것을 의미한다. 이 장소 기억은 강력한 것이지만, 자주 기억에서 무시되어 온 기억의 형식이다. '장소 기억'이라는 표현이 환기시키듯, 장소와 기억은 서로 긴밀하게 엮여 있다. 캐시는 장소가 지닌 물질성 덕분에 기억은 경관 속에 각인되고 따라서 개인적 기억을 넘어 사회적 기억으로 남을 수 있다고 한다. 그런데 개인적·사회적 기억의 일차적 배경은 집이 될 것이다. 우리의 많은 추억들이 그 안에 거처를 잡아 간직되어 있고, 집에 지하실과 지붕 밑 방이, 여러 복도와 구석진 곳들이 있기라도 하면, 우리들의 추억들은 더욱더 특색 있는 은신처들을 가지게 된다. 그리고 우리는 평생 우리의 몽상 속에서 그

---

64 이-푸 투안, 앞의 책, 237쪽.
65 전종한, 앞의 글, 780쪽.
66 Edward S. Casey, *op. cit.*, pp.186~187; 위의 글, 780쪽.

리로 되돌아가곤 한다.[67] 바슐라르가 잘 지적했듯이, "우리의 기억력이라는 그 과거의 극장에서는 무대 장치가 오히려 인물들을 그들의 주된 역할에 붙들어 두는 것이다. 우리들은 때로 시간 속에서 스스로를 알아본다고 생각하지만, 기실 그것은 우리들의 존재가 안정되게 자리 잡는 공간들 가운데서 일련의 정착점들을 알아보는 것에 지나지 않는다. 우리들의 존재는 흘러나가려 하지 않으며, 잃어버린 시간을 찾으러 떠났을 때에 과거에 있어서까지도 시간의 흐름을 '멈추려'고 하는 것이다. 공간은 수많은 벌집 같은 구멍들 속에 시간을 압축해 간직하고 있으며, 공간은 그렇게 하는 데 소용된다."[68] 이처럼 인간의 기억에서 중심이 되는 것은 어쩌면 사건보다는 그 사건의 배경인 장소일 수 있는 것이다. 이런 의미에서 우리는 특정 사건의 기록보다는, 시간이 장소 위에서 흘러가는 과정 자체를 기록하려는 페렉의 시간-장소 기록을 이해할 수 있을 것이다.

2) 시간-장소 기록

페렉은 유년기 기억의 부재와 상실을 공간적 기억(계단이나 거리에 대한 기억)의 재구성을 통해 극복하고자 한다. 즉 자신의 '기억 상실'을 극복함에 있어서 '장소-지향적 기억'을 그 근간으로 삼은 것이다. 페렉은 1969년 자신이 어린 시절에 살았던 곳, 혹은 자신의 개인적인 기억이 자신을 이끄는, 파리의 12개 장소(거리, 공원, 교차로, 파사주 등)를 선택하여, 이 장소들을 기록하

---

67 가스통 바슐라르, 앞의 책, 82쪽.
68 위의 책, 82~83쪽.

장소와 기억, 그리고 기록 43

기 시작한다. 그는 매달 이 장소들을 두 가지 방식으로 묘사했는데, 그 중 한 가지는 그 장소 자체에 대해 가능한 중립적으로 묘사하는 것이었는데, 이를 위해 페렉은 연필과 수첩을 손에 들고, 카페에 앉거나 걸어 다니면서, 집, 가게, 스쳐간 사람들, 벽보 등 가능한 모든 세부 사항들을 관찰했다. 다른 하나는 추억의 장소에서 일어난 사건 혹은 페렉이 그 곳에서 만난 사람들에 관한 기억을 떠올리며 묘사하는 것이었다. 그는 이렇게 묘사한 후, 그것을 봉투에 넣고 풀로 봉했다. 그는 이 장소에 사진을 찍어 줄 친구와 동행했고, 그 친구는 자유롭게 혹은 페렉의 요구에 따라 사진을 찍었다. 그러면 페렉은 그 사진들을 대부분의 경우 보지 않고 봉투 속에 넣었다. 그는 이 봉투 속에 장소를 묘사한 글과 사진 뿐 아니라, 그 때 사용했던 지하철 티켓이나 음식 영수증, 영화관 티켓, 광고 전단지 등 나중에 증거의 역할을 하게 될지 모르는 다양한 자료들도 함께 넣어 두었다. 이 기획은 12년 동안 원칙상 '시간의 위력'을 상기시키면서, 모든 장소가 두 가지 방식으로 12번씩 묘사될 때까지 지속될 것이다. 그가 〈자는 사람*Un homme qui dort*〉(이 영화에는 이 장소들 대부분이 나온다)의 촬영 때문에 너무 바빴던 1973년에는 이 작업을 하지 못했기 때문에, 1981년에 총 288개의 텍스트를 가지게 될 것이었다. 그는 이 작업에서 '삼중 노화의 흔적'을 보기를 기대한다고 했다. 즉 삼중 노화란, 장소 그 자체의 노화, 페렉 자신의 기억의 노화, 그리고 페렉 자신의 글쓰기의 노화를 말한다.[69]

이 시도 외에도 페렉의 시간-장소 기록이 또 있다. 1974년 페렉은 삼 일 연속으로 파리의 생 쉴피스St. Sulpice 광장에 자리를 잡는다. 그 날 하루의

---

69 Georges Perec, *op. cit.*, 1974, pp.108~110.

44 장소경험과 로컬 정체성

매 순간마다 그는 자신이 보는 것을 노트에 기록한다. 즉 거리의 일상적인 사건들, 사람들, 자동차, 동물, 구름, 시간의 흐름, 날씨의 변화 등 여기에 기록되는 것들은 대부분 일상생활의 무의미한 사건들이다. 어쩌면 아무 것도 아닌, 정말로 아무 것도 아닌 것들이다. 하지만 하나의 시선이 있다. 이 시선은 마치 루앙 성당을 마주한 모네의 시선과 같이, 떨리는 듯한, 예민한, 시시각각 변화하는 공기의 흐름을 읽고 있다. 수천의 감지되기 힘든 디테일들의 미세한 움직임들이 도시 혹은 각 장소를 삶으로 만든다. 시간, 빛, 살아있는 것은 끊임없이 움직이지만, 많은 경우 지각되지 않는다. 그러나 아무 일도 일어나지 않는 광장에서 페렉은 "시간, 사람, 자동차, 구름 말고는 아무 것도 지나가지 않을 때조차 무엇인가 일어난다"고 쓰고 있다.[70]

그렇다면 아무 일도 벌어지지 않는 이 시공간을 우리는 왜 그리고 어떻게 기록해야 하는가? 페렉의 대부분의 이야기는 대개 사물들, 우리의 방 한 구석에 무심하게 놓여 있는 사물들에서 시작한다. 작가는 카메라를 들이대듯 면밀한 시선으로 부엌, 방구석, 책꽂이 등 일상적인 공간들을 천천히 묘사한다. 그러다가 어느 사물에 시선을 고정시키면서, 그 사물에 얽힌 역사를 마치 매듭을 풀듯 하나씩 풀어낸다. 그가 『인생 사용법La Vie mode d'emploi』[71]이라는 방대한 책에서 시도하는 것이 바로 이것이다. 즉 전혀 움직이지 않는, 의미 없어 보이는 사물들에 쌓여있는 길고 장대한 이야기를 풀어내는 것이다. 페렉은 그렇게 해서 생명 없는 사물들을 움직여 그 속에 각인된 우리의 삶을 되살리고, 시간의 흐름이라는 거대한 힘에 눌려 굳어지고 잊혀진

---

70 Georges Perec, *Tentative d'épuisement d'un lieu parisien*, Paris : Bourgois, 1983, p.12.
71 조르쥬 페렉, 김호영 역, 『인생 사용법』, 책세상, 2000.

우리의 삶을 하나씩 펼쳐 보이는 것이다.

우리는 장소에 관해서도 마찬가지로 말할 수 있다. 우리가 경험하는 삶의
공간은 지속적이지도, 무한하지도, 동질적이지도, 추상적이지도 않다. 우리
는 대부분의 경우 어느 한 곳에서 다른 곳으로, 한 장소에서 다른 장소로의,
시·공간의 경과를 측정하지도, 생각하지도 않고 지나간다. 우리는 막연하
게 장소의 균열, 틈, 마찰의 지점을 알 뿐이다. 페렉은 장소를 (재)창조하는
것이 아니라, 장소에 관해 질문을 던져야 한다고, 더 간단히 말하자면 장소
를 읽어내야 한다고 했다. 그것은 "우리가 일상성이라고 부르는 것은 명백
함이 아니라 불명료함의 형식, 즉 실명 혹은 마비의 형식"을 띠고 있기 때문
이다.[72] 사물과 장소에 대한 페렉의 관점은 '일상성의 사회학sociologie de la
quotidienneté'의 근간이 될 수 있을 것이다. 그는 자신의 시도는 우리가 살면
서 너무 익숙해서 보지 못하는 것, 바로 곁에 있기 때문에 보지 못하는 것,
너무나 일상적인 것, 보통보다 못한 것에 대한 관심과 묘사라고 정리했
다.[73] 즉 일상 속에서 일상에 의해 눈멀어가는 우리의 맹목성을 고발하는
것이다. 모든 판단과 주장이 배제된 단순한 장소와 사물들의 묘사에도, 어
쩌면 우리의 일상과 그 속에서 일어나고 있는 것에 대한 놀라운 증언이 담
겨 있을 수도 있기 때문이다.[74] 페렉은 자신이 일상의 평범한 사물들을 묘
사하려고 애쓰는 것은, 망각으로부터 과거를 구해내고 그것이 살아남게 하
기 위해서, 그리고 그것을 잊지 않기 위해서라고 했다. 그에게 글쓰기란 "무

---

[72] Georges Perec, *op. cit.*, 1974, 삽입장.
[73] Georges Perec, "Entretien avec Jean-Marie Le Sidaner", *L'Arc*, n° 76, Paris : éditions incultes, 2005(1979).
[74] 조르쥬 페렉, 앞의 책, 2000, 844~845쪽.

엇인가를 붙잡아두고, 무엇인가를 되살아나게 하고, 깊어지는 공백 속에서 몇몇 편린들을 끄집어내고, 한편으로는 주름, 흔적, 표시 혹은 징표를 남겨 두고자 세심하게 애쓰는 것이다."[75]

특히 우리에게 페렉의 장소성 및 일상성 논의에서 흥미로운 것은, 삶의 아주 작은 부분에까지 배어있는 시간의 폭력성, 즉 '망각'에 대한 꿋꿋한 저항으로 '장소'를 가정할 수 있다는 것이다. 이 가정의 배경적 논의는 바슐라르에게서 찾아볼 수 있다. 흙에 관한 논의에서 바슐라르는 원소적 성격의 흙에 대지와 관련된 현상들 즉 산이나 동굴, '뿌리'나 '인간이 땅에 뿌리박을 수 있게 해주는 집' 등을 덧붙인다(사실 바슐라르의 4원소 중 네 번째 원소인 terre는 경우에 따라 흙, 대지, 땅 등으로 번역된다). 특별히 흥미로운 것은 이 흙은 양면적인 성격을 가졌다는 점이다. 흙은 한편으로는 지속적인 안정성과 견고함을 제공하지만, 또 다른 한편으로는 이 견고함에 따른 저항의 성격을 드러낸다. 흙은 단단한 물질로서 힘 또는 원동력의 상상력을 형성하기도 하지만, 또한 반죽된 말랑한 흙은 '우주적인 부드러움'의 이미지를 보여주기도 한다. 그래서 "깊이 뿌리박힌 장소"는 우리를 보호해주고, 또한 시간의 흐름에 따라 변해가고 잊혀져가는 것에 대한 저항, 반항의 "기준, 출발점, 기원"이 될 수 있다.[76] 이곳에서 사람들은 '함께' 머물러 있다는 것과 근본적인 이

---

75 위의 책, 180쪽. 줄리아 크리스테바Julia Kristeva는 반항 담론으로서의 정신분석학을 논하면서 '회상'이라는 단어와 '반항'이라는 단어를 혼용해서 사용하기도 한다. 크리스테바는 반복 · 상기 · 기억 회복을 개혁이라는 용어와 결합하고자 하면서, 반항이라는 단어에 내포된 의미 속에서 이러한 사고의 응축에 대해 연구하고자 한다.(줄리아 크리스테바, 유복렬 역, 『반항의 의미와 무의미—정신 분석의 힘과 한계』, 푸른숲, 1998, 119~120쪽) 그녀의 주장을 페렉의 글쓰기에 적용시켜서 본다면 자가auto-정신분석적인 페렉의 문학적 경험은 단순한 회상이나 반복이 아니라 '전前미래'로, 여기에서는 과거의 변형, 과거의 전위가 이루어지며, 그 장소는 가장 고통이 심한 장소, 반항과 저항의 장소라고 볼 수 있지 않을까?

타성altérité을 체험하게 되고, 또한 이 "역동적으로 뿌리내린 현재"가 흔적을 남긴다. 이런 조건 속에서 인간은 "진정한 장소감" 즉 "무엇보다도 내부에 있다는 느낌", "개인으로서 공동체의 일원으로서 나의 장소에 속해 있다는 느낌"을 가지게 될 것이다.[77] 이 속에서 과거와 현재와 미래, 잠재적인 것과 현실적인 것은 반사하고 상호침투하면서 공존하고 있고, 인간들 역시 다양한 계열의 교차 속에서 우연과 확률, 모순의 침투를 받으며 공존한다.[78]

4. 메멘토 모리Memento Mori

집은 몽상을 지켜 주고, 집은 몽상하는 이를 보호해 주고, 집은 우리들로 하여금 평화롭게 꿈꾸게 해준다.[79]

우리가 애착을 가지는 장소들은 글자 그대로 관심의 영역으로, 그 속에 우리의 복잡다단한 경험이 있으며 또한 아주 복잡한 애정과 반응을 불러일으키는 환경이다. 그런데 장소를 소중히 여긴다는 것은 과거의 어떤 경험이나 미래에 대한 기대 때문에 가지는 관심 이상이다. 장소는 그 자체의 특성과 그것이 우리에게 주는 의미 때문에 장소에 대한 진정한 책임과 존경이 존재한다. 인간이 어떤 장소에 전적이고 깊은 관심을 가지는 것, 어떤 장소

---

76 Georges Perec, *op. cit.*, 1974, p.179.
77 에드워드 렐프, 앞의 책, 150쪽.
78 신지은, 「일상의 탈중심적 시공간 구조에 대하여」, 『한국사회학』 44(2), 한국사회학회, 2010.
79 가스통 바슐라르, 앞의 책, 80쪽.

를 소중히 여긴다는 것은 "인간이 세계와 맺는 관계의 기초"이다. 그런 헌신과 책임에는 하이데거가 "아낌"이라고 부른 것도 포함된다. 아낌이란 사물, 그리고 우리의 논의 속에서는 장소를, 그것이 존재하는 방식 그대로 두는 것이다. 하이데거는 집이 제대로 실현될 수 있는 것은 오직 이런 유형의 아낌과 배려를 통해서라고 지적했다. 렐프 역시 유사한 방식으로, 장소의 원형이 집이라고 보면서 집이 개인적 안정감과 의미의 기준을 제공한다고 본다.[80] 다시 말해 집은 인간 실존의 중심이자 존재의 기본적인 특성이라는 것이다. 그리고 집의 가치는, 외부와 구별되는 내부적 경험, 즉 '안에 있음'에서 비롯된 '소속감'과 '유대감'을 제공하는 경험에 있다.

그런데 이런 집을 제대로 경험하지 못한 페렉은 파괴된 가정, 파괴된 집을 끈질기게 떠올리고 기록하며, 죽은 자들의 망령을 계속해서 현실로 되돌리고 있다. 그는 자신의 비극적인 개인사를 집단 기억과 연결시키면서 이야기한다. 그에게 특징적인 것은, 전쟁의 기억, 그에 따른 상실과 상처를 객관적이고(그것이 얼마나 객관적인지, 진짜 객관적인지는 또 다른 문제이다) 직접적인 방식으로 내보이는 여러 전후 작가들과 달리, 허구의 이야기, 왜곡된 기억을 통해 전쟁과 상실의 비극을 들려준다. 이렇게 함으로써 페렉은 유년기 기억의 부재를 역사의 재구성으로 채워 나간다. 그는 자신의 트로마티즘을 이해하고 그것을 극복하기 위해 조각난 과거를 짜 맞추어 보는 고통스러운 과정으로서의 기억을 문학적으로 전유하고 있는 것이다. 페렉의 글쓰기, 특히 기억을 더듬으며, 파괴되고 망각된 역사적·개인적 과거를 되살려 내는 것은 서사적 진실의 재구성으로 의미 있는 작업이다.

---

80 에드워드 렐프, 앞의 책.

인간은 의식 속에서 시간을 정지시키거나 운동시킬 수 있는 능력을 가지고 있는데, 그것이 바로 기억의 능력이다. 생성된 모든 것은 시간이 지나면 사라지기 마련이지만, 기억은 의식 속에서 사라진 것들을 불러낼 수 있다. 우리의 기억 속에서 과거는 현재처럼 살아나고, 우리는 과거를 통해 현재를 되새기고 미래를 이해할 수 있는 것이다. 인간의 기억은 부재이자 실재이며 개인적이자 집단적이다.[81] 망각된 것을 드러나 보이게 만들고, 개인의 역사 histoires를 통해 인류의 역사Histoire를 이야기하는 페렉의 글쓰기는 개인적이며 집단적인 기억의 중요성을 증명해 주고, 기억의 밑바닥에 근원적 장소로서의 집이 놓여 있다는 것을 보여 준다. 이 집, 이 장소는 단일한 의미가 아니라 의미의 누층성累層性을 가지고 있다. 즉 기억의 장소는 제사회적 관계들과 연동하는 다양한 의미, 즉 특정한 '아우라'로 둘러싸인 장소성을 가지게 된다. 아우라는 '대상과 주체 사이의 눈에 보이지 않는 유대적 관계'로 정의될 수 있는데, 벤야민W. Benjamin에 따르면 이 아우라는 우리가 사물에 우리 자신의 시선을 투사하고, 그 시선을 되돌려 받음으로써 체험"되는 것이다. 즉 "사람과 사람이 시선을 주고받는 조응(교감)을 이루듯, 사람과 사물 사이에서도 어떤 조응적 교감이 일어나는 현상 속에 아우라 체험의 요체가 있"는 것이다.[82] 우리는 이것을 장소와 인간, 장소와 사물 간의 관계로 확장해서 읽을 수 있을 것이다. 이것은 마치 인간의 운명이 별자리와 연계된 것처럼 느끼듯이 주변 세계와 인간이 긴밀한 관계를 맺고 있는 것처럼 인식할 수 있

---

81 김명숙, 「기억의 문학적 형상화—조르쥬 페렉의 『W 혹은 유년시절의 기억』과 최윤의 「하나코는 없다」를 중심으로」, 『불어불문학연구』 80, 한국불어불문학회, 2009, 50쪽.

82 벤야민은 이 개념을 보들레르Ch. Baudelaire의 「교감」이라는 시를 인용하며 설명한다. 보들레르는 이 시에서 "인간이 상징의 숲속을 지나면 / 상징의 숲은 정다운 시선으로 그를 바라본다"고 쓰고 있다.

게 해준다.[83] 이것이 바슐라르적 의미에서 '우주의 드라마'를 간직하고 있는 집, 우리들의 오랜 머무름에 의해 구체화된, 지속의 아름다운 화석들이 발견되는 장소일 것이다.[84]

페렉은 자신의 부모들이 남긴, 지울 수 없는 흔적을 찾기 위해 애썼고, 개인적이거나 집단적인 역사의 흔적을 기록하기 위해 애썼다. 그에게 글쓰기는 사소한 무엇인가를 놓치지 않고 지속시키며 되살아나게 하는 것이었다. 이것이 바로 기억과 기록의 힘이다. 이는 죽을 인간들의 삶이 죽은 자들과 함께라는 것, 우리는 단독자로 존재하는 것이 아니라 신비스런 방식으로 장소, 역사, 사물들과 교감한다는 것을 끊임없이 강조한다. 땅의 지속성, 견고함은 페렉에게 시간의 폭력 즉 망각을 늦추고 그것에 저항할 수 있게 해준다. 이것은 일상의 위대함이 그 끈질긴 지속성에 있다는 것과 무관하지 않다. 삶은 땅 위에 뿌리 내리고 영원히 지속되듯이, 땅에 뿌리 내린 집은 인간의 실존적 일상을 담고 있다. 사람들이 언제나 기억하며 떠올리는 원풍경으로서의 집은 인간의 귀환처이자, 개인적·집단적 기억의 공유지이다.

---

83 이창남, 「벤야민의 인간학과 매체이론의 상관관계」, 『독일언어문학』 35, 한국독일언어문학회, 2007, 218~219쪽.
84 가스통 바슐라르, 앞의 책, 84쪽.

참고문헌

권귀숙, 「기억의 재구성 과정－후체험 세대의 4·3」, 『한국사회학』 38(1), 한국사회
　　학회, 2004.

김명숙, 「기억의 문학적 형상화－조르쥬 페렉의 『W 혹은 유년시절의 기억』과 최윤
　　의 「하나코는 없다」를 중심으로」, 『불어불문학연구』 80, 한국불어불문학회,
　　2009.

김병준, 「목격증언－기억의 (재)구성, 그리고 통과」, 『라깡과 현대정신분석』 7(1), 한
　　국라깡과현대정신분석학회, 2005.

신지은, 「일상의 탈중심적 시공간 구조에 대하여」, 『한국사회학』 44(2), 한국사회학
　　회, 2010.

유호식, 「기억, 기억의 부재, 허구－조르주 페렉의 『W 혹은 유년기의 추억』 연구」,
　　『불어불문학연구』 64, 한국불어불문학회, 2005.

이재룡, 「만능열쇠로도 열 수 없는 페렉의 세계」, 『작가세계』 22, 세계사, 1994.

＿＿＿, 「W ou le souvenir d'enfance－글자와 숫자의 술래잡기」, 『불어불문학연구』
　　44, 한국불어불문학회, 2000.

이창남, 「벤야민의 인간학과 매체이론의 상관관계」, 『독일언어문학』 35, 한국독일언
　　어문학회, 2007.

전종한, 「도시 뒷골목의 '장소 기억'－종로 피맛골의 사례」, 『대한지리학회지』 44(6),
　　대한지리학회, 2009.

최병두·윤일성, 「대담－근대적 공간에 대한 성찰」, 『오늘의 문예비평』 47, 2002.

렐프, 에드워드, 김덕현 외역, 『장소와 장소상실』, 논형, 2008.

바슐라르, 가스통, 곽광수 역, 『공간의 시학』, 동문선, 2003.

박찬국, 『들길의 사상가, 하이데거』, 동녘, 2004.

최병두, 『근대적 공간의 한계』, 삼인, 2002.

크리스테바, 줄리아, 유복렬 역, 『반항의 의미와 무의미－정신 분석의 힘과 한계』, 푸
　　른숲, 1998.

투안, 이-푸, 구동회 역, 『공간과 장소』, 대윤, 2007.

페렉, 조르쥬, 이재룡 역, 「W 혹은 유년기 기억－E에게」, 『작가세계』 22, 세계사, 1994.

_____, 김호영 역, 『인생 사용법』, 책세상, 2000.

하이데거, 마르틴, 이기상 역, 『존재와 시간』, 까치, 2007.

Casey, Edward S., *Remebering-a phenomenological study,* Indiana University Press, 1987.

Derrida, Jacques, *Mal d'archive*, Paris : Galilée, 1995.

Felman, Shoshana · Laub, Dori, *Testimony, Crises of Witnessing in Literature, Psychoanalysis and History*, New York : Routledge, 1992.

Halbwachs, Maurice, *La mémoire collective*, Paris : PUF, 1968.

Minkowska, Françoise, *De Van Gogh et Seurat aux dessins d'enfants-a la recherche du monde des formes*, Paris : Béresniak, 1949.

Perec, Georges, *La disparition*, Paris : Denoël, 1969.

_____, *Espèces d'espaces*, Paris : Galilée, 1974.

_____, *W ou le souvenir d'enfance*, Paris : Denoël, 1975.

_____, *Je me souviens*, Paris : Hachette / POL, 1978.

_____, "Entrehen auec Jean-Marie Le Sidaner", *L'Arc*, No.76, Paris : éditions incaltes, 1979.

_____, *Tentative d'épuisement d'un lieu parisien*, Paris : Bourgois, 1983.

Tadié, Jean -Yves, *Le sens de la mémoire*, Paris : Gallimard, 1999.

한국전쟁 피란민의 부산 정착과
국제시장 로컬리티의 생성*

차철욱

1. 피란민과 로컬리티

부산 대표 브랜드 슬로건은 'Dynamic Busan'이다. 이 슬로건은 개방과 진취적인 부산 시민의 기질을 표현한 것이다.[1] 부산 사람들 또한 이런 슬로건에 대해 긍정적인 반응을 보이고 있을 뿐만 아니라, 이런 의미를 가장 잘 볼 수 있는 곳으로 국제시장을 거론한다. 즉 국제시장을 가장 부산다운 곳으로 이해한다. 그렇지만 정작 국제시장이 지니는 의미에 대한 구체적인 내용 분석은 제대로 이루어지지 않았다.

국제시장은 해방과 함께 돌아온 귀환동포에 의해 시작되었지만, 한국전

---

* 이 글은 『한국민족문화』 38(2010)에 수록된 논문 「한국전쟁 피난민과 국제시장의 로컬리티」를 본 단행본의 취지에 맞추어 수정·보완한 것이다.
1 http://www.busan.go.kr/06_intro/01_symbol/02_01.jsp.(검색일 : 2010.8.10)

쟁으로 부산에 들어온 피란민들이 부산의 상징공간으로 만들었다. 따라서 국제시장은 피란민과의 관련성을 빼고는 설명하기 어렵다. 즉 피란민들의 정착과정과 국제시장의 상관성을 분석할 필요가 있다. 그동안 피란민 연구는 월남 피란민들이 거주한 정착촌, 월남민의 계급적 특징과 월남시기, 피란민 여성들의 경제적 지위와 사회적 기능 등과 관련한 연구가 중심이었다.[2]

이 글에서는 피란민 연구가 정착지 로컬리티 생성과 어떤 관련성이 있는가를 검토해 보려고 한다.[3] 이런 의미를 제대로 파악하기 위해서는 기존 피란민 연구 가운데 피란민들의 정착과 관련한 연구가 중요하다. 피란민 정착과 관련해 기존 연구의 대부분은 피란민들의 정체성 변화에 관심을 가져왔다.[4] 정체성 변화를 정착지 적응과정과 관련해 분석한 연구에 주목할 필요가 있다. 특히 김귀옥 연구는 정체성의 변화를 피란민들의 생계수단과 관련해 설명하고 있다. 피란민들이 생존을 위한 노력 과정에서 정착지 정체성을 만들어 나간다고 보고 있다. 그리고 피란민 정착을 경제활동과 관련해 분석하고 있다. 이와 같은 맥락에서 도시에 정착하는 피란민 여성의 정착과정을

---

2 피란민 연구와 이러한 연구사적인 구분은 이미 김귀옥, 『월남민의 생활 경험과 정체성
  ―밑으로부터의 월남민 연구』, 서울 : 서울대 출판부, 1999; 김귀옥, 『이산가족, '반공전
  사'도 '빨갱이'도 아닌』, 서울 : 역사비평사, 2004에서 이루어졌다.
3 필자는 로컬리티를 '지방성' · '지역성' · '국지성'의 의미에서 나아가, '로컬다움' · '로컬
  이 지닌 가치' · '로컬의 작동 원리' 등으로 확대해 보려고 한다. 이런 점에서 다른 로컬과
  구별 짓는 정체성의 의미보다 한 걸음 나아가 특정 장소에서 생활하는 인간의 삶에 영향
  을 주는 장소가 지닌 가치가 존재하며, 이를 찾아보려고 한다. 이를 찾기 위한 한 방법으
  로 인간이 특정 장소에 정착해 가는 과정에서 만드는 다양한 네트워크가 지니는 특성에
  서 주목하려고 한다.
4 피란민들의 정착지 정체성 변화와 관련해서는 이문웅, 「도시지역의 형성 및 생태적 과정
  에 관한 연구―서울특별시 용산구 해방촌지역을 중심으로」, 서울대 석사논문, 1966; 남
  상준, 「전북 김제지방의 난민 개척촌에 관한 연구」, 서울대 석사논문, 1982; 이신철, 「월
  남인 마을 '해방촌'(용산2가동) 연구―공동체의 성격을 중심으로」, 『서울학연구』 제14호,
  서울학연구소, 2000 등이 주요한 성과이다.

상업과 관련해 분석한 연구는 이 글에 많은 시사점을 준다.[5]

이 글에서는 여기서 한 걸음 더 나아가 정착 피란민들이 만든 정착지를 어떤 성격, 즉 어떤 로컬리티를 지닌 장소로 만들어 가는가를 확인하려고 한다. 특히 이북피란민들은 돌아갈 고향이 없다. 정착지에서 적응하며 살지 않을 수 없었다. 이 과정에서 만드는 정착지의 로컬리티는 피란민들이 떠나온 출발지의 특성이나, 정착지인 국제시장이 지닌 고유성과도 다를 수밖에 없다고 생각된다. 물론 국제시장이 지닌 물리적인 공간적 특성이 제공하는 고유성도 있을 수 있지만, 한국전쟁이라는 시간적 혹은 글로벌-국가 등 외적인 요소와의 관계, 무엇보다 국제시장에 모여든 구성원들의 성격이 그 이전과는 다른 로컬리티를 만들었을 것으로 보인다.

이 글은 한국전쟁 피란민들이 어떻게 자신의 정착공간을 만들어가는가에 관심이 있다. 기존 연구에서 한국전쟁 피란민들의 경제수단과 관련해 농업, 어업, 수산업 등에 주목해 왔다. 북한에서 주로 농업에 종사한 피란민이 피란 온 뒤 도시에서 상업으로 전환하는 경우가 많았다는 이문웅의 연구에 주목할 필요가 있다. 당시 피란민들이 가장 많이 참여하였던 업종은 상업 혹은 그와 관련한 분야였다. 그래서 부산 국제시장의 상인들을 대상으로 하였다. 한편 피란민들의 삶터란 단순히 국가나 피란민 자신 어느 한 쪽의 일방적인 힘에 의해서만 얻어지는 것이 아니다. 그곳에는 피란민을 둘러싼 지배, 저항, 갈등, 복종 등 다양한 요소가 작동했으며, 이 관계를 경험하는 과정에서 비로소 피란민은 국제시장 상인이 될 수 있었고, 동시에 상인들의

---

5 윤정란, 「한국 전쟁과 장사에 나선 여성들의 삶—서울에 정착한 타지역 출신들을 중심으로」, 『여성과 역사』 7집, 한국여성사학회, 2007; 이송희, 「1950년대 부산지역 이주 여성들의 삶」, 『항도부산』 25, 부산광역시사편찬위원회, 2009.

국제시장으로 만들 수 있었다.

2. 국제시장의 탄생과 상인 구성

1) 귀환동포와 도떼기시장

오늘날 국제시장은 부산시 중구 신창동 4가에 위치하고 있다. 이곳은 일제강점기 서정西町 4정목이었다. 용두산공원을 중심으로 동쪽과 남쪽에 상공업 관련시설이 많았던데 비하면 서쪽인 서정에는 주택이 많았다. 서정은 인근의 부평동, 보수동 그리고 영도 영선동과 더불어 일제강점기 초기부터 일본인이 많이 거주한 지역이었다. 일본인들이 가장 많이 살았던 부평동에는 1915년 개설된 부평정시장이 있었다. 이 시장은 일용식량품 시장으로서는 부산에서 가장 큰 규모였다.[6]

국제시장이 위치하게 될 신창동 4가 지역은 일제강점기 말 미군의 폭격을 대비하여 소개되었다. 때문에 해방 당시에는 공터였다고 한다.[7] 도심지에 만여 평의 넓은 공터는 일본으로 돌아가는 일본인들이 한 푼이라도 더 현금을 마련하기 위해 소유 물건들을 내다 파는 시장으로 변하였다. 그리고 이곳은 일본을 비롯해 해외에서 귀국하는 귀환동포들이 부산에 머물면서 '사제 담배'와 보따리장사를 하거나 일본인들이 남기고 간 가재도구나 생활

---

6 부산부, 『부산부세요람』, 1934, 175~177쪽. 1933년 매상고 2,045,500엔으로 1위.
7 이쾌석(88세, 남, 부산시 중구 신창동 거주, 2010년 7월 30일 조사), 김연아(82세, 여, 부산시 중구 부평동 거주, 2010년 8월 14일 조사) 증언.

용품을 구입하기 위해 부산 거주 상인들이 모여들기도 하였다.[8] 귀환동포
는 1946년 말까지 약 250만 명이 입국하였다. 이 가운데 부산에는 10만 명
정도가 체류했던 것으로 보인다.[9] 그리고 부산으로 입국한 사람들 외 이웃
한 마산이나 전라도 지역으로 입국했거나, 아니면 귀환동포가 아니면서 부
산 인근지역에서 부산으로 들어온 사람들도 많았다. 게다가 이전부터 부산
에 살던 사람들 중에서도 사람과 물건의 움직임이 많은 당시의 기회에 편승
하려던 사람도 있었다.[10] 어쨌든 국제시장은 좋은 물건을 구하려는 사람,
가지고 있는 물건을 팔려는 사람들로 붐비기 시작했다.

　해방 직후 국제시장은 '도떼기시장'으로 불렸다. 물건을 팔러오는 사람들
로부터 장사꾼들이 서로 먼저 사려고 쟁탈한다는 일본어인 '取る'에서 '돗다
하는 곳', '빼서 먹는 곳'이라는 의미에서 시작되었다고 한다.[11] 그래서 어떤
경우에는 '돗다 시장'으로 일본어의 색채를 더 띠는 이름을 부르기도 했
다.[12] 이런 거래방식은 미군정기 미군물자나 구호물자 가운데 내용물은 확
인하지 않고 포장한 채로 구입하였다고 한다. 그래서 대박이 터질 수도 쪽
박을 찰 수도 있는 다소 모험적이었다. 어쨌든 시장으로 흘러들어오는 물건
을 구하는 것은 커다란 이권이 될 수 있었다. 당시 시장은 '도떼기 어깨'라
하여 쌈지꾼, 야바위꾼, 소매치기, 물품 강매 등등 여러 가지 사건이 일어날

8　『민주중보』, 1949.8.5.
9　『민주중보』, 1946. 3.6. 1944년 32만 9천여 명이었던 부산 인구는 1945년 28만여 명으로 줄
　　었다가, 1946년 36만여 명으로 증가한다. 1947년 43만여 명, 1948년 50만여 명, 1949년 47
　　만여 명으로 변화했다.(김종한 외, 「한국전쟁과 부산의 인구 및 노동자 상태 변화」, 『지역
　　사회연구』 14-3, 한국지역사회학회, 2006, 27쪽)
10　김연아의 남편은 일제강점기 제봉틀 회사에 근무하던 경력을 이용하여, 해방되자 국제
　　시장에 판잣집을 짓고 재봉틀 가게를 운영하기 시작한다.
11　『동아일보』, 1952.2.29.
12　『자유민보』, 1950.6.20.

정도로 '박터지는 싸움'의 현장이었다.[13]

1946년 1월 도떼기시장 상인 200여 명은 당국의 시장 해산명령에 대응하면서 자체 조직을 갖추고, 미군정 민정장관인 안재홍으로부터 양해를 얻어 판잣집 시장을 운영할 수 있었다.[14] 그러나 공식인가된 시장이 아니었기 때문에 계속해서 철거위험은 도사리고 있었다. 1948년에는 시장 명칭을 자유시장으로 하였다가, 1949년 1월 노점이었던 시장을 개축하고, 시장 명칭도 국제시장으로 하였다.[15]

국제시장에서 유통되었던 상품은 1950년 6월을 기준으로 미군 부대에서 흘러나온 셔츠와 옷, 통조림, 기계 부속품과 청과, 양곡, 잡화 등 약 60여 종이었다. 하루 거래액도 평균 5천만 원 대에 이르렀고, 시장을 출입하는 인원은 2만 5천여 명이었다. "눈동자가 새파란 美兵, 마도로스 파이프를 삐쭉이 입에 문 외국 선원들, 마카오 양복의 신사, 헌 핫바지의 지게꾼, 거러지 등" 다양하였다. 사람 많고 물건 많다보니 자연스럽게 소매치기, 부랑패, 사기꾼 등도 설쳤는데, 그러다 보니 이 시장은 당국의 입장에서 보면 '두통거리'이기도 하면서 동시에 '필수품 창고'였다.[16]

1946년 초 약 200여 개의 점포에서 시작한 이 시장은 1950년 초 점포 수 1,300개, 업종 61, 시장과 관련해 먹고사는 사람 약 10만 명에 이를 정도로 부산 경제계에서 커다란 비중을 차지했다.

시장 상인의 구성 또한 초기 귀환동포에서 자본규모가 조금 나았던 원주

---

13 『민주중보』, 1949.8.5.
14 慶南年鑑編纂會, 『慶南年鑑』, 1955, 138쪽.
15 『산업신문』, 1950.5.21.
16 『산업신문』, 1950.5.21.

민으로 점차 교체되고 있었다. 1948년 자유시장 무렵에는 경상도 원주민과 귀환동포가 약 절반 정도였으나, 1949년 국제시장으로 새 출발하였을 무렵에는 경상도 원주민이 시장을 거의 장악했다고 한다.[17]

이처럼 국제시장은 태생부터 해외에서 유입된 귀환동포, 부산의 원주민 등 출신 성분이 다양하였고, 생존경쟁에서 살아남기 위해 선택한 '도떼기' 거래 방법에서 이곳이 얼마나 투기적이고 모험적인 장소였는가를 알 수 있다.

2) 피란민의 유입과 국제시장

한국전쟁과 함께 부산은 가장 안전한 피란지였다. 피란민은 부산이 전쟁 터에서 멀리 떨어져 있고, 임시수도라는 점, 일제강점기 이후 근대화가 진 행되면서 사회기반시설이나 근대적인 공장이 많아 생계를 위한 일자리도 많을 것으로 기대하였다. 하지만 피란민을 수용해야 하는 부산은 그렇지 못 했다. 피란민이 몰려들자 허겁지겁 수용시설을 확보했으나, 겨우 7만여 명 을 수용할 수 있는 시설밖에 마련하지 못했다. 물론 피란민을 먹여 살릴 식 량이 풍부한 것도 아니었다.

피란민 행렬은 전쟁이 일어난 지 사흘째인 1950년 6월 28일 전방의 군인 가족부터 시작되었다.[18] 부산으로 유입된 피란민은 1·4후퇴 이전 약 16만 명, 이후 약 26만 명 정도였다.[19] 1950년 7월 10일 정부가 실시한 피란민 분

---

17 『동아일보』, 1952.2.29.
18 부산일보사, 『임시수도천일』 하, 부산 : 부산일보사, 1984, 152쪽.
19 서만일, 「한국전쟁기 부산지역의 피란민유입과 정부의 대책」, 동아대 석사논문, 2009,

산정책으로 부산 유입 피란민은 그다지 많지 않았다. 그리고 피란민들에게 증명서를 교부해 사상이 온건한 자들만이 '대통령이 살고'있는 부산으로 유입될 수 있었는데, 1·4후퇴로 이북에서 내려오는 월남피란민들에게 다소 엄정하게 적용되었다. 그래서 많은 피란민들은 부산으로 들어오지 못하고, 인근의 경남이나 제주도로 향할 수밖에 없었다. 부산으로 들어온 피란민은 상대적으로 나은 편이었다고 할 수 있으나, 상시적인 국가의 폭력이나 생계 위협은 다를 바 없었다.

1949년 47만여 명이었던 부산인구와 비교해, 전쟁으로 30~50만 명 이상이 피란민이었음을 알 수 있다. 이들 피란민들의 출신지는 1951년 3월을 기준으로 가장 많은 곳이 서울(165,878명), 경기(32,599명), 이북지역(33,891명), 경남, 강원 등의 순이었다.[20]

전쟁 당시 부산에 살던 사람들의 직업 분포를 보면 無業, 공무 자유업, 상업, 공업의 순이다. 전체 인구의 50% 이상이 무업이었다.[21] 여기에는 물론 어린이와 같이 직업을 가질 수 없는 연령도 포함되겠지만 피란지 생계수단의 한계를 잘 보여준다. 공무 자유업은 대부분 부두노동자처럼 하루하루 노동하면서 살아가는 자들의 업종이다. 이와 더불어 피란민들이 가장 많이 참여한 업종은 상업이었다. 도시로 이주한 피란민들이 소유한 자본이 없으면서, 생계방법이 확실했던 상업을 많이 선택했던 것으로 보인다.

서울 용산의 해방촌 연구에서도 정착한 피란민들은 대부분 상업에 종사하였다. 이 연구에 따르면 초기 월남 피란민들은 대부분 농업에 종사하였다

10~13쪽.
20 위의 글, 13쪽.
21 부산시, 『시세일람』, 각 연도판.

고 한다. 이북에서의 농업 경험이 많았기 때문이었다.[22] 그런데 전쟁 당시 농촌에 정착했던 피란민들이 자연재해 때문에 도시로 이주하면서 상업으로 직업을 전환하였다. 피란민들이 피란지를 도시로 선택한 이유는 농업을 대신할 직업을 구하기 위해서였다. 부산으로 들어온 피란민들은 용두산공원과 국제시장을 둘러싼 주변지역, 영도, 당감동, 적기, 괴정 등 부산의 여러 곳에 흩어져 정착하였다. 정부가 개설한 수용소에서 생활했던 피란민은 하루 일정량의 배급을 받을 수 있었으나,[23] 그렇지 못한 대부분의 피란민들은 스스로 생계방법을 강구해야 했다. 우선은 피란올 때 몸에 지니고 내려왔던 옷이나 귀금속류를 팔아 먹을거리를 마련하였다. 좀 더 장기적인 계획을 세우는 사람들은 소지한 물건으로 장사를 시작하기도 했다.[24] 때문에 피란민들은 정착하는 마을에서 대부분 시장을 개설하였다. 부산의 당감동, 괴정동, 청학동 등도 피란민 정착과 시장 개설이 동시에 진행된 대표적인 곳이다. 이 가운데 가장 대표적인 곳이 국제시장이었다.

피란민이 부산으로 몰리면서 국제시장은 자연스럽게 피란민들의 생필품 거래장이 되었다. 국제시장은 피란민들이 장악하였다.

"라이타 돌요, 라이타 돌" "엿을 사소 엿들 ……" 이러케 왼종일 떠드는 소학생이 있다. "사라우요"하는 평안도 사투리가 잇고 악센트가 괄괄한 함경도 삼수 갑산 말씨가 잇고 잔잔한 충청도 말 (…중략…) 이래서 14도 사람이 다 모인 듯하다. (…중략…) 6·25후 갑작스레 발전한 국제시장은 거의

---

22 이문웅, 앞의 글, 61~65쪽.
23 김계택(89세, 남, 부산시 중구 신창동 거주, 2010.8.13 조사) 증언.
24 권정림(84세, 여, 부산시 연제구 연산동 거주, 2010.7.30 조사); 김진상(88세, 남, 부산시 중구 창선동 거주, 2010.8.13 조사) 증언.

4북파와 서울파에게 상권을 빼앗기다 싶히 되었다니 여기에도 남모른 갈등과 고민이 숨어 있다.[25]

위 기사에서는 국제시장에 전국 각지 사람들이 다 모여있음을 잘 표현하고 있다. 그렇지만 중심은 월남한 피란민과 서울에서 대규모 상업을 하던 상인들이었다. 전쟁 전까지 부산의 원주민들이 중심을 이루었으나, 피란민 중 서울 동대문시장이나 남대문시장에서 경험이 많았던 상인들과 '맨손으로 월남'한 생활력 강한 피란민들이 상권을 장악하였다. 그 결과 1952년 2월을 기준으로 국제시장 상인은 시장 조합원으로 고정 점포가 1,150곳, 무허가인 노점상 2,000여 명이었는데, 이 가운데 고정 점포의 50%가 월남피란민, 20%가 서울피란민, 노점상의 90%가 월남피란민, 행상인의 95%가 피란민들이었다.[26]

이처럼 국제시장 상인들의 종류는 다양했다. 외형적으로 점포상인, 노점상인, 행상인 등으로 나누어 볼 수 있다. 거래 규모와 관련해서는 "수천만 원자본을 배경으로 두고 일류「뿌로커-」들과 연락하여 한 달에 한두 번 큰 거래로 돈 천만 원쯤 보통수입으로 생각하는 여걸, (…중략…) 사람에 시달려다가 황혼이 시장 문틈을 덮기 시작할 때까지 양말 한 켜레 못팔게 되는 날에는 저녁꺼리 죽이나마 끄려서 먹으려고 할 수 없이 본전도 못되는 헐값에 상품을 집어던지는 (…중략…) 부류"도 있었다.[27]

그런데 현재 필자가 만날 수 있는 당시의 피란민들은 자본력이 그다지 크

---

25 『민주신보』, 1951.6.13.
26 『동아일보』, 1952.2.29.
27 『동아일보』, 1952.3.3.

지 못했다. 서울 출신 상인들이나 돈을 많이 모았던 사람들은 벌써 이곳을 떠나고 없다. 현재 생존해 있고, 국제시장과 일정한 관계를 맺고 있는 사람들의 경험을 토대로 당시 장사를 시작할 때의 상황을 재구성 하면 다음과 같다.

피란민들이 국제시장에서 장사를 시작하는 계기는 어쩔 수 없는 선택 때문이었다. 필자가 만난 상인들 대부분은 이북에서 장사를 한 경험이 거의 없었다. 권정림(84)은 양반 가문의 며느리였고, 계병관(83)은 농업에 종사했으며, 이행제(80)는 지주, 김계택(89)은 공무원 등으로 상업과는 그다지 관련 없었다. 이들이 장사를 시작하면서 활용한 밑천은 대부분 친구나 고향 사람의 도움으로 마련하였다. 아니면 피란 올 때 가지고 온 귀금속이나 입고 있던 옷을 팔아 종자돈으로 삼았다. 이것도 저것도 없으면 김계택처럼 혼자 힘으로 남의 열쇠업을 어깨너머로 배워 시작하였다. 대부분 특별히 자본을 투자할 여력이 없었다. 부동산업을 했던 김진상(88)의 증언에 따르면 이북 사람들 가운데는 금을 비롯한 귀금속을 가져와 장사 밑천으로 삼았는데, 자신이 사무실을 소개한 사실이 있다고 한다. 국제시장 상인들 사이에도 출발 당시의 투자 자본 규모에 따라 이후 자본축적의 방향이 결정되었던 것으로 보인다. 다만 오늘날 현역에 종사하고 있으면서 필자와 면담한 상인들은 그다지 큰 돈을 모으지 못한 상인들로 보이며, 이런 상인들이 장사 출발 당시 또한 영세한 자본이었던 것으로 보인다.

이러한 국제시장은 전쟁 경기를 타고 급성장하였다. 1951년 건평 2,500평, 점포 수 1,500개, 300개의 노점상인[28]이었던 시장은 1952년 현재 하루

---

28 『자유민보』, 1950.6.20.

평균 실거래액 10억 원 이상으로 추정되며, 하루평균 출입하는 사람은 10만 명, 공동변소 2개에 똥 푸는 값이 매월 4백만 원[29]에 이를 정도로 규모가 확대되었다. 1953년 국제시장대화재 이후 대지 2,400평, 건평 3,743평(1, 2층) 포목부(270호), 철물부(270호), 일용품(양품, 잡화, 화장품) 270호, 기타 의류 잡화 등을 취급하였고, 국제백화점으로 불리었다.[30]

이렇게 볼 때 한국전쟁 당시 국제시장의 상인은 피란오기 전 출신지역, 신분, 직업 등에서 다양한 사람들로 구성되었다. 말, 풍습, 윤리 등 다양한 점에서 구별되는 이들이 하나의 장소인 국제시장에 모일 수 있었던 것은 무엇보다 하루하루를 살아야 하는 생존 때문이었다.

3) 국제시장 유통 상품과 성격

국제시장 상인들의 상업적 특징을 규정짓는 가장 중요한 요소가 취급 상품의 성격이었다. 한국전쟁 당시 물자난은 뭐라 표현할 수 없을 정도로 피란민들에게 전쟁 못지않은 고통을 안겨줬다. 국내 산업은 거의 괴멸상태였던 반면 그나마 부산은 안전지대였다. 열린 항구로 많은 외국물자들이 유입되었을 뿐만 아니라 한국에서 피를 흘리는 외국군들의 후방 기지도 여기를 근거지로 하였다. 그러다 보니 국제시장에는 그 이름에 어울리는 다양한 국적의 상품들이 유통되었다.

국제시장에 유통되었던 상품의 현황을 잘 표현하는 신문기사를 소개한다.

---

29 『동아일보』, 1952.2.29.
30 慶南年鑑編纂會, 『慶南年鑑』, 1955, 138~139쪽.

사람, 사람, 무수한 사람의 파도가 요동하고 있는 국제시장은 이번 사변으로 인하여 더욱 국제적인 색채가 농후하게 되었다. 돈만있으면 무엇이든지 살 수 있는 편리한 곳으로 된 국제시장 무슨 고급양복 오 − 바할 것없이 여기서는 구할 수 있고 유한 마담들이 찾는 어떠한 고급화장품도 살 수가 있다. 정말 어떠한 盛裝의 차림이라도 여기에만 가면 능히 할 수 있는 곳이기도 하다. 어데서 그렇게 모여든 黃金商인지 금지환 보석반지도 수두룩 늘어 노힌 한편 남하한 피란민들이 살려고 아우성치며 미군 군복장사 담요 구두 팔기에 눈을 부릅뜨고 덤비는 장면과 생활유지에 앞길 맥힌 일반 가정의 농 깊히 간직했든 의복들도 서글프게 터저나와 고객을 부르는 눈에 쓰린 장면이 있다. (…중략…) 또한 국제시장은 '사기 공갈 야바우 횡령' 등등의 가진 범죄의 온상이기도 하다. 예를 들면 물건 사러온 특히 부인들을 상대로 좋은 물건 알선한다고 손에 낀 금반지까지 빼앗아 가는 불량도배가 모여드는 곳이다. 아무튼 오늘의 국제시장은 백만 부산의 거울같이 온갖 잡품과 더불어 시민의 살림살이를 그대로 반영시키고 있다.[31]

위 기사에서 국제시장에 전시되고 있는 물건은 국제적인 색채을 띤 것, 돈만 있으면 구입할 수 있는 것, 고급품, 미군 물품, 피란민이 장롱 깊이 숨겨둔 물건, 금붙이, 잡품 등이다. 미군수품, 밀수품처럼 위험(?)한 물건과 피란민들이 소지하거나 가내공업으로 만들어 내는 것들이었던 것으로 보인다.

국제시장에 나도는 물자는 밀무역품, 미군용품, 유엔원조물자 등의 부정유출품들이 많았다.[32] 당시 부산 유행어 가운데 '얌생이 몰러 나간다'는 말

---

31 『민주신보』, 1952.1.9.
32 『朝日新聞』, 1952.8.26.

이 있다. 미군부대 안으로 염소를 일부러 밀어 넣고는 염소 찾으러 간다는 핑계로 미군 물품을 훔쳐 나왔다는 뜻이다. 이처럼 미군부대 물자는 절도범들의 손에서 몇 단계를 건너뛰어 국제시장의 상인들에게로 들어갔거나, 소규모로는 천여 명에 달하는 특수카페 여급 및 댄서, 부지기수인 하우스 보이, 하우스 걸들이 유엔 군인에게서 보수, 사례, 증여의 형식으로 입수하여 유통시켰다.[33] 그 외 정상적인 유통경로를 통한 미군정시대 민간에 불하 혹은 배급된 물품, ECA민간물자가 미국인 또는 군인들의 손을 통하여 한국인에게 증여 또는 매매된 것,[34] 등도 있었다. 전쟁 후에는 많은 미군물자가 한국군으로 넘겨졌고, 이들 물자가 박스 채 시장으로 흘러들어왔다고 한다. 이런 물자는 또다시 외출 나온 군인들이 구입했다.[35] 그리고 전재민 구호를 위한 구제품 물자인 각종 의류품들이 식량난과 물가고에 허덕이던 피란민들이 시장에 내 놓기도 하였다.[36]

밀수품은 대부분 일본으로부터 밀수입된 것이었는데, 1953년 11월 현재 국제시장 점포 1천 3백 곳 중 휴업 중이던 5백 곳을 제외한 8백 곳 가운데 2백 곳이 밀수품 전문취급점이고, 그 외 약 250곳이 부분적으로 취급하고 있었다고 한다.[37] 이 숫자는 점포를 소유한 상인만을 대상으로 한 것이기 때문에, 노점상이나 행상들까지 고려하면 외국상품 취급점이 얼마였던 가를 상상할 수 있다.

물론 일본 상품 가운데는 정상무역을 통한 수입도 많았다. 당시 등록된 무

---

33 『동아일보』, 1951.3.31.
34 『동아일보』, 1951.4.3.
35 이행제(80세, 남, 부산시 중구 창선동 거주, 2010.8.12 조사) 증언.
36 『민주신보』, 1953.7.13.
37 『부산일보』, 1953.11.25.

역업자를 통해 정상적으로 수입쿼타를 확보해 수입한 물자는 곡류, 비료, 설탕, 신문용지, 인견사, 의약품 등이 인기 있는 품목이었다.[38] 하지만 수입 할당량이 부족해 수요가 많은 품목들은 밀수입되었다.

국제시장은 밀수품의 박람회입니다. 밀수품의 카타로구가 다 있습니다. 국제시장에 가서 무슨 물건이 필요하다고 하면 3일 후에는 반드시 옵니다. 그만큼 밀수를 하는 사람들의 조직이 꽉 짜여져 있는 것입니다.[39]

시기적으로 다소 뒤의 사료이지만 국제시장과 밀수와의 관계를 적나라하게 보여준다. 밀수가 많았던 품목은 견직물(양단, 우단, 주단, 인조견), 양복지 등 직물류, 화장품류, 장신구류, 카메라, 만년필 등 이었다.[40] 밀수품들은 밀수의 종류에 따라 다르지만, 고급 옷감이나 와이셔츠 같은 고급 의류품은 밀수품을 전문으로 취급하는 '귀부인'의 손을 거치는 경우가 대부분이고,[41] 일반적인 밀수의 경우는 밀수업자의 손을 거쳐 국제시장 상인을 중심으로 시내 각 상인들에게 유통되었다.[42] 그리고 1950년대 말 영도 아치섬을 중심으로 하는 밀수는 아치섬 주민이 바다 속에 숨겨진 밀수품을 건져내어 국제시장 상인이나 시내 각 점포로 보냈다.[43] 이처럼 밀수품은 대체로 국제시장 상인의 손을 거쳐 부산 시내나 전국 수요처로 유통되었다.

---

38 차철욱, 「1950년대 전반기 수입할당제의 운영과 무역업자의 동향」, 『부산사학』 24, 부산사학회, 1993, 94쪽.

39 『稅關報』, 1961.4.30.

40 차철욱, 「1950년대 한국－일본의 밀무역 구조와 상품」, 『역사와 경계』 74, 부산경남사학회, 2010.3, 235쪽.

41 『국제신보』, 1953.9.7.

42 『국제신보』, 1955.7.10.

43 『釜山稅關報』, 1959.11.25.

역으로 밀수 자금은 당시 속칭 '타노모시' 돈이 국제시장 상인의 손을 거쳐 무역업자나 밀수업자의 손을 거쳐 밀수자금으로 사용되었다.[44] 일본에서 수요가 있던 고철이나 시중에서 수집된 달러 등도 좋은 자금이었다.

이 시절 이런 물자들은 부산에서만 유통된 것은 아니었다. 휴전되기 전 서울이 점차 전화에서 회복되면서 생필품 수요가 증가하였다. 국제시장 상인들은 여기에 흘러들어온 물건들을 서울 남대문시장으로 보내기도 하였다.[45]

또 국제시장에서 유통되던 상품 가운데는 다양한 잡품이 있었다. 특히 의류제품이 많았는데, 가장 흔한 것이 군복지를 염색해 유통시키는 것이었다. 간혹 미군복지를 사용했다가 압수당하는 낭패를 보기도 했다. 그래서 군복 유출, 염색, 유통 등은 은밀하게 이루어졌다.[46] 그렇지 않으면 군복을 완전히 해체하여 새로운 옷으로 만들기도 하였다.[47] 그리고 피란민 가운데 피란 오면서 소규모 직기를 가져온 경우가 많았는데, 이들에 의한 가내수공업도 활발하였다.[48] 메리야스를 비롯한 섬유제품을 생산하여 국제시장을 통해 유통시키기도 하였다.

이처럼 국제시장으로 흘러들어온 상품들은 국내산보다 외국산이 많았다. 필수물자의 부족과 미군물품 및 밀수품의 유통기회가 많았다는 점이 그 이유일 것이다. 이 때문에 당시 상인들은 외국산 물품이 수익을 가져다준다고 믿었다. 그렇지만 이들 상품의 거래를 통해 상인들은 위험성을 감수해야 하는 대담성 혹은 모험성을 발휘할 수밖에 없었고, 생존경쟁이 이질 문화에 대

44 『釜山稅關報』, 1954. 12. 25.
45 이상섭, 『굳세어라 국제시장』, 김해 : 도요, 2010, 50쪽.
46 위의 책, 91~92쪽.
47 계병관(83세, 여, 부산시 연제구 거제동 거주, 2010. 8. 7 조사) 증언.
48 권정림(84세, 여, 부산시 연제구 연산동 거주, 2010. 7. 30 조사) 증언.

한 거부보다는 수용을 가능하게 하였다.

3. 국제시장 상인의 관계맺기와 갈등

국제시장 상인들에게 장사는 생계를 해결하기 위한 발버둥이었다. 고향에서, 생활근거지에서 추방당한 피란민들이 피란지 부산에서 생계수단으로부터 배제된다면 더 이상 삶을 영위하기란 어려운 현실이었다. 더더욱 전쟁이 끝나도 돌아갈 곳 없는 월남피란민들에게 부산 사람들이 '독하다'라는 말을 하는 이유도 여기에 있었을 것이다. 하지만 이들이 이후 누리게 되는 시장 상권의 확보와 경제적 혜택은 단순히 주어진 것만은 아니었다. 피란민들을 지배하는 권력, 피란민 내부의 다양한 계층, 화재와 같은 천재지변 등 다양한 요소와 갈등하면서 능동적으로 획득하였다.

국제시장 상인은 상행위 과정에서 다양한 방식의 네트워크를 맺었다. 필자는 국가, 상인 내부, 소비자 등과 맺는 네트워크의 성격이 국제시장의 로컬리티를 규정하는 아주 중요한 요소라고 생각한다. 상인들이 관계 맺는 네트워크는 통제, 갈등, 복종, 화해 등 다양한 힘 관계가 작용하며, 이것이 국제시장에 정착하는 과정이었다. 이 과정에서 국제시장 상인들이 맺은 네트워크의 성격이 결정되었던 것으로 보인다.

1) 국가의 포섭과 상인의 저항

① 권력의 감시와 통제

국제시장을 둘러싼 권력의 감시와 통제는 무허가 시장 철거, 미군물품 단속, 영업세 징수, 밀수품 단속, 바락철거 등에서 잘 보인다. 무허가 시장 철거 문제는 시장 개설 당시부터 제기되었다. 부산시는 1946년 1월 귀환동포들이 시장을 만들어 갈 무렵부터 해산명령을 내렸다.[49] 그러다가 1950년 5월 해방 이후 급성장한 국제시장을 공설로 할 것인지 아니면 무허가이기 때문에 철거할 것인지에 대한 논란이 일기 시작했다.[50] 당국자 사이에서도 규모를 확대하자는 의견과 도시 미관상 철거하자는 의견으로 나뉘었다.[51] 결과는 한국전쟁으로 피란민들이 몰려들고, 시장과 관련해 생계문제를 해결하는 사람이 많아 철거를 중지하기로 하였다.[52] 무허가 시장에서 불안정한 영업을 하면서, 당국의 철거위협에 노출되어 있었다.

전쟁기 국제시장에 유통되고 있는 상품과 관련한 통제는 미군물품과 밀수품 단속이었다. 미 제8군단은 한국정부 치안국에 요청하여, 전국 시장에서 유통되는 미군물자를 압수토록 하였다. 대표적인 사례가 1951년 3월 17일, 3월 30일, 4월 2일 3차례에 걸친 일제 수색이었다. 한미합동수색대는 국제시장을 포위하고 이유여하를 불문하고 미군 관련 물자를 모두 수거해 갔다. 대금 지불은 물론 가져간 물건에 대한 증명서조차 교부하지 않았다. 압

---

49 『산업신문』, 1950.5.21.
50 『산업신문』, 1950.5.21.
51 『자유민보』, 1950.6.20.
52 『민주신보』, 1950.11.5.

수 물자는 수렵용군화, 죠-기, 자켓트, 방한단화, 군화, 외투, 군용필수비품, 군용식량, 전지, 모자, 하의, 담배, 맥주, 寢台 등이었다.[53]

2차에는 상인들이 '韓滿국경총진격국민대회'에 참석한 사이 비어있는 상점 문을 뜯고 압수했다. 약품, 도서, 카메라, 염색한 군복과 군복지로 개조된 모든 제품은 물론, 심지어는 염색된 군복 착용자들을 붙잡아 탈의케 하여 압수하였다.[54] 압수 물품에는 미군 물자뿐만 아니라 일본 제품이나 스위스제 시계, 심지어는 구호물자로 배급된 미국 제품도 포함되었다.

물건을 빼앗긴 상인들 가운데 남의 돈을 빌려 물건을 구입한 영세상인들에게는 큰 낭패였다. 미군의 이런 행패에 대한상공회의소나 한국정부의 장관들도 비난 성명을 발표했지만, 압수해간 상품은 상인들에게 돌아온 것이 아니라, 다른 손을 거쳐 다시 시장으로 유통되었다.

밀수품 일제 단속은 1952년 9월부터 자료로 확인되는데, 단속 이유가 납세를 하지 않는 사치 상품의 발각이었다.[55] 1953년 11월부터 관세법을 개정하여 외래무면허상품을 신고하게 하고, 여기에 일정한 관세를 부과하기로 하였다. 관세부과품목에는 '稅檢' 표시를 했으며, 이 표시가 없는 물품은 단속하도록 하였다. 밀수품 단속이 강화되었다.[56] 이런 정책 변경은 밀수품 단속에 얼마간의 효과를 거둘 수 있었다. 하지만 상인들은 밀수품을 정당한 대가를 지불하고 구입했기 때문에 따로 세금을 납부한다는 것은 판매가격을 인상시키고, 결국은 구매력 감소로 이어진다고 우려하였다.

---

53 『동아일보』, 1951.3.18.
54 『동아일보』, 1951.3.31.
55 『민주신보』, 1952.9.4.
56 『국제신보』, 1953.11.24.

재무부 사세국에서는 1951년 5월 물품세 징수 강화 및 영업 감찰제를 실시하기 위해 국제시장에 세무서원 2명 내지 3명을 배치하여 상인들에게 물품세를 자진 납세케 유도하려 하였다.[57] 하지만 납세실적이 30% 정도밖에 되지 않자 1951년 7월 4일 직원 2백여 명을 동원하여 국제시장 2천여 점포의 체납자에 대한 차압처분을 집행하였다.[58]

한편 부산시는 국제시장을 공설시장으로 전환할 계획을 세우고 추진하였다.[59] 시장조합과 상인들이 공설시장보다 자치기관에 의한 운영을 희망하고 있던 것으로 봐 공설시장 제도는 행정기관의 시장 장악과 관련 있었던 것으로 보인다.

이처럼 권력은 국제시장에 대해 미군물품 혹은 밀수품 단속, 세금징수, 공설시장 전환 등 다양한 형태로 통제하면서 감시하였다.

② 국제시장 화재와 국가의 통제

한국전쟁 당시 부산을 상징적으로 이르는 말 가운데 '났다하면 불'이라는 말이 있다. 한국전쟁이 시작된 이후 화재사건이 사료로 확인되는 것은 1950년 11월 24일 영도 대한도기회사 피란민수용소 화재이다.[60] 1952년 1년간 화재가 490건에 피해액 355억 원에 이를 정도였으니,[61] '불의 도시'란 말이

---

57 『민주신보』, 1951.5.8.
58 『민주신보』, 1951.7.5.
59 『국제신보』, 1952.1.16.
60 『부산일보』, 1950.11.26. 이후 발생한 주요 화재사건은 다음과 같다. 주요 화재사건은 용두산(1951.12, 1952.1), 영도 태평동(1952.1), 국제시장(1952.2, 1953.1), 제4부두 부근(1952.7), 좌천동(1952.8), 수정동(1952.10), 보수동(1952.11), 적기피란민수용소(1953.1, 1953.2), 보수동(1953.4), 복병산(1953.10), 부산역전대화재(1953.11), 영주동(1954.1) 등이었다.
61 『부산일보』, 1953.4.24.

어울릴 만도 하다.

1950년대 국제시장 화재를 보면 다음과 같다.

〈표 1〉 국제시장 화재 일지

일자	피해규모	피해액	자료
1950.12.24.	3,500가호 전소	2억 8,000만 원 피해	『부산일보』 1950.12.26.
1952.2.14.	116점포 전소	약 9억 원	『국제신보』 1952.2.14.
1953.1.30.	1천6백 동 전소	1,200억 원	『국제신보』 1953.2.1.
1956.8.2.	163개 점포 전소	약 3천 5백만 환	『동아일보』 1956.8.4.
1957.11.13.	118점포 전소	약 1억 환	『동아일보』 1957.11.14.
1960.10.4.	80점포 전소	약 1억 수천만 환	『동아일보』 1960.10.5.
1960.12.25.	234점포 전소	5억 환 이상	『동아일보』 1960.12.26.

이들 가운데 1953년 1월 30일 일어난 '국제시장대화재'가 화재 규모나 이후 국제시장 운영과 관련해서 가장 중요한 의미를 지닌다. 당시의 모습을 잘 표현한 기사를 소개한다.

삽시간에 국제시장을 중심으로 하여 그 부근이 그야말로 무서운 불바다로 화하게 되자 광복동과 대청동 거리는 '보따리'를 메코 아해를 찾는 사람 땅을 치고 대성통곡하는 사람 마치 미친 사람과도 같이 춤을 추면서 우왕좌왕하는 남녀 경찰관과 헌병의 제지에도 불구하고 불바다 속으로 띠여 들어가려는 사람 등등 문짜 그대로 대혼잡의 일대 수라장이 생지옥처럼 전개되었으며 거리에는 과자 밀가루 포목 등등 불에서 건저낸 상품들로 범람하였었도 어떤 사람은 응급실에 문[門]짝을 '다다미'를 메고 나오는가 하면 그래도 권세와 돈있는 사람은 '추럭'으로 짐을 실어 나로는 등 이 수라장 가운데에서도 고르지 못한 사회상까지 였볼 수가 었었다.[62]

이런 난장판에도 불 속에서 구해내어 놓은 물건을 훔쳐 달아난다든지, 현금 운반을 부탁받은 지게꾼이 그냥 뺑소니쳐 버리는[63] 등 여러 가지 비도덕적인 모습도 화재를 당한 상인들을 괴롭혔다. 이 화재로 1천 6백 동(인근 건물 포함)의 시설이 없어지고, 8,518명의 이재민이 발생했다.

그런데 부산시는 국제시장을 위험지구로 인식하고 시장 재건을 적극 반대하면서, 이재상인의 노점 경영도 승인하지 않았다. 상인의 요구와 치안국장의 결단으로 겨우 노점을 경영할 수 있게 되었다. 국제시장 조합역원과 유지상인 등 48명이 '국제시장복구대책위원회'를 조직하였다. 공사비 마련은 상인들이 담당하였는데, 상품을 상실한 상인들로서는 공사비 납부가 곤란하여 대부분 고리대금과 가재를 방매하여 건축비를 부담하였다. 부담액은 적지 않았다.[64] 그런데 부산시는 아주 비협조적이었는데, 각 방면에서 지원된 성금조차 시장상인들에게 건네주지 않았다. 복구된 시장은 도시계획으로 도로를 확대하고 2층으로 건축하였다.[65] 7월 17일 낙성식을 거행하고 새롭게 영업을 시작했다.

③ 판잣집 철거와 상인들 사이의 갈등

국제시장 상인들의 층위는 다양하였다. 경제적으로 대자본을 운영하는

---

62 『국제신보』, 1953. 2. 1.
63 『동아일보』, 1953. 2. 2.
64 1956년 국제시장 화재 때 이야기이기는 하지만, 차○○는 가게가 불타던 날 부산진구 가야에 살았는데, 이웃으로부터 국제시장 불났다는 이야기를 듣고 맨발로 달려왔으나, 가게는 물론 귀하게 여기던 재봉틀까지 타버렸다고 한다. 복구비용을 모두 본인이 부담해야 했기 때문에 당시 35평짜리 기와집 사려고 모아둔 돈을 몽땅 여기에 쏟아 부을 정도로 복구비용이 많았다고 한다(80세, 여, 부산시 중구 국제시장 거주, 2010.9.6 조사).
65 국제시장복구대책위원회, 「국제시장복구경위」, 1953년 6월 말.

한국전쟁 피란민의 부산 정착과 국제시장 로컬리티의 생성 75

대상인에서부터 영세한 행상인들까지. 그리고 점포를 가졌느냐 아니냐에 따라 점포상인-노점상인-행상인 등으로도 나눠볼 수도 있다. 시장 외부의 세력과 관계에서 하나로 단결할 수도 있고, 내부적으로는 다양한 입장을 취할 수도 있다. 그리고 시장이라는 단일 공간 내에서 점포상인-노점상인-행상인 등 상업행위에 따라 이해관계도 다를 수 있다. 다양하고 상이한 입장 때문에 이들 상인은 때로는 단결하면서 때로는 갈등하면서 각자의 기반을 다졌다.

피란시절 국가의 국민 배제와 추방의 가장 대표적인 것이 판잣집 철거였다. 판잣집은 피란민의 주거용으로 가장 필요했고, 또 국제시장과 부두 주변에 많았다. 주거지는 인간의 생활을 안정시키는 가장 중요한 요소 가운데 하나이다. 그런데 대책 없는 판잣집 철거는 국민 배제 혹은 추방의 대표적인 권력의 본성이라 할 수 있다. 판잣집의 정확한 통계를 알 수 없으나, 1953년 10월 현재를 기준으로 도로변과 하천변에 2만 2천 호, 산마루에 1만여 호가 있었다고 한다.[66] 이를 좀 더 구체적으로 파악할 수 있는 사료에 의하면, 1953년 7월 4일 당국이 조사한 판잣집이 2만 8천 619호였는데, 다소 규모가 큰 판자촌을 보면 영주동 산기슭에 약 1천호, 영도 대교로 해안가 7백 호, 보수동에 약 6백 호, 송도에 약 3백 호, 국제시장에 약 1천 2백 호[67]였다. 국제시장 판잣집은 일반 주거공간과 달리 국제시장 노점 상인들이 사용하던 것으로, 국제시장과 깡통시장 사이의 도로변에 위치했다. 다른 곳과는 달리 국제시장 판잣집 철거는 국가에 의한 상인의 배제이기도 하지만, 점포를 지

---

66 『부산일보』, 1953.10.7.
67 『동아일보』, 1953.7.18.

니고 있지 않는 상인의 입장에서 보면 허가받지 않은 불법 상인이기 때문에 점포상인에 의한 노점상의 배제 수단이 되기도 했다.

정부나 부산시가 판잣집을 철거할 계획을 세운 것은 1950년 11월부터였다. 이 가운데 국제시장 판잣집 철거 거론은 1953년 1월 30일 국제시장대화재 직후였다.[68] 본격적인 철거는 1953년 9월이었다. 하지만 철거가 시작된다는 정보가 누설되어 노점상인들이 철거반대를 위한 농성을 준비하자 곧바로 실행되지 못했다.[69] 10월 1일 새벽 7백여 호 철거를 단행했으나, 노점상인들은 다음 날 아침에 재건했다.[70] 그리고 그 해 12월 2일에는 2천여 개를 철거하였다.[71] 이런 철거에 대해 언론에서는 '점포 상인은 웃고, 노점 상인은 울고'라고 표현하여,[72] 국제시장 판잣집 철거가 시장 내 상인들 사이의 갈등과 깊은 관련이 있음을 확인할 수 있다.

국제시장 판잣집 철거가 1953년 휴전 이후 집중된 것은 이 무렵 휴전으로 인한 피란민들의 귀환에 따른 구매력 감퇴 혹은 상업 침체와 관련 있다. 점포를 운영하는 상인은 정부에서 요구하는 세금을 부담하고, 점포 권리금 지불, 조합비 부담 등 다양한 지출 때문에 노점상인과 경쟁에서 불리하였다.[73] 반면 노점 상인은 점포 상인이 부담하는 각종 비용을 부담하지 않으면서 판매하는 상품은 점포 상인과 크게 다르지 않았다. 이런 문제를 해결하기 위해 당국에서는 국제시장 내 비어있는 점포를 노점 상인들에게 개방

---

68 『국제신보』, 1953. 2. 1.
69 『민주신보』, 1953. 9. 27.
70 『민주신보』, 1953. 10. 3.
71 『민주신보』, 1953. 12. 3.
72 『민주신보』, 1952. 12. 3.
73 『민주신보』, 1953. 11. 3.

하는 방안을 검토하기도 하고, 아니면 공설시장을 확장 또는 신설해 이주시
킬 계획도 구상했다.[74]

④ 상인의 저항

국가권력은 국제시장 상인들이 불법으로 유통되는 상품의 판매와 무허
가 시장과 건물을 사용하지 못하게 통제하였다. 하지만 상인들은 국가의 물
리력과 제도를 무시하였다. 상인들은 국가권력에 저항, 회피, 타협 등 다양
한 방법으로 대응하면서, 국가의 통제에서 벗어났다.

저항은 상인들이 직접 권력에 맞서는 방법이었다. 상인들은 부산시가 무
허가 시장으로 규정하고 철거하려던 움직임에 반발하였다. 1946년 1월,
1950년 12월 24일 일어난 창선동시장 화재 이후에 시장 철거계획에 대응한
상인들은 조합을 만들고, 관계기관에 진정서를 제출하면서 반발하였다. 그
리고 부산시가 국제시장을 공설시장으로 만들어 감독하려고 하자 조합과
상인들은 자치조직으로 시장을 운영하려고 하였다.[75] 그리하여 상인들은
1969년 국제시장을 사단법인으로 만들어 공설시장 요구를 비켜갔다.

1953년 1월 국제시장대화재 이후 부산시가 비밀리에 노점 판잣집을 철거
할 계획을 세웠으나, 이를 알아차린 상인들은 시청으로 가 철야농성을 시도
하기도 하였다.[76] 이후 부산시가 판잣집을 철거하면 몇 일이 지나지 않아
재빨리 점포 기둥을 세우면서 판잣집을 복구해,[77] 권력을 희롱하였다.

---

74 『민주신보』, 1954.10.4.
75 『국제신보』, 1952.1.16.
76 『민주신보』, 1953.9.27.
77 『민주신보』, 1953.10.3.

그리고 영업세 납부와 관련해서도 실제 거래액을 공개하지 않는다든지, 집행 강제에 해당하는 차압이 들어와도 1951년에 30%만이 납부할 정도였다. 여기에 더해 점포를 휴업해 버린다든지, 심지어는 점포를 버리고 노점으로 나 앉아 버리기도 했다. 1953년 1월 국제시장 대화재 이후 생계가 막연했던 상인들이 시장 공터에 임시 좌판을 허락할 수 없다고 고집 피우는 부산 시장을 찾아가 허락을 받아 내기도 하였다.

밀수품 단속이 있는 날이면 진열장에서 밀수품을 없애 버리고 견본만 전시한다든지, 실수요자들을 상대로 '눈짓하여 암거래'하였다.[78]

무엇보다 상인을 괴롭힌 것은 항상적이었던 상품 단속이었다. 미군물자나 밀수품 등 불법으로 유통되던 물자가 많았기 때문에 단속에 걸리지 않을 도리가 없었다. 필자가 국제시장에서 평생 열쇠업을 한 김계택(89)에게 지금까지 장사하면서 가장 힘들었던 것이 무엇이었느냐고 물었다. 할아버지는 몇 번이고 필자의 질문을 피하다가, 미제나 일제 열쇠를 취급했다는 이유로 경찰서에 잡혀가고, 벌금을 물었던 일이라고 했다.[79] 감시, 단속 등 권력에 짓눌린 경험이 지워지지 않는 기억으로 남아있는 것이다.

기리구 깡통이란 물건이 전부 외제니끼니 파는 거이 불법이야. 다이 위에 내 놓고 팔 수 없는 것들이다. 기라고 엠피(미군 헌병)랑 경찰이 단속을 하니끼니 한쪽에서는 뒤지구 한쪽에는 도망치구 기랬디. 기리니끼니 허리춤에 감출 수밖에는. 단속 뜨면 잽싸게 튀어야 하니끼니. 광목으로 된 전대 같은 데에 초코렛이나 과자, 담배, 시레이숑 같은 걸 허리에 차고 잠바로 덮어

---

78 『국제신보』, 1953.11.24.
79 김계택(89세, 남, 부산시 중구 신창동 거주, 2010.8.13 조사) 증언.

숨겼댔서. 잡히먼 물건 뺏기디, 붙들려 가디, 벌금까지 내야니 별수 있간?[80]

미군 헌병이 단속하고, 상인들은 감추고, 도망치면서 장사하는 것이 일상이었다. 그러니 물건 사러 온 고객을 제대로 알아보는 눈치도 이들에게는 커다란 무기였다. 설령 경찰의 단속에 걸려 가진 것을 송두리째 빼앗겨도 다음 날 또 다시 나타나는 상인들의 악착스런 몸부림이 있었다.[81] 뿐만 아니라 "여인들이 양키 물품을 한 아름씩 안고 다니다가 미군 헌병이라도 만나면 날새개 물건을 치마 속으로 넣어 버린다. 북극의 펜귄처럼 배가 뚱뚱하다."[82] "부끄러움도 사치도 체면도 모두 던져버리고 몸뻬에다 미군 샤쓰의 아낙네들이 목이터져라 외치면서 지나가는 손님들의 옷소매를 잡는 것"[83]조차 생존을 위한 발버둥 앞에는 아무런 허물이 되지 않았다. 이와 같은 상인들의 판매 방법을 잘 보여주는 사료를 보자.

부평동 창선동 등 들끓는 골목들 중에서도 가장 혼잡을 이루는 곳이 신창동 골목 노점과 행상. 그리고 개미떼처럼 모여드는 사람으로 언제나 인산인해를 이루는 곳이 바로 여기다. 치맛자락 밑에 양키양말, 양복, 샤쓰 등을 둘러차고 하로종일 지나는 사람마다 붓들고 하소연하며 싸게하니 사라고 끈기있게 말을 부친다. 그러나 (…중략…) 비싸다니 마음에 안든다니 크다니 적다니 하며 심지어는 본전도 못되도록 엄청나게 에누리를 해 놓고

---

80 이상섭, 앞의 책, 38쪽.
81 『민주신보』, 1952.1.15.
82 『민주신보』, 1951.6.13.
83 『민주신보』, 1952.12.27.

그래도 안판다면 할 수 없다는 듯이 지나가버린다. 그러나 이 여인네들은 그래도 쉽사리 단념하지 않고 한번더 손님 뒤를 딸아가면서 또다시 마지막 금을 부른다. 그 많은 손님이 말을 던질 때마다 조금도 서슴치 않고 치맛자락을 치켜들고 물건을 끄냈다가는 (…중략…) 그들은 부산 원주민들이 무서워 할만큼 생활력이 강하며 장사술(?)이 능난하다. 그러나 대부분이 월남피란민 그들은 그렇게 하지 않으면 벌써 오래전에 굶어 죽거나 병드러 죽고 말었을 것이다.[84]

권력의 감시와 통제를 벗어나는 좀 더 적극적인 방법은 결탁이었다. 국제시장 상인들이 기억하는 타협은 조합의 역할과 관계있었다. 국제시장에는 점포를 가진 상인들이 조합을 조직했는데, 노점상들도 조합을 결성하였다. 점포상인들이야 1946년 조합 결성이 확인되지만, 노점상 조합은 정확히 설립연대를 확인하기 곤란하다. 이행제의 증언에 따르면 5·16 이전에 결성된 것만은 확실하다. 조합의 역할에서 가장 중요한 것은 상인들의 세금 신고를 도와주는 일이라 한다. 신고서 작성요령이나 방법을 잘 몰랐던 상인들을 대신해 작성하였다. 이 외에 상인들을 위한 조합의 역할 가운데 중요한 것은 단속반원과의 결탁이었다.

철거할 때 왔다 가서는 또 오는거야 (자기도)뭐 묵고 살아야지 그러면서 사는거야 (…중략…) 다 그런거라, 형식으로 단속은 하지마는 끝끝내 단속은 다 못하는 거야. 좀 도와 달라 말이야 이러잖아. 자기도 먹고 살아야지.

---

84 『동아일보』, 1952.3.3.

아 요즘도 (단속)오게되면 아 선생님들 좀 도와줘 그러잖아 다. 그런거라 피차 같이 살자 그러고 통하고 마는거라[85]

권력으로부터 받을 수 있는 통제와 감시는 이처럼 상인들의 결탁 방식으로 비켜갈 수 있었다. 이런 방식은 상인들이 다소 안정적으로 장사를 하고, 시장에서 정착할 수 있는 중요한 계기가 될 수 있었다.

이처럼 국가의 감시와 통제는 상인들로 하여금 수동적으로 받아들이게 한 것이 아니라, 오히려 상인들이 스스로 회피와 비켜감을 터득케 하였다. 이 과정에서 상인들이 만들어 내는 생존방법에서 역동성을 읽어낼 수 있다.

2) 상인 내부의 포용 네트워크

국제시장 상인들이 국가권력과 갈등하면서도, 국제시장에서 정착해 나가는 과정에서 중요한 요소는 상인들 사이의 네트워크였다. 앞서 언급한 것처럼 상인들의 출신지역이나 신분, 경제적 기반이 다양하였음에도 불구하고, 서로를 받아들이는 개방적인 태도는 상인들이 감당해야 하는 내외적인 갈등요소를 극복하면서, 국제시장에 애착을 느끼게 되는 중요한 요소가 되었다.

상인들 사이의 가장 중요한 조직인 상인 조합의 역할에 대해서는 앞에서 언급했는데, 조합은 상인들 전체의 집단적 네트워크로서 상인의 전체적인

---

85 이행제(80세, 남, 부산시 중구 창선동 거주, 2010.8.12 조사) 증언.

이해관계에서 중요한 역할을 했다. 가장 규모가 큰 상인 조직은 친목단체격인 상우회였다. 한편 상인 개인 간의 관계도 중요하였다. 개인적인 관계는 국제시장에서 상인으로 활동하면서 맺는 인간관계가 조합처럼 집단보다는 개인차원에서 시장에 정착하는 과정을 설명하는데 도움을 줄 수 있기 때문이다.

피란민들이 생존을 위해 국제시장에서 장사를 시작하였는데, 시작 당시 누구의 도움을 받았느냐는 점이 피란민들의 정착과 관련해 중요한 요소였다. 계병관과 권정림처럼 이북 고향 사람들의 권유와 경제적인 도움을 언급하고 있다. 낯선 땅에서 이런 방식의 네트워크 형성은 당연할 것이다. 하지만 권정림의 경우처럼 자금은 고향 사람의 도움을 받았지만, 빵장사를 시작할 무렵 피란과정에서 만난 사람과 동업을 하는 모습에서, 피란민들의 출발지인 고향이라는 매개가 반드시 절대적인 것은 아니었던 것 같다. 즉 부산에서 생활하는 과정에서 형성되는 네트워크가 중요하게 작용하는 경우도 있었음을 알 수 있다. 김계택의 경우처럼 혼자서 열쇠기술을 어깨너머로 배우면서, 주위 기술자들의 도움을 많이 받는데, 국제시장 내에서 인맥관계가 피란민들에게 얼마나 중요했는가를 잘 보여준다. 그리고 김계택에게 은인으로 여겨지는 인물은 노점시절 상점을 운영하던 삼광전기 사장이다. 노점에서 사용하는 작업도구를 보관하게 해 준다든지, 전화를 사용하게 해 준다든지, 가게를 살 때 다른 사람들은 자기를 '사람 취급 안 했'는데, 삼광전기 사장은 자기에게 가게를 살 수 있도록 알선해 줬다고 기억하는 점 등을 고려하면 현재까지의 삶에서 고맙게 생각하는 인물이다. 임순희와 차〇〇의 관계도 마찬가지다. 임순희가 친구의 제안으로 가게를 시작하지만, 시장에서 만난 두 사람은 같은 맨션에 오랫동안 함께 살았을 정도로 친하게 지냈다. 물론 남편들이 함경도 출신이라는 동질성이 있기는 해도, 시장에서 만난 두 사람의 관계가 우선 작용하였다.

물론 김계택처럼 친구나 고향모임에는 전혀 참석하지 않으면서, 1951년 수정동교회를 세워 지금까지 활동하는 사례도 발견할 수 있다. 종교활동이 그 자체로서도 중요했겠지만, 김계택은 부인을 만나는 계기가 되기도 했을 만큼 그의 생활에서는 중요한 의미를 지니고 있었다.

그런데 현재까지 면담한 피란민들의 이야기에서 이북5도민회나 이와 유사한 모임에 참여한 경험에 대해서 물어 보았으나, 대부분 돈이 있어야 한다는 이유로 참여를 하지 않았다고 대답하였다. 이행제처럼 은퇴 이후 시간적으로 여유를 가지면서 참여하는 경우가 있기는 했으나, 한국전쟁과 그 이후 도민회는 이들이 쉽게 다가갈 수 있는 조직이지 못했다. 아무래도 시간과 금전적인 문제 때문이었다. 간혹 상인들 모임에서 야유회도 다니고 관광을 즐기기도 하지만 경제적인 여유가 적었던 상인들에게 대부분의 활동은 국제시장 내부로 제한되었다.

이처럼 피란민으로서 국제시장 상인으로 살아온 이들에게 여기서 정착하게 만드는 중요한 요소는 지연보다 시장 상인들 사이의 믿음이 우선 하였다. 그 이유는 다양한 기반을 가지기는 했지만, 동일 공간에서 비슷한 경험을 한 타인을 포용할 수 있었던 개방성 때문으로 보인다.

4. 생성되는 국제시장 로컬리티

이상의 논의에서 국제시장 로컬리티를 정리하면서 마무리 하려고 한다. 한국전쟁을 계기로 부산에 모여든 피란민들, 특히 국제시장 상인들의 정착지 활동이 정착지 로컬리티에 미친 영향을 확인해 보고 싶었다. 국제시장 상인들의 구성과 상품거래 방식, 상인을 둘러싼 다양한 네트워크의 특성으로 나누어서 살펴보았다. 전자에서는 상인들의 출신지가 다양하다는 점에서 다양성, 혼종성, 잡종성 등의 특징을, 상품거래 방식에서 모험성을, 국가의 감시와 통제, 이를 비켜가는 상인들의 저항, 정착과정에서 형성되는 상인들 내부의 네트워크에서 역동성과 개방성을 확인할 수 있었다.

국제시장 상인은 해방 후 귀국하여 고향으로 돌아갈 수 없던 귀환동포와 한국전쟁으로 국가의 폭력에 내몰려 오갈 데 없는 피란민들이 중심이었다. '막장'처럼 세상의 종착역에 모여 어쨌든 삶의 희망을 싹틔우지 않으면 안되는 사람들이었다. 여기에 모인 상인들의 출신지는 다양하였다. 물론 이북 상인들이 상권을 독점하기는 해도, 국제시장 사람들의 구성은 전국 팔도 사람들의 전시장이었다.

상인들은 생존경쟁에서 살아남기 위해 투기적이고 모험적인 거래방법과 물건을 취급하였다. 상인들은 하루하루의 먹을거리를 해결하기 위해 물건 판매에 집중했다. 하나라도 더 팔기 위해 모르는 사람에게 매달려야 했고, 피란 전 신분이나 경제력에 근거한 염치나 체면은 오히려 장애물이었다. 이들이 취급한 상품은 비정상적으로 유통되는 상품이 대부분이었다.

국제시장 상인은 상행위 과정에서 다양한 방식의 네트워크를 맺었다. 국가, 상인 내부, 소비자 등과 다양한 네트워크 속에서 지배, 저항, 갈등, 복종 등의 과정에서 국제시장의 로컬리티를 만들어 나갔다.

그러나 이들을 둘러싼 국가가 만든 법과 제도는 그들의 생활을 쉽게 보장하지 않았다. 무허가 시장 철거에 저항 한다든지, 미군부대에서 유출된 물품이나 밀수품 단속을 피해 도망 다녀야 했고, 그런 감시를 항시 경계해야 했다. 위생과 도시미관을 내세워 철거당하는 판잣집을 밤새워 다시 만들어야 했고, 철거반을 상대로 몸싸움까지 감당해야 했다. 그동안의 공을 잿더미로 만들어 버리는 화재 또한 상인들이 극복해야 하는 대상이었다.

이와 같은 외부의 침탈에 대해 상인들은 어쩔 수 없이 수용하는 경우가 적지 않았겠지만, 어떤 때에는 온 몸으로 저항하기도 하고, 감시를 피하기도 하고, 도망하면서 생존할 수밖에 없었다. 그것도 안 되면 권력과 결탁하여 공존을 시도하기도 하였다.

한편 상인들은 국제시장에서 정착하는 과정에서 이웃한 시장 상인들과 친밀한 관계를 맺었다. 타인을 인정하는 개방적인 자세는 상인들을 위협하는 여러 가지 요소로부터 안전망 역할을 했고, 국제시장이라는 장소에 대한 애착을 가지게 하는 중요한 요소였다.

국제시장은 생존을 위한 전쟁터였기 때문에 온갖 모략과 불법이 판을 치고, 구성원들 사이의 갈등도 존재하는 공간이었다. 하지만 국제시장에는 권력에 의해 쫓기고 도망 다니면서 부를 쌓아온 역동적인 모습도, 낯선 사람과의 관계에서도 거래를 성사시키는 모험성, 다양한 구성원들이 융합되면서 장소애착을 느끼는 점에서 개방적이고 다양성이 존재하는 공간이라는 특징도 존재하였다.

참고문헌

문헌자료

『민주중보』『민주신보』『자유민보』『부산일보』『산업신문』『국제신보』『동아일보』
　『조선일보』『朝日新聞』『稅關報』『釜山稅關報』
국제시장복구대책위원회, 「국제시장복구경위」, 1953년 6월말(국가기록원 소장).
부산부, 『부산부세요람』, 1934.
부산시, 『시세일람』, 각 연도판.
부산일보사, 『임시수도천일』 하, 부산 : 부산일보사, 1984.
慶南年鑑編纂會, 『慶南年鑑』, 1955.
http://www.busan.go.kr/06_intro/01_symbol/02_01.jsp(검색일 : 2010.8.10)

김종한 외, 「한국전쟁과 부산의 인구 및 노동자 상태 변화」, 『지역사회연구』 14-3, 한국지
　역사회학회, 2006.
남상준, 「전북 김제지방의 난민 개척촌에 관한 연구」, 서울대 석사논문, 1982.
서만일, 「한국전쟁기 부산지역의 피란민유입과 정부의 대책」, 동아대 석사논문, 2009.
윤정란, 「한국 전쟁과 장사에 나선 여성들의 삶-서울에 정착한 타지역 출신들을 중
　심으로」, 『여성과 역사』 7집, 한국여성사학회, 2007.
이문웅, 「도시지역의 형성 및 생태적 과정에 관한 연구-서울특별시 용산구 해방촌
　지역을 중심으로」, 서울대 석사논문, 1966.
이송희, 「1950년대 부산지역 이주 여성들의 삶」, 『항도부산』 25, 부산광역시사편찬위
　원회, 2009.
이신철, 「월남인 마을 ‘해방촌’(용산2가동) 연구-공동체의 성격을 중심으로」, 『서울
　학연구』 제14호, 서울학연구소, 2000.
차철욱, 「1950년대 전반기 수입할당제의 운영과 무역업자의 동향」, 『부산사학』 24,
　부산사학회, 1993.
＿＿＿＿, 「1950년대 한국-일본의 밀무역 구조와 상품」, 『역사와 경계』 74, 부산경남
　사학회, 2010.

김귀옥, 『월남민의 생활 경험과 정체성-밑으로부터의 월남민 연구』, 서울 : 서울대

　　출판부, 1999.

_____, 『이산가족, '반공전사'도 '빨갱이'도 아닌』, 서울 : 역사비평사, 2004.

이상섭, 『군세어라 국제시장』, 김해 : 도요, 2010.

구술자료

계병관(83세, 여, 부산시 연제구 거제동 거주, 2010.8.7 조사)

권정림(84세, 여, 부산시 연제구 연산동 거주, 2010.7.30 조사)

김계택(89세, 남, 부산시 중구 신창동 거주, 2010.8.13 조사)

김연아(82세, 여, 부산시 중구 부평동 거주, 2010.8.14 조사)

김진상(88세, 남, 부산시 중구 창선동 거주, 2010.8.13 조사)

이기호(93세, 남, 부산시 중구 신창동 거주, 2010.9.8 조사)

이쾌석(88세, 남, 부산시 중구 신창동 거주, 2010.7.30 조사)

이행제(80세, 남, 부산시 중구 창선동 거주, 2010.8.12 조사)

임순희(80세, 여, 부산시 중구 국제시장 거주, 2010.9.6 조사)

차○○(80세, 여, 부산시 중구 국제시장 거주, 2010.9.6 조사)

무덤마을 주민들의 경험과 장소애착*

돌산마을 사례를 중심으로

차윤정 · 차철욱

1. 경험의 공간, 장소

장소란 단순히 인간이 살아가는 물리적 공간이 아니라, 인간에 의해 구성된 다양한 차원의 의미들이 축적된 공간이다. 물리적이고 추상적인 공간을 구체적인 장소로 만들어가는 과정에는 인간의 감정이나 생각 같은 심리적인 부분과 인간의 활동 같은 행위적인 부분이 개입된다. 그런데 이러한 감정, 생각이나 행위는 '공간을 통한 경험'을 바탕으로 형성된다.[1] 이 과정에

---

 * 이 글은『민족문화논총』제52집(2012)에 수록된 논문「무덤마을 주민들의 경험과 장소
    애착」을 본 단행본의 취지에 맞추어 수정 · 보완한 것이다.
 1 이무용,「장소마케팅 전략의 문화적 개념과 방법론에 대한 고찰」,『대한지리학회지』제
    41권 제1호, 대한지리학회, 2006, 43쪽 참조. 장소는 물리적 공간환경과 그 속에서 살아
    가는 사람들 및 그들의 활동, 그리고 사람과 환경 간의 오랜 상호작용 속에서 문화적으로
    형성된 다중성, 고유성, 역사성, 정체성을 띤 삶의 총체다.

서 인간의 경험에 중요한 매개체 역할을 하는 것의 하나가 바로 장소를 구성하는 구체적인 경관이다. 경관은 인간의 감각기관이나 도구를 통해 경험할 수 있는 외부 세계로서, 장소의 의미 구성을 위한 주요한 매개체이자 산물이다. 경관의 경험을 통해 구성된 장소에 대한 의미는, 장소만들기[2]의 기본적인 요소가 된다.

또한 특정 공간에 대한 주체들의 경험은 공간을 의미 있는 장소로 만들어간다. 삶의 터전을 무대로 제약을 극복하며 일상적인 문제를 풀어가는 과정에서의 다양한 경험들은, 장소정체성 형성에 중요한 역할을 한다. 이런 점에서 장소에 대한 주체의 경험은 장소만들기의 중요한 요소가 된다.

따라서 추상적인 공간이 어떻게 구체적인 장소로 만들어져 가는지를 알아보기 위해서는, 경관을 배경으로 한 주체들의 경험이 어떻게 형성되어 가는지를 살펴야 한다. 이 글에서는 부산시 남구 돌산마을의 사례를 통해 경관이 주체들의 경험과 함께, 어떻게 장소적 의미나 장소애착을 구성하는지 살펴보고자 한다. 경관적 측면에서 볼 때 돌산마을 장소만들기의 중심을 관통하고 있는 것은 무덤이라는 경관이다. 돌산마을이 공동묘지에 터를 잡고 형성되었으며, 아직도 마을 안에 일부 무덤이 남아 있어 죽은 사람의 공간이 산 사람의 일상 안에 배치되어 있다는 점은, 경관과 경험을 통한 돌산마을 장소만들기의 중심에서 읽어보아야 할 부분이다.

돌산마을은 최근 벽화사업과 공원조성사업 등 국고지원사업이 진행된 곳이다. 이 사업들이 마을 주민들의 삶을 어떻게 변화시켰는지에 대해서는

---

2 장소만들기에 관한 국내 선행연구들은 주로 도시계획이나 문화전략적 측면에서 이루어져 왔다. 이 글에서는 선행연구의 관점을 수용, 확장하여 장소만들기를 주체들이 물리적 공간에 심리적, 행위적으로 개입하여 자신들이 살아갈 수 있는 장소로 변화시켜간다는 의미로 사용한다.

이미 몇 편의 연구가 발표되었다.[3] 기존 연구가 최근의 사업과 마을 주민들의 관계를 규명한 연구라면, 이 글에서는 이러한 사업에 마을 주민들이 적극적인 참여를 보여준 계기를 경관의 장소적 의미, 장소애착과 마을 내부의 커뮤니티 형성에 초점을 맞추어서 풀어 보고자 한다. 이를 위해 본 연구자들은 2010년 4월부터 2012년 1월까지 총 20여 차례 돌산마을 주민들을 대상으로 구술조사를 실시하였다.[4]

2. 돌산마을 주민의 이주와 정착

돌산마을은 부산시 남구 문현동 산 23-1번지 일대를 부르는 명칭이다.[5] 이 마을은 문현동에서 전포동으로 이어지는 진남로 왼쪽의 황령산 기슭에 자리 잡고 있다. 돌산마을의 터는 1960~1970년대 초반까지만 하더라도 공동묘지였다고 한다. 현재까지도 마을에는 83기의 무덤이 남아 있어 죽은 사람과 산 사람이 동거하는 기묘한 경관을 연출하고 있다.

마을 사람들이 죽은 사람들의 공간, 산 사람들로부터 오랫동안 버려져 있던 공간에 터를 잡고 살 수밖에 없었던 것은, 당시 부산시의 인구정책, 주택정

---

3 공윤경 · 양흥숙, 「도시 소공원의 창조적 재생과 일상 – 부산 돌산공원을 중심으로」, 『한국지역지리학회』 제17집 제5호, 한국지역지리학회, 2011; 조관연, 「'마을가꾸기 사업'과 부산 안동네 마을의 변화」, 『한국민족문화』 제41집, 부산대 한국민족문화연구소, 2011.

4 구술대상자들 중 이 연구 관련 제보자 명단은, 실명의 일부를 가린 상태로 글 말미 참고자료에 제시하였다.

5 마을은 행정구역상 부산시 남구 문현1동 15통이다. 10여 년 전에는 '돌산마을'로 불렸었고 얼마 전까지 마을 안내판에는 '문현동 안동네'로 표기되었으나 최근에는 '벽화거리마을'로 명칭이 변경되었다. 마을 명칭의 잦은 변경은 마을의 장소성 변화가 급속히 진행되고 있음을 잘 보여준다.

〈그림 1〉 돌산마을의 위치

책과 관련 있다.[6] 한국전쟁, 1960·1970년대 공업화, 농촌의 몰락 등으로 대
도시 인구가 급증한데 반해, 이주민들이 생활할 수 있는 주거지는 태부족이
었기 때문이었다.

〈표 1〉에서처럼 1970·1980년대 부산의 주택 보급률은 50~60% 대로 아
주 낮은 수준이었다. 이러한 이유로 사람이 살기 어려웠던 부산의 산동네는
빈터 없이 불량주택으로 가득 차게 되었다.[7]

돌산마을, 오늘의 문현1동 15통이 형성되기 시작한 것은 1970년대 말, 1980
년대 초로 추정된다. 이 무렵 마을은 문현1동과 가까운 쪽, 즉 마을 아래 부분
부터 사람들이 정착해 나갔을 것으로 보인다. 마을 주민 박○주 씨는 처음 이
주한 사람들이 세화여상 뒤쪽에 살았으며, 김○철 씨는 그 가구 수가 약 20가

---

6 권영민·조성기, 「부산시 도시성장과정에서 본 주거지 특성에 관한 연구」, 『대한건축학
   회논문집』 16(10), 대한건축학회, 2000, 111~113쪽.
7 부산의 경관적 특징의 하나로 산동네를 다룬 연구는 다음과 같다. 박재완 외, 『부산의 산
   동네』, 부산발전연구원, 2008; 차철욱·공윤경·차윤정, 「아미동 산동네의 형성과 문화
   변화」, 『문화역사지리』 제22권 1호, 문화역사지리학회, 2010; 공윤경, 「부산 산동네의 도
   시경관과 장소성에 관한 고찰」, 『한국도시지리학회지』 제13권 2호, 한국도시지리학회,
   2010.

<표 1> 부산시 주택 보급률

연도	인구수	가구수	보급률(%)	연도	인구수	가구수	보급률(%)
1962	1,270,625	230,298	77.2	1976	2,573,713	523,011	54.4
1963	1,360,630	245,364	73.7	1977	2,697,947	548,322	55.3
1964	1,399,859	50,688	—	1978	2,879,570	593,883	56.3
1965	1,419,808	256, 164	66.3	1979	3,034,596	608,645	58.6
1966	1,426,019	267,960	55.8	1980	3, 159,766	687,370	51.3
1967	1,463,325	271,518	63.1	1981	3, 249,643	677, 258	54.8
1968	1,552,009	292,618	60.1	1982	3,343,783	704, 111	54.8
1969	1,675,570	334, 192	57.1	1983	3,395, 171	726,370	56.0
1970	1,842, 259	371,878	57.9	1984	3,495, 289	761,013	55.9
1971	1,943,958	384,716	58.2	1985	3,514,798	791, 158	56.1
1972	2,015, 162	394,682	60.9	1986	3,578,844	805,658	56.3
1973	2,071,950	405,904	60.1	1987	3,654,097	833,439	57.7
1974	2,306,041	460, 293	57.3	1988	3,750,626	880, 135	58.3
1975	2,435, 173	503,813	55.7	1989	3,857,312		58.8

부산직할시, 『시정백서』, 각 연도판

구 정도였던 것으로 기억하고 있다. 오늘날처럼 빈터가 없이 집들이 들어선 것은 1988년 이후이다. 1980년대 후반 제대로 된 마을이 형성되게 된 배경에 는 부산시의 재개발사업이 있었다.

부산시는 1967년부터 건설부의 승인을 얻어 '부산시 재개발사업'을 추진 하였다. 부산항 주변의 중구 보수동, 영주동, 동구 초량동, 수정동, 좌천동, 부산진구 범일동, 범천동 등이 대상지역이었다. 이곳의 불량주택을 철거하 고, 아파트를 건립한다는 계획이었다. 그러다가 1973년 정부의 '주택개량 임 시조치법'이 만들어지면서, 1973년부터 1981년 사이에 현지개량, 철거, 이주 등의 정책을 실시하였다. 이 당시 사업대상지역은 34개 지구였고, 1973년부 터 1975년의 이주지역은 반여, 용호, 개금, 주례, 만덕 등 5개 지구였는데, 여 기에 정책이주단지를 조성하여 이주시켰다. 그리고 1975년부터 1980년 사이에는 영주동, 봉래동, 사직동, 전포동, 덕천동, 재송동 등 6개 지역에 시영 아파트를 건립하여 이주시켰다. 1976년부터 1979년 사이에는 사직동, 개금동, 구서동에 주택공사에서 주공임내아파트를 건립해 철거민을 이주시키는 정책을 실시하였다.[8]

마을 주민들의 증언에 따르면 당시 돌산마을 사람들도 이주대상에 포함되었으며, 해운대구 재송동으로 이주했다고 한다.『시정백서』에는 재송동 시영아파트에 입주한 남구 사람들이 172세대로 기록되어 있다.[9] 아마 이때 이 마을 주민들의 일부도 그곳으로 입주한 것으로 보인다. 해운대구 재송동은 돌산마을에서 약 10Km 떨어진 곳으로, 1980년 당시 재송동에는 이주민들의 생계를 보장할 수 있는 시설이 거의 없었다. 부산 시내에서 보면 변두리였고, 주민들의 생활기반도 마련되어 있지 않은 상태였기 때문에, 그곳으로 이주한 사람들은 생계활동이 곤란하였던 것으로 보인다. 경로당에서 만난 할머니의 증언에 따르면, 일부 이주민들은 이곳으로 다시 돌아왔다고 한다. 하지만 이주 당시, 마을 사람 가운데는 시영아파트 입주권을 제대로 활용하지 못한 경우도 있었던 것으로 보인다. 입주권을 사 모으는 브로커에게 일정한 액수를 받고 팔아버렸기 때문이다. 장모라는 브로커가 열 몇 장 가지고 있다가 수배를 받기도 한 것으로 보아, 주민들은 실제로 그다지 혜택을 받지 못한 것으로 보인다.[10]

부산시의 도심재개발사업에 따라 도심 인구를 외곽으로 재배치하려는 정책에 반하여, 다른 한편에서는 부산에 모인 하층민들이 생계수단과 연계

---

8 권영민 · 조성기, 앞의 글, 111~117쪽.
9 부산직할시,『시정백서』, 1981, 68쪽.
10 김○철 씨 증언.

된 거주공간을 확보하려는 노력이 있었다. 생활하기에는 불편하지만 생계를 위해 도심 가까운 지역에 주거공간을 마련하려는 노력이 있었는데, 1980년대 초반에 돌산마을 위쪽 지역으로 주민들이 이주해 오기 시작한 것도 그러한 예이다. 1983년 이 마을에 이주해온 박○주 씨와 1982년 이주해온 김○옥 씨의 증언에 따르면, 당시 마을에는 몇 가구 살지 않았다고 한다. 이 무렵부터 마을 사람들이 지금의 마을을 관통하는 도로 주변, 즉 마을 위쪽에 집을 짓기 시작한 것으로 보인다. 이것은 이들이 전포동 방향에서 이주해 왔던 이유도 있는 것으로 해석된다. 박○주 씨는 돌산마을 아래 전포동에서 사진관을 했었고, 김○옥 씨는 당감동에 살았는데, 전포동 방면으로 자주 나왔었다고 한다. 시내로 나갈 때는 주로 전포동 쪽 길을 이용했다고 한다. 이는 마을 형성 초기, 위쪽에 터를 잡은 사람들의 생활권이 전포동 방면이 었다는 점과 관련 있어 보인다.

박○주 씨의 증언에 따르면 공동묘지에는 포플러 나무가 많았다고 한다. 이 나무들은 1987년 태풍 셀마로 대부분 넘어졌는데, 공무원들이 모두 베어 버리자 빈터가 생겼고, 여기에 집들이 들어섰다고 기억한다. 하지만 일부 사람들은 남의 무덤을 밀어버리고 집을 지었다고 기억하는 사람도 있고, 돈을 주면 전문적으로 무덤을 없애고 집을 지어 주는 사람이 있었다고도 한다. 마을 사람들은 대부분 1987년과 1988년을 지나면서 오늘날과 같은 마을이 형성되었다고 기억한다. 자고 나면 옆에 집이 한 채 들어서 있었다[11]고 기억할 정도로 이 무렵에 많은 사람들이 이주해 왔던 것으로 보인다.

전체적인 통계는 아니지만 구술자들 사례에서 확인할 수 있는 것처럼, 이

---

11 박○순 씨 증언.

곳에 이주해 온 주민들의 출신지는 경상도가 대부분이다. 그리고 이 마을로 이주해오게 되는 과정은, 출신 지역에서 곧바로 이곳으로 오는 경우보다, 부산의 다른 지역에서 생활하다가 이곳으로 재이주해오는 경우가 많다. 특히 인근의 문현동이나 전포동에 살면서 이곳에 대한 정보를 가지고 있었거나, 그렇지 않으면 이곳의 정보를 아는 사람의 소개를 받아서 이주하는 경우가 많았다. 구술자들의 증언으로는 이주해 온 사람들은 하던 사업이 망해서 들어온 경우나, 식구는 많은데 경제력이 안 되어 주거지를 마련할 수 없는 사람들이었다. 그렇지만, 마을 사람들이 부산 시내이면서 사람들이 살고 싶어하지 않았던 공간으로 들어와야 했던 이유가 경제적이든 사회적이든 관계없이 이곳으로 내몰릴 수밖에 없었던 존재들이었다는 점에 주목할 필요가 있다. 아래의 구술은 사람이 살기에 적당하지 않은 공간을 선택할 수밖에 없었던 이주민들의 현실을 잘 설명하고 있다.

88년에 들어왔는데, 우리도 장사하다가 안 돼 가지고, 우리 아저씨가 세화여상 경비로 있는 바람에 내가 자꾸 가자고 해서 왔어요. 그때만 해도 여기는 형편없었어요. 우리 아저씨가 세화여상 때문에 알게 되었어요. 아저씨는 그 동네 가서 못산다. 노다지 싸움하고 맨날 술먹고 새벽이면 싸움하는 동넨데, 그래도 좋다 똥칸 같은 집이라도 내 집이라 좋다고 하는데 ······.[12]

마을 주민들이 대거 이주하기 시작한 1988년 이후는 한국 경제가 호황을 누리고 있었고, 세대수의 증가로 인한 주택수요가 증가하였던 시기이다. 게

---

[12] 이○심 씨 증언.

다가 가계순저축률이 증가하면서 부동산투기 열풍이 불기 시작했던 때이다. 이러한 사회적 분위기에서 온전한 내 집이라도 보유해야겠다는 도시 하층민들의 내 집 마련 욕구와 부동산 투기 욕구가 중첩되어 마을 주민들이 급증하게 되었다.[13] 당시 이곳의 이미지는 '노다지 싸움하고 맨날 술 먹는' 동네였으나, 더 이상 갈 곳이 없었던 사람들에겐 내 집이라도 마련할 수 있다는 점에서 삶터로서의 매력이 있었다.

3. 돌산마을의 경관과 장소 의미

돌산마을의 자연경관은, 마을의 북쪽으로는 황령산이 접해 있고 마을 앞쪽으로는 돌로 이루진 절벽[14]이 놓여있다. 마을은 황령산 자락과 앞으로 튀어나온 돌 절벽 사이에 형성되어 있는데, 이 마을이 돌산마을이라는 지명을 갖게 된 것은 이런 자연적인 경관과 관련 있다.

돌로 이루어진 절벽 때문에 전포동 쪽에서 마을로 접근하기가 쉽지 않다. 1994년, 마을로 진입하는 큰 도로인, 진남로(전포3동에서 문현1동으로 넘어가는 도로)가 준공되었다. 그러나 경사가 너무 급해 허가가 나지 않을 정도로,

---

13 공윤경, 「도시 소외공간과 마을 사람들의 경험 – 부산 돌산마을을 중심으로」, 『都市 移住民과 空間變形』(부산대 한국민족문화연구소, 오사카시립대학 도시문화연구센터 제2회 공동학술회의 자료집), 부산대 한국민족문화연구소, 2012, 162쪽.
정○길은 실제로 부산 북구 만덕동에 살면서 그 주변에서 작은 집을 마련할 수 있는 형편이었으나, 처남의 소개로 부동산 투기를 염두에 두고 이곳으로 이주하였다.
14 돌산공원 아래로 내려가다 보면, 지금도 바위를 깨다 만 흔적을 발견할 수 있다. 인근 주민들에 의하면 한국전쟁 무렵 미군들이 여기 바위를 깨어서 사용했다고 한다.

<그림 2> 돌산마을의 경관

전포동 방면에서 마을로 접근하기는 불편하였다.

돌산마을은 급경사지라는 지리적 특성상 도심지와는 격리될 수밖에 없었다. 이 마을은 부산의 대표적인 도심지인 서면에서 2km 남짓한 거리에 위치해 있으나, 이와 같은 경관적인 특성상 사람들이 쉽게 접근하지 않았다.

사람들이 이주해 오기 시작하던 1982, 1983년경에도 이곳에는 제대로 된 길이 없었다. 구술자의 증언에 따르면 여기는 전부 포플러 나무 숲이어서 길도 없고 차도 못 들어왔다. 집을 지을 때도 밑에서 나무를 가지고 올라오지 못해, 조각 나무로 집을 지었다.[15] 뿐만 아니라 이곳의 토양은 황토 성분이 많아 비만 오면 진흙투성이가 되었다. 그래서 사람들은 이곳을 전포동이아니라 진포동이라 불렀다.[16] 이처럼 돌산마을은 자연경관적으로 볼 때, 사람이 쉽게 접근하기도 어렵고 생활하기도 어려운 특징을 가진 곳이었다. 따

---

15 김○옥 씨, 박○주 씨 증언.
16 박○주 씨 증언.

라서 이곳에 거주하게 된 사람들은 이러한 경관적 특징에 적응하고, 이곳을 자신들이 살아갈 수 있는 곳으로 장소만들기를 해나갈 수밖에 없었던 것으로 보인다.

무엇보다 돌산마을 경관의 대표적 특징은 마을 속의 무덤이다. 원래 이 마을이 공동묘지였다는 사람도 있고, 공동묘지는 황령산 방면이었다고 하는 사람도 있다. 1971년 부산시가 발행한 『도시계획백서』에 의하면 문현동 공동묘지는 문현동 산15번지에 위치해 있다.[17] 이 공동묘지는 1898년경 조성되기 시작한 것으로 보이고, 총면적은 2,500평인데, 1962년 당시에 2,250평이 사용되고 있어, 가용면적이 그리 많지 않은 곳이었다. 문현동 산15번지는 돌산마을에서 동쪽 방향의 황령산 자락이다. 아마 이곳이 공동묘지였고, 매장지가 부족하게 되자 돌산마을 쪽으로 묘지가 확장되었던 것으로 보인다. 초기 마을의 모습을 증언한 사람들에 의하면 이곳이 공동묘지가 아니었다고 이야기하기도 하고 묘지가 그렇게 많지 않고 포플러 나무가 많았다고 하는 것은 위의 이야기를 뒷받침한다고 할 수 있다. 그렇지만 이곳이 죽은 자들의 공간이었던 것은 현재 마을 속에 남아있는 무덤들을 통해서도 확인할 수 있다. 1980년대 중반부터 이곳에 마을이 본격적으로 형성되기 시작하면서 사람들의 이주와 함께 돌산마을의 무덤들은 이장을 하기도 했지만,[18] 아직도 83기의 무덤이 집들과 어울려 남아 있다. 이처럼 마을 안에 남아있는 무덤들은, 죽은 자와 산자가 동일한 공간 속에서 어울려 있는 모습을 보인다.

---

[17] 부산직할시, 『도시계획백서』, 1971, 280쪽.
[18] 공○순 증언.

현대 한국에서 죽은 자의 공간은 도심에서 떨어진 변두리에 위치한다. 개인 무덤은 물론이고 공동묘지, 납골당도 그러하다. 도시의 팽창과 함께 토지이용 정책[19]에 따라 도시 내부와 도시 인접지역에 있던 무덤들은 사라지거나 좀 더 외곽의 집단화된 공동묘지의 형태로 밀려나게 되었다. 그 결과 삶의 공간과 죽음의 공간이 분리되어 삶의 공간은 도시에, 죽음의 공간은 도시 주변부 또는 외곽지역에 위치하는 현재의 모습이 만들어졌다. 이처럼 죽은 자에 대한 거리두기가 강화된 것은 국가의 토지이용 정책과 관련이 있다.[20] 그리고 이러한 거리두기는 인간이 근원적으로 가진 죽음에 대한 공포와 융합되면서, 죽음의 공간에 대한 부정적인 인식을 더욱 공고히 하고 확산시켰다.

죽음의 공간에 대한 인식은 무덤에 세워진 마을인 돌산마을을 바라보는 외부의 시선에서도 예외가 아니었다. 외부인들이 바라보는 돌산마을은 무섭고 피해가고 싶은 곳이었다. 한 블로그에 달린 댓글에서는 당시 이 마을에 대한 외부인들의 생각을 읽을 수 있다.

문현초등, 여중, 여고까지 나왔습니다. 학교 뒷동네가 저렇게 달라졌나

---

19 정부는 1961년 '매장및묘지등에관한법률'을 제정하여, 서울과 시군에 공설묘지와 공설화장장을 의무적으로 설치, 공설납골당을 필요에 따라 설치하도록 하고 동시에 사설묘지의 확산을 금하였다. 이후 1968년 국토이용의 효율성과 공공복리 증진 차원에서 법을 개정하여, 매장과 화장의 기준, 사설묘지설치 기준, 묘지 등의 설치 금지구역을 지정하였다. (http://webnews.gri.kr/view.asp?bt=1&idx=6771&search_option=title(검색일 : 2012.11.27))

20 과거 집 뒷산이나 동네 뒷산에 무덤을 조성하는 일이 많았고, 집 안에 사당을 설치해두었던 점 등을 통해보면, 현대에 와서 죽은 자와의 거리가 더 멀어졌다고 볼 수 있다. 그리고 이러한 거리두기는 무덤을 산자의 공간으로부터 분리하는 법에 의해 강화되었다고 할 수 있다.

보네요. 밑에 분 말씀처럼 예전엔 좀 무서운 곳이었는데 ㄷㄷㄷ 고등학교 졸업하고는 그쪽으론 도통 안 가봐서 몰랐습니다.[21]

또 돌산공원 조성 사업에 참가했던 외부인은, 이전에는 이곳이 외부 사람들이 접근할 생각이 안 들 정도로 음침한 곳이었으며, 현재 돌산공원이 자리 잡고 있는 곳에는 나무가 많았었는데 이곳에서 자살한 사람들도 있었다고 기억한다.

무덤이라는 경관 때문에, 외부인들은 돌산마을을 죽음이 연상되는 무서운 곳, 가까이 가서는 안 될 곳이며, 버려진 땅으로 인식하게 되었다. 그러다 보니 마을 한 모퉁이에 산업폐기물을 투기해도 아무도 제지하거나 탓하지 않는 공간[22]이 되었다. 이렇게 무덤 속의 마을이라는 경관과 함께 돌산마을은 도심 속의 이질적 공간, 외부인들이 찾지 않아 단절된 공간으로 남아 있었다.

이러한 돌산마을에 대한 외부의 시선은 마을 내부의 주민들에게도 이식되었다. 소외되고 버려진 땅에서 산다는 인식은 마을 사람들의 행위를 통해 다양한 방식으로 드러난다. 마을 사람들에게 있어 돌산마을은 내가 살아가는 장소로 돌보고 가꾸어야 할 공간이 아니라 철저하게 익명성을 띤, 소외되고 유기된 공간으로 받아들여졌다. 그래서 집 주변에 쓰레기를 버리는 일을 아무렇지도 않게 여기고, 심지어는 외부에서 버리는 쓰레기마저 방치하는 등 공간과의 거리두기를 하였다. 이러한 공간에 대한 경험은 마을 사람들의 또 다른 행위로도 표출되었다. 마을 형성 초기의 분위기에 대해, 마을

---

21 http://blog.naver.com/PostView.nhn(검색일 : 2011.6.20)
22 2010년 돌산공원을 조성하는 과정에서 대형트럭 80대 분의 쓰레기가 치워졌다고 한다.

사람들은 이곳을 술 먹고 행패 부리는 사람들로 가득 찬 곳으로 기억하고 있다.[23] 물론 이러한 행위는 그들이 놓인 사회적 환경과의 관련성도 크다. 하지만 인간의 정체성이 장소의 영향을 받는다[24]는 사실을 생각할 때, 돌산마을이라는 장소에서의 경험이 그들의 행위와 연관되어 있음은 두말할 필요도 없다. 그리고 이는 근본적으로 마을이 무덤이라는 죽은 자의 공간에 조성되었으며, 그로 인해 외부로부터 소외되었다는 것과 관련되어 있다.

무덤 속의 마을은 마을 사람들에게도 무섭고 음울한 곳이었다. 하지만, 어쩔 수 없이 뿌리를 내려야 할 공간이기도 했다.

조사자 : 처음 왔을 때 주변에 무덤아임니꺼?

제보자1 : 무덤이지요. 전신만신 무덤이지예. 인자 사람이 많이 사이까네, 본인들이 다 파가 가데예.

조사자 : 무덤 많고 그라믄 좀 무섭다아임니꺼?

제보자1 : 아이고 무섭지요. 우리 아들이 딸이 다섯인데 밖에 안 나갈라케. 울고불고 했는데.

조사자 : 근데, 요 뭐할라꼬 왔는데예.

제보자1 : 망하니까 어디라도 자리 잡아 살라꼬 왔는기라예. 둘이서 헤맸지 뭐. 산만디로 과거 들석거리믄 골치아파예. 그래가 아들 다

---

23 김○옥 씨와 박○주 씨 증언.

24 이석환, 「장소만들기의 구성 요체로 본 '마로니에 공원'의 장소만들기」, 『국토계획』 제32권 제5호, 대한국토·도시계획학회, 1997, 42쪽. 장소는 인간으로부터 장소 자체의 정체성을 얻으며 인간은 장소로부터 자신의 정체성을 얻는다.(이은숙, 「장소애착의 본질─시 「다시 엘르에게」를 통해서」, 『문화역사지리』 제18권 제1호, 한국문화역사지리학회, 2006, 5쪽) 개인의 정체성은 인생행로에 있었던 장소를 통해서 강화된다. 왜냐하면 장소를 무대로 하는 개인은 그가 속해 있는 집단과 반응하며 사회적 삶을 영위하기 때문이다.

그 시절에 공부할 시절인데, 큰 딸만 졸업하고 그래가지고 마

살다가 보이까네 이래 또 살아져예. 자리 잡고 장사하다보이까네.

조사자 : 이곳에 이사 오셨을 때 무덤이 많았을 텐데 어땠습니까?

제보자1 : 첨에는 메가 무서버서 밖을 못 나갔어예. 근데 지금은 하나또

안 무서버예.

조사자 : 언제부터 안 무섭던가예?

제보자1 : 집 다 들어서고 나이까 마 안 무섭데예. 불 들어오고 하이까네.

전에는 무서바서 댕기지도 못했다카이. 근데 지금은 마 하나도

안 무서바.

조사자 : 전에는 무서워서 다니시지도 못했다고 하셨는데 그래도 나가야

될 일이 있었잖아요. 밤에도.

제보자1 : 그러믄 우리 영감쟁이하고 같이 나가고 그랬다카이 무서버서.

뭐 사러 가믄 내혼차서 저짜까지 델따 주믄 저저 요 밑에 마트

가 사가오믄 우리 영감쟁이 저 전화박스 있는데 기다리고 있다

같이 오고 그랬다카이. 집도 마이 없었고.

제보자2 : 메는 하나또 안 무서버예. 사람이 무서버.

제보자1 : 지금은 하나또 안 무서버, 하나또.

제보자2 : 옛날에 내 장사하고 서면서 이리 걸어오므는 옛날에 여 전포동

에 집 짓는다꼬 길이 없어졌다 아임니꺼. 저, 저리 둘러오믄 길

에 이 좁은 길에 사람이 떡 누어 자는 기라. 술이 취해 가꼬 자고

잇는데, 아이고 이 무서버 가꼬, 이리 머리 울로 가믄 잡아 땡길

까 그래 발밑으로 해서 벌벌벌벌 떨고 내리왔다 아임니꺼. 사

람이 무섭지 메는 하나또 안 무서버예.

(…중략…)

제보자3 : 됐소 마.[25]

증언자료를 통해 보면 마을로 이주해 온 사람들에게도 이곳은 무서운 곳이었던 것으로 기억된다. 그들이 살아야 할 공간임에도 불구하고 집 주변에 있는 무덤은 사람들에게 무서움을 불러 일으켰던 것이다. 따라서 당시 무덤이라는 경관은 돌산마을에 거주하는 주민들에게 평안을 주는 장소로 의미가 구성되기보다는 무섭고 음울한 장소로 의미 구성되었다고 볼 수 있다.

하지만 이곳이 비록 무섭고 음울한 장소라 하더라도, 돌산마을 사람들은 이곳을 버리고 떠나기가 쉽지 않았다. 이곳을 떠나 다른 곳으로 이주할 마땅한 터도, 경제적 여유도 없었기 때문이다. 머무를 수밖에 없는 상황 속에서, 사람들은 그들이 장소에 부여했던 부정적인 인식을 변화시키려 한다. 대표적인 예가 무덤이 있어 무섭지 않냐는 물음에 대한 답에서 드러난다. 경로당에서 만난 제보자의 "메[26]는 하나또 안 무서버예. 사람이 무서버"라는 대답이나, "무섭기는 뭐가 무서워? 우리가 귀신들한테 해코지 안 하면 그 귀신들도 우리들에게 해코지 안 해. 그냥 같이 사는 거지, 뭐." 라는 대답들이다. 이러한 대답 속에는 장소에 대한 인식의 변화가 포함되어 있다. 이곳이 자신이 살아가야 할 장소라면, 어떻게든 부정적인 인식을 지우는 것이 필요하다. 그래서 마을에 대한 부정적인 인식의 중심 경관인 '무덤'을 무서운 것이 아니라고 부정함으로써, 자신의 삶의 장소에서 부정적 의미를 씻어내고자 하는 것이다. 주민들의 이러한 태도 변화는 주민들의 장소에 대한

---

25 김○옥 씨, 윤○선 씨, 공○순 씨 증언.
26 '메'는 '무덤'의 경상도 방언이다.

의미 변화로 해석할 수 있다.

장소에 대한 의미변화의 또 다른 모습은 집 주변에 있는 주인 없는 무덤에 벌초를 해 준다는 증언[27]에서도 찾아볼 수 있다. 무서웠던 무덤을 벌초해 주어야 할 대상으로 인식한다는 것은, 무덤에 대한 의미의 변화를 전제한다. 그것이 필요에 의해서든 아니면 버려진 무덤에 대한 안쓰러움이든, 그러한 행위를 한다는 것은 무덤을 포함하고 있는 장소에 대한 의미변화이다. 이렇게 자신들이 살아가야 할 장소에 대한 부정적인 인식을 지우고자 하는 행위는, 마을 사람들이 삶의 장소를 보호하려는 주체적인 행위로서 장소애착[28]의 출발로 받아들일 수 있다. 이-푸 투안은 장소에 대한 애착과 개인적 성향 사이의 일반화를 시도하면서, 개인이 처한 환경에 대해 심리적으로 중요성을 느끼는 정도는 개인의 능력과 반비례 관계가 있다는 사실을 밝혔다. 이는 그들이 새로운 환경에서 삶을 개척하는 것보다는 익숙한 환경에서 더 잘 살아갈 수 있기 때문이다.[29] 더 이상 갈 곳이 없었던 돌산마을 사람들이, 삶터로 선택한 이 소외된 공간에 장소애착을 갖는 것 역시 이러한 점과 관련될 수 있다.

마을에 대한 부정적인 인식을 드러내지 않으려고 하는 의식은 구술조사 과정에서도 드러났다. 마을의 과거 상황에 대해 묻는 조사자의 질문에 자세히 대답하는 제보자에게, 다른 제보자가 "됐소. 마"라고 하며 말을 가로막는

---

27 황○의 씨 증언.
28 최열·임하경, 장소애착 인지 및 결정요인 분석」,『국토계획』제40권 제2호, 대한국토·
  도시계획학회, 2005, 53~55쪽 재인용. 장소애착은 사람과 주거를 포함한 사회, 물리적
  환경에 대한 동태적 지속적 유대감을 뜻한다. 각 장소에는 장소를 이용하는 구성원들의
  장소에 대한 인식정도와 긍정적인 정서적 유대감을 나타내는 장소애착이 존재한다.
29 이은숙, 앞의 글, 3쪽.

행동을 보였다. 이는 자신들이 살아온 장소에 대한 부정적인 말들을 더 이상 못하게 하려는 제보자의 행위로 해석된다. 이처럼 자신들의 삶의 장소에 대한 부정적 인식을 지우려는 태도는, 장소를 보호하려는 행위로서 장소애착의 표현으로 받아들일 수 있다.

하지만 사람이 무섭고 무덤은 하나도 안 무섭다는 제보자들의 답변이나 대답을 가로막는 제보자의 행위는 다른 측면에서도 해석이 가능하다. 일반적으로 대화상황에서 대답하기 싫거나 회피하고 싶은 화제가 나왔을 경우는 화제를 전환한다. 하지만 제보자들의 경우는 화제의 전환이 아니라, 강한 부정의 화법과 상대방의 대답을 금지시키는 강력한 언표적 행위를 한다. 이러한 강한 부정과 금지의 태도는 한편으로 제보자들의 또 다른 심층적 의식을 반영한다고도 볼 수 있다. 무덤에 대한 물음에 강하게 부정을 하는 것은, 역설적으로 무덤에 대한 심리적 방어기제가 그만큼 강하게 작동한다는 것으로도 볼 수 있다. 이는 무덤으로 인해 자신들의 삶이 피해를 받고 있다는 의식이 내재해 있기 때문으로 보인다. 결국 제보자들의 대답을 통해 알 수 있는 것은, 표면적으로는 적응을 통한 장소에 대한 의미변화의 모습을 보이기는 하지만 사람들 내면의 심층부에는 아직까지 무덤에 대한 의식이 남아 있다는 것이다. 즉 무덤이라는 사람들이 살 수 없는 공간에서 살고 있다는 열등의식이 여전히 의식의 심층에 깔려 있다는 것이다. 이렇게 무덤을 통한 장소의 의미는 중층적인 모습으로 구성되고 있다.

무덤이라는 경관으로부터 만들어진 돌산마을에 대한 부정적인 인식을 지우려는 행위의 또 다른 양상은, 마을 사람들이 협력하는 모습으로 나타난다. 구술에 의하면, 1980년대 후반, 돌산마을 사람들 중에는 막노동에 종사하는 사람들이 많았다. 마을 사람들은 일하러 나갈 때 함께 어울려서 나가기도 했고, 돌아올 때도 같이 술을 마시는 등 함께 어울리는 경우가 많았다고 한다. 그러다가 싸움도 많이 했는데, 당시 장사를 하던 제보자[30]는 경찰에 신고를 하지 않았다고 한다. 그 이유를 묻자, 같은 마을 사람들이기 때문이라고 했다. 당시가 산업화가 진행된 1980년대이며 이곳이 도심에서 2km 정도 떨어진 곳이라는 표면적인 상황으로만 보면, 마을 사람들끼리 이렇게 어울려서 사는 모습은 흔치 않은 경우다. 다른 제보자 역시 개발 이야기가 나오기 이전에는 마을 사람들이 단합하고 어울려 살았다고 기억하고 있다.

돌산마을 사람들의 특별히 단합된 모습에는 어떤 이유가 있을 것으로 보인다. 그 이유를 제보자의 말에서 단편적으로 찾아볼 수 있다. "사람은 단합으로 살고, 또 아랫물은 아랫물끼리 어울려 살고 했는데"[31]라는 말에서, 마을 주민들은 자신들의 처지를 은연중에 '아랫물'에 비유하고 있다. 자신들의 어렵고 소외된 처지를 비유한 것이다. 그래서 소외되고 어려운 사람들끼리 단합해야 한다는 의식이 반영된 말로 보인다. 외부로부터의 소외를 극복하기 위해 내부적으로 서로가 단결해야 한다고 생각하는 것이다. 이는 앞서 살펴본 소외된 장소에 새로운 의미를 부여하며 장소애착을 만들어 가는 것처럼 외부로부터 소외된, 같은 처지에 놓인 주변사람들에 대해서도 서로의 처지를 살피는 마음을 가지게 된 것으로 보인다.

사람들의 접근이 어렵고 주거지로 부적당했던 돌산마을의 경관은, 떠나지 못하고 남아야 하는 사람들에게는 어떻게든 적응하고 살아야 하는 조건이었다. 이러한 적응의 과정에서 사람들은 스스로 장소에 대해 새로운 의미

---

30 김○옥 씨 증언.
31 박○주 씨 증언.

를 부여하고, 그곳에 애착을 가지는 단계로 나아간 것이다.

4. 경험과 장소만들기

마을 주민들은 주민등록상으로는 문현1동의 주민으로 분류되어, 부산시민의 자격을 갖추기는 하였다. 하지만 그들이 삶터로 자리 잡은 땅은 남의 땅이거나 시유지 혹은 국유지였다. 따라서 그 위에 세워 놓은 집은 모두 불법으로 규정되어 동민으로서나 시민으로서의 어떠한 권리도 누릴 수 없었다.

인간이 자기의 가옥을 합법적으로 소유하고 안정된 주거생활을 보장받는 것은 그 장소의 장소성을 획득하는 중요한 과정이며,[32] 인간이 누려야할 가장 기본적인 권리를 획득하는 과정이다. 무허가 건물에서 살았기 때문에 받아야 했던 권력으로부터의 소외, 즉 끊임없이 철거의 위협에 불안해했고, 전기 및 상수도 시설의 혜택을 받을 수 없었고, 사람들이 다니는 길조차 제대로 없어, 최소한의 주민과 시민으로서의 권리도 누리지 못했다. 이 장에서는 버려진 땅에 버려진 사람으로 취급받았던 마을 사람들이, 자신의 권리를 찾고 이 공간의 주인으로 거듭나 자신들의 마을을 만드는 과정을 살펴보려고 한다.

마을 사람들이 배제된 공간에서 배제된 권리를 찾기 위해 가장 먼저 시작한 것은 마을 커뮤니티를 만드는 일이었다. 이를 위해 가장 중요한 것은 마을 사람들의 모임을 이끄는 일이었는데, 이는 마을회관이라는 장소를 중심

---

32 차철욱 · 공윤경, 「한국전쟁 피난민들의 정착과 장소성」, 『석당논총』 47집, 동아대 석당 전통문화연구원, 2010, 304쪽.

으로 이루어졌다. 현재 마을회관은 행정 단위인 통이 통합되기 전, 19통 경로당으로도 함께 사용되었다. 경로당이 언제 처음 만들어졌는지는 정확한 기록이 없어 확인하기 곤란하지만, 박○주 씨의 증언에 따르면 20년이 넘었다고 한다. 그러다가 1996년에 부녀회가 농악을 해서 생긴 이익금으로 다시 짓고, 2011년 5월에 현재의 새로운 경로당을 만들었다. 아마 1980년대 중반에 이 마을이 철거가 잦았기 때문에 철거에 공동으로 대응하기 위해 마을회관을 중심으로 마을 사람들이 모였던 것으로 보인다.[33]

마을회관은 마을 사람들이 마을의 문제를 같이 고민하고, 해결방안을 찾는 데 아주 중요한 구실을 하였다. 마을의 모임을 주도하는 사람은 통장이었다. 통장은 행정적으로는 국가 행정기구의 최말단 조직이었으나 마을 주민들의 권리를 대변하는 역할을 하였다. '통장은 옛날 촌장과도 같다'라는 마을 사람들의 표현에서 볼 수 있는 것처럼, 마을 대소사를 관장하고 있었다. 뒤에서 설명할 다양한 마을의 사업은 물론이고 마을 내 길흉사에도 깊숙이 개입하고 있었다. 예를 들어 김○철 씨의 "결혼식 할 때 전에는 통장이 청첩장을 적는 거라고요. 이거는 이집 저집이 아니고, 다 주는 거예요"라는 증언을 통해 보면, 통장이 각 가정사까지 관여하고 있었음을 알 수 있다.

또 사안에 따라서는 그 문제를 가장 잘 알고 해결책을 제시하는 사람들의 역할도 중요하였다. 구술과정에서 박○주 씨, 김○을 씨 같은 사람들을 확인할 수 있었는데, 이들은 마을 외부의 정치인, 행정력을 가진 사람들과 일정한 친분이 있어 친분관계를 전략적으로 이용하기도 했다. 마을의 문제를 해결해야 할 때, 마을 사람들을 저항의 주체로 나서게 하기도 하고, 외부의

---

33 박○주 씨 증언.

압력을 피할 수 있는 방법을 강구하기도 하고, 일정한 타협을 주도하기도 하였다. 또 나름대로 마을 사람들과 네트워크를 형성하면서 독자적으로 문제를 해결하기도 하였다.

그리고 마을의 실질적인 지도자인 통장과의 관계를 행정적인 조직체계로 끌고 가지 않고, 마을 내에서 '형-동생'과 같은 친밀성이 강한 관계로 유지하였다. 행정조직과 마을 내부의 논의구조가 혼합된 형태도 존재했다. 그리고 마을 리더들은 마을 외부의 공무원, 정치인, 새마을금고 이사장 등과도 유기적으로 연결되어 있어, 이들로 하여금 마을 환경을 바꾸는 일에 참여하도록 하는 데 커다란 역할을 하였다. 외부로부터의 지원은 마을 내부의 능동적인 대응 노력과 논의 과정을 전제로 가능했을 것이다.

마을 사람들의 주거공간을 둘러싼 권력기관과의 갈등은 또다른 장소애착을 만들어 가는 과정이었다. 주민들의 구술에 의하면 이주 무렵 마을 공간은 대부분 무덤이었고, 누군가 동물을 키우기도 해 사람이 살기에는 적당하지 않았다. 남이 살던 집을 사거나, 조그마한 빈 공터를 얼마 안 되는 권리금을 주고 사서 만든 움막은 공간이 비좁았고, 온돌이나 창문 등 기초적인 시설이 마련되지 않아 난방, 환기, 채광 등이 거의 이루어지지 않았다. 그러나 이주민들은 열악한 주거환경을 자신이 살 수 있는 삶터로 만들기 시작했다. 오물로 가득한 좁은 주거공간은 자재를 구입하는 대로 한 칸씩 늘리기도 하고,[34] 마을 내에서 좀 더 나은 장소로 이사를 하는 등 마을 주민들의 노력은 꾸준히 진행되었다.[35] 좀 더 나은 삶을 위한 마을 내에서의 공간적 변

---

34 윤○선 씨 증언.
35 공○순 씨 증언.

화는 대체로 개인의 노력으로 이루어졌지만, 다른 주민들의 도움을 받기도 하였다. 1988년 이주민이 가장 많을 때는 자고나면 집 한 채씩 들어설 정도였다. 하지만 주민들의 노력만으로는 주거공간을 온전히 자신의 보금자리로 만들 수 없었다. 국가권력의 최말단인 동사무소는 불법 주거지 거주자를 추방하기 위해 끊임없이 철거작업을 강행했다. 마을 주민들은 불법이지만 자신의 삶터인 주거공간을 지켜내기 위해 권력기관에 저항하지 않으면 안 되었다.

부산시는 도심 과밀화 문제, 도시 경관을 회복하기 위해 1980년대 철거작업을 추진하였다.[36] 철거는 행정력이 발휘하는 강력한 추방정책이었다. 이 마을만의 철거현황 자료를 찾기 어려우므로, 부산시 남구 전체 자료를 통해 마을의 철거현황을 간접적으로 확인해 본다.

〈표 2〉 부산시 남구 연도별 무허가 건축물 단속현황

연도	발생	철거 및 고발	고발	철거	비고
1987	990	367	621	2	
1988	478	162	138	178	
1989	23	11	10	2	
1990	52	33	11	8	
1991	23	13	8	2	

부산직할시 남구, 『구정백서』.

부산시 남구의 철거현황을 보면, 철거와 관련한 발생 건수가 1987년, 1988년과 그 이후를 비교할 때 급격한 차이를 보이고 있다. 1980년대 철거가 얼마나 많았는가를 짐작할 수 있다. 그런데 1989년부터는 급격히 줄어들고 있

---

36 부산직할시, 『시정백서』, 1978, 187쪽.

는데, 이는 정치적인 이유와도 관련이 큰 것으로 보인다. 1987년 이후 민주화 흐름과 대통령직선제, 1988년 총선거 등 정치적인 영향과 관련 있었던 것으로 보인다.[37]

철거 과정에서 마을 주민들은 내부의 단합이나 균열, 철거 주체인 정부기관에 대한 저항 혹은 타협 등 다양한 모습을 보인다. 이 마을의 철거 이야기에 대해서는 많은 사람들은 익숙해져 있다는 듯 구술한다. 심한 경우는 31번까지 철거당한 집이 있었다고 한다. 주민들의 저항은 철거반을 상대로 하는 직접적인 저항보다 철거반이 물러간 뒤, 밤 동안에 집을 다시 지어 철거를 무색케 해 버리는 일이었다. 자식들도 있고 여기 아니면 못 사니까 단속해도 죽기 살기로 집을 지었다고 한다. 한밤중에 집을 짓기 위해서는 이웃의 도움 없이는 불가능했다.

계속되는 철거 위협에서 벗어나기 위해 마을 사람들은 동사무소나 구청 등 직접 철거를 담당하는 담당 공무원에게 사정하기도 하고, 부탁도 하고 안 되면 술을 사기도 하면서 위협에서 피해 가려고 하였다.[38] 이런 무마는 철거를 당하는 당사자 혼자의 힘으로는 불가능했다. 구술자들의 증언을 토대로 보면, 동사무소나 구청과 잘 통하던 박○주 씨나 김○을 씨 같은, 마을 내에서 통장 이외에 일정한 영향력을 행사하던 사람들을 중심으로 하는 네트워크가 커다란 역할을 했던 것으로 보인다.[39] 물론 이런 네트워크는 마을

---

37 김원국, 「부산시 무허가불량주택지구 재개발정책에 관한 연구」, 부산대 행정대학원 도시계획과 석사논문, 1991, 35쪽.

38 김○철 씨 증언. 담당공무원이 마을 주민의 요구를 들어주는 과정에서 공무원이 희생당하는 경우도 있었다고 한다.

39 김두율은 돌산마을과 마을 외부와 네트워크가 형성된 인물이었다. 그는 세상을 떠나고 없지만 그의 집인 부산산장에 걸려있는 부민주택과의 '자매결연증서'(1989년)를 통해서도 확인할 수 있다.

내 중요한 일에는 항시 동원되었다. 하지만 철거에 대해 마을 주민들 모두 단합된 모습을 보인 것은 아니었다. 마을 주민 가운데서도 각자의 이해관계에 따라 이웃을 고발하는 경우도 있었다. 이처럼 마을 내에는 개인 이익과 마을 전체 이익 사이의 갈등 요소가 존재할 수밖에 없었다.

이런 모습은 이 마을에 전기를 끌어들이는 과정에서도 잘 나타났다. 사람이 살아가는 데 필요한 사회적인 시설인 전기와 상수도 혜택을 받지 못했다는 점에서, 주민등록을 한 국민이면서도 무허가 시설에 산다는 이유로 국민으로서의 최소한의 권리를 가질 수 없었음을 의미한다. 이 마을 사람들이 자신이 누려야할 권리를 찾기 위한 능동적인 노력은 다양한 갈등의 과정을 거쳐야만 하였다.

마을 주민들은 국가로부터 공식적으로 전기를 받을 수 없었기 때문에 비공식적, 즉 도전盜電을 할 수밖에 없었다. 약 30년 전 인근 전포동의 개인 주택에서 땅 속으로 선을 묻어 전기를 끌어 왔다. 비가 오는 날이면 합선을 일으켜 위험한 경우도 많았다. 도전을 한다는 사실이 외부로 알려져서도 안 되고, 전기를 보내주는 개인에게 전기세도 제대로 납부해야만 원활하게 전기를 사용할 수 있었다. 전기세는 마을 주민들이 균등하게 분배하였다. 균등 분배가 가져올 균열이 있을 수 있었으나 마을 주민들의 단합은 이 순간 아주 잘 발휘되었다고 한다.[40] 마을 주민들은 통장을 중심으로 그들의 권리를 찾는 데 일사분란하게 움직였다.

주어진 환경을 극복하려던 노력은 오히려 전기 브로커에게 걸려 사기를 당하는 일도 발생하였다. 어떻게 하면 전기를 끌어올 수 있는지를 몰랐던

---

40 김○철 씨 증언.

마을 사람들은, 전기를 끌어다 주겠다는 브로커에게 속아 비싼 가격을 지불하기도 하였다. 마을 내부에는 이들과 결탁된 사람들도 있었다. 이 무렵 한전으로부터 공식적이고 훨씬 낮은 가격으로 전기를 들여올 수 있는 방법을 물색했던 마을의 또 다른 부류는 마을 회관에서 마을 주민들을 설득하기 시작했다.[41] 두 그룹의 갈등은 버려진 환경을 바꾸어 보려던 마을 주민들의 공적인 이익과 여기서 작용한 개인 이익 사이의 갈등이었다. 그렇지만 두 경우 모두 마을 문제를 해결하려는 마을 사람들의 능동적인 의지에서 출발했음은 부정할 수 없을 것이다. 다만, 어느 것이 마을 주민들에게 더 이익인가는 마을회관에 모인 주민들이 결정할 문제였다. 결국 이 문제에 관심을 가지고 주도하는 통장을 비롯한 주도층들의 사회적인 네트워크가 동시에 작동한 결과 값싼 비용으로 전기를 들여올 수 있었다. 마을 사람들의 노력으로 남구청이나 당시 지역구 국회의원의 권력을 활용할 수 있게 되었다. 그 결과 약 20년 전부터 마을에 전기불이 밝혀졌다.

주민들의 노력과 이에 대응하는 마을 외부 유력인사들의 지원이 결합된 사업은 상수도 공사에서 나타난다. 초창기 마을 주민들은 오늘날 현대아파트 207동 앞에 있던 우물물을 사용하였다. 장사를 해야 했던 김○옥 씨는 새벽부터 아들의 힘을 빌려 경사가 심한 비탈길을 오르내리며 우물물을 길어다 사용했다.[42] 그러다가 1990년 전후해 지하수를 팠다. 여기에는 새마을금고 이사장과 지역 국회의원의 도움이 컸다. 지하수는 마을 내 물탱크에 저장했다가 각 가정으로 공급되었다. 지하수 양이 풍부하지 못해 상시로 물을

---

41 박○주 씨 증언.
42 김○옥 씨 증언.

공급할 수 없었다. 3일에 한 번씩 각 가정에서 지하수 물을 사용할 수밖에 없었다. 물이 모자라 한밤중에 몰래 물을 훔치려던 마을 사람도 있었다. 당시 통장은 물탱크에서 물을 지키기 위해 밤을 새기가 일쑤였다고 한다. 2001년 수도가 마을에 들어왔는데, 마을의 통장, 지도자 그룹, 새마을금고 이사장, 국회의원, 구의원 등 마을 내부와 외부의 네트워크가 상수도 설치의 원동력이 되었다.[43] 물론 이러한 네트워크에는 다양한 정치적인 요소도 작용하고 있었지만, 마을 주민들의 입장에서는 그들의 목적을 성사시킬 수 있는 대안일 수밖에 없었다. 마을 주민과 외부 사이에는 '욕구의 상호보완성'이 생겨나 더욱 강고한 네트워크가 형성된다.[44]

전기, 상수도가 마을에 사람이 살 수 있는 기본조건을 만드는 일이었다면, 마을로 진입하는 도로의 건설은 마을 사람들에게 공동묘지의 흔적을 덮어버리는 상징적인 의미를 지니고 있었다. 마을은 황토밭이었다고 한다. 비가 올 때면 진흙투성이어서 제대로 다닐 수 없었다. 비 오는 날이면 학생들은 발을 비닐봉지에 싸고 엄마는 신발 들고 따라 갔다가, 마을을 지나 좋은 길이 나오면 갈아 신었다고 한다.[45] "마누라 없이는 살아도, 장화 없이는 못 산다"라는 마을 주민의 말에서 당시 마을의 상황을 잘 읽을 수 있다.

초기 마을 중심도로는 자전거가 겨우 다닐 정도의 좁은 길이었다. 주민들이 협조해서 리어카가 다닐 수 있게 길을 넓혔고, 이제는 자동차가 들어올 수 있게 되었다. 도로변 마을 주민들이 도로용 부지를 조금씩 양보하면서 가

---

[43] 마을 주민에게 권력의 지원은 아주 크게 자리 잡고 있다. 지금도 마을회관 내에는 국회 의원이 기증한 벽시계가 걸려있고, 통장을 중심으로 마을 사람 일부가 특정 국회의원의 산악회 회원으로 활동하고 있다.
[44] 임태섭 편, 『정, 체면, 연줄 그리고 한국인의 인간관계』, 한나래, 1995, 197쪽.
[45] 김○옥 씨 증언.

능해졌다.[46] 마을 주변에 아파트를 포함한 여러 가지 공사들이 진행되면서 이 길을 이용하는 사람들이 생기고, 마을에서도 피해를 입는 경우가 나타나게 되었다. 여기에 마을 사람들은 이 길을 이용하는 공사업자나 인근의 현대 2차아파트 공사현장을 찾아가 마을이 입은 피해를 보상해 줄 것을 요구하였다. 물론 마을 주민들의 단체행동이었다. 특히 현대2차아파트 공사현장에서는 마을 중심도로 외에 여러 가지 마을에 필요한 공공시설을 요구해 받기도 했다. 공사현장에서 제공받은 시멘트와 마을 주민들의 자발적인 부역노동이 합해져 이 도로가 완성되었다. 2000년 무렵, 이 도로가 완성되면서 마을의 이미지가 새롭게 변화될 수 있었다. 특히 경찰 순찰이 가능해짐에 따라 그동안 우범지대로 인식되었던 마을은 그 오명을 벗을 수 있게 되었다.

이외에도 마을 주민들은 1990년 중반 황령산 터널 건설과정에서 발생한 지하수 고갈, 1990년대 후반 인근 아파트 건설공사로 인한 마을 건축물의 균열 등 주변 공사로 인한 마을의 피해에 공동대응 하였다. 그렇지만 마을 주민들의 공동대응이 모든 면에서 원활했던 것은 아니었다. 주민들이 생계 문제로 마을의 공동대응에 적극적으로 참여할 수 없는 경우도 있었고, 공동의 이해관계가 주민들 개개인의 이해관계와 충돌할 때도 적지 않았다. 그러나 통장, 반장을 주축으로 한 통상회, 반상회 그리고 부녀회 등을 통해 마을 주민들은 마을의 중요사항들을 함께 의논하며 마을공동체 활동을 이후로도 계속 이어갔다.

돌산마을 주민들은 자신의 마을을 만들기 위해서 자신들을 국민으로 받아주지 않는 국가권력에 저항하기도 하고, 어떤 경우에는 철저히 포섭을 자

---

46 박○주 씨 증언.

처하면서 나름의 전략을 구사하였다. 그리고 주민들 사이에서도 단합과 갈등을 반복하면서 주민들 내부의 인적관계를 만들어갔다. 이러한 마을 사람들의 경험이 최근의 공공미술과 공원재생 등 새로운 사업을 추진하는 배경이 되고 주민참여를 유도하는 밑거름이 될 수 있었던 것으로 보인다.

참고문헌

부산직할시 남구,『구정백서』, 1991

부산직할시,『도시계획백서』, 1971.

_____,『시정백서』, 1978.

_____,『시정백서』, 1980.

_____,『시정백서』, 1981.

http://blog.naver.com/PostView.nhn(검색일 : 2011.6.20)

http://webnews.gri.kr/view.asp?bt=1&idx=6771&search_option=title(검색일 :
     2012.11.27)

공윤경,「부산 산동네의 도시경관과 장소성에 관한 고찰」,『한국도시지리학회지』제
     13권 2호, 한국도시지리학회, 2010.

_____,「도시 소외공간과 마을 사람들의 경험−부산 돌산마을을 중심으로」,『都市
     移住民과 空間變形』(오사카시립대학 도시문화연구센터 제2회 공동학술회의
     자료집), 부산대 한국민족문화연구소, 2012.

_____ · 양흥숙,「도시 소공원의 창조적 재생과 일상−부산 돌산공원을 중심으로」,
     『한국지역지리학회지』제17집 제5호, 한국지역지리학회, 2011.

권영민 · 조성기,「부산시 도시성장과정에서 본 주거지 특성에 관한 연구」,『대한건
     축학회논문집』16(10), 대한건축학회, 2000.

김원국,「부산시 무허가불량주택지구 재개발정책에 관한 연구」, 부산대 행정대학원
     도시계획과 석사논문, 1991.

이무용,「장소마케팅 전략의 문화적 개념과 방법론에 대한 고찰」,『대한지리학지』
     제41권 제1호, 대한지리학회, 2006.

이석환,「장소만들기의 구성 요체로 본 '마로니에 공원'의 장소만들기」,『국토계획』
     제32권 제5호(통권 91호), 대한국토 · 도시계획학회, 1997.

이은숙,「장소애착의 본질−시「다시 엘르에게」를 통해서」,『문화역사지리』제 18권
     제1호, 한국문화역사지리학회, 2006.

조관연,「'마을가꾸기 사업'과 부산 안동네 마을의 변화」,『한국민족문화』제41집, 부
     산대 한국민족문화연구소, 2011.

차철욱·공윤경, 「한국전쟁 피난민들의 정착과 장소성」, 『석당논총』 47집, 동아대 석당전통문화연구원, 2010.

_____ ·차윤정, 「아미동 산동네의 형성과 문화변화」, 『문화역사지리』 제22권 1호, 한국문화역사지리학회, 2010.

최열·임하경, 「장소애착 인지 및 결정요인 분석 」, 『국토계획』 제40권 제2호, 대한국토·도시계획학회, 2005.

박재완 외, 『부산의 산동네』, 부산발전연구원, 2008.

임태섭 편, 『정, 체면, 연줄 그리고 한국인의 인간관계』, 한나래, 1995.

참고자료

제보자 관련 사항

이름	나이	성별	출신지	전 거주지	이주시기	직업	인터뷰일시
황○의	52	여	경남 합천	부산진구 전포동	1989년	포장마차 / 현 통장	2010.4.20 2011.6.2
이○심	66	여	충북 옥천		1988년	부녀회장	2010.4.20
김○철	61	남	경남 삼천포	부산진구 전포동	1977년	전 통장(18년)	2011.6.1
김○옥	72	여	경북 경주	부산진구 당감동	1982년	식당	2011.6.17
박○주	73	남	경남 밀양	부산진구 전포동	1983년	사진관	2011.6.18
윤○선	70	여	경남 김해	남구 대연동	1988년	미싱 / 수산공장	2012.1.3
박○순	66	여	경남 사천	동구 범일동 (중앙시장)	1988년	미싱 / 신발공장	2012.1.3
한○자	73	여	경남 밀양	남구 문현2동	1969년	뻥튀기상 / 노동	2012.1.4
권○조	62	여	경남 밀양	부산진구 전포동	1988년	노동 / 반장	2012.1.5
정○길	61	남	경북 영양	북구 만덕동	1988년	흥아타이어	2012.1.8
박○란	67	여	경북 봉화	남구 문현2동	1988년	야채장사	2012.1.9
공○순	70	여	경남 양산 (귀환동포)	남구 문현2동	1967년	고무공장	2012.1.10

일상의 리듬과 장소성 형성[*]

장세용 · 신지은

1. 일상과 리듬

일상이 복합리듬으로 이루어진 시공간이라는 자각은 비교적 늦게 나타났다. 후설E. Husserl, 하이데거M. Heidegger, 메를로 퐁티M. Merleau-Ponty 등의 '느린 동작의 현상학'은 리듬에 대한 철학적 자각의 출발점이다. 특히 가스통 바슐라르G. Bachelard는 『지속의 변증법』에서 물리학적, 생물학적, 심리학적 견지에서 리듬 분석을 제안했다.[1] 그리고 그는 『공간의 시학』에서 세계가 우리에게 강요하는 거대한 리듬에서부터 인간의 가장 예민한 감수성에 작동하는 정밀한 리듬까지 아우를 수 있는 이론적 리듬분석을 요청했

---

[*] 이 글은 『역사학 연구』 제46호(2012.05)에 게재된 「일상의 리듬 분석」을 단행본의 취지에 맞추어 수정 · 보완한 것이다.
[1] Gaston Bachelard, *La dialectique de la durée*, PUF, 1950.

다.[2] 본래 리듬에 대한 관심은 자연과학 특히 생물학에서 출발하였지만 음악과 무용 영역에서 체계화되었고, 최근에는 윤리 및 정치권력의 작동방식을 설명하면서 리듬에 대한 논의를 전개시키는 등,[3] 리듬학과 리듬분석의 이론적 체계가 확보되는 듯하다. 우리는 시간의 사회문화적 경험과 이해를 역동적인 이종성들로 인식하는 리듬분석의 흔적을 구조주의, 네오 맑스주의 등에서도 찾아볼 수 있다. 예컨대 발터 벤야민W. Benjamin, 기 드보르G. Debord, 그리고 특히 앙리 르페브르H. Lefebvre는 사회적 공간 속의 개인, 집단, 물질, 도시의 시공간 경험 및 운동성, 장소성 등을 연구하면서 리듬을 그 연구의 주요한 구성 요소로 고려하고 있다.

리듬분석은 먼저 시간성에 관한 고찰에서 출발한다. 시간성은 '시간의 상호함축적 구조'로서 시간속도, 시간지속, 시간후속, 속도조절, 훈련된 주기적 리듬 등으로 구성되며 시간 흐름과 인적·물적 이동성과 연관이 있다. '공간의 시간화' 곧 장소와 공간의 물질성을 시간과 연관시켜 이해하는 것은 리듬분석의 핵심 전제이다. 이런 맥락에서 리듬분석은 첫째, 다중공간규모multiscalar 차원에서 시간성의 범위를 패턴화한 것, 예컨대 하루, 일주일, 한 달, 일 년, 생애주기 등 온갖 도구적 시간 측정과 연관되어 있다. 둘째, 개인과 집단의 삶을 형성하는 규칙적 리듬을 가진 관습들을 확인하면서, 지배적 일상의 시간표에 일치하는 것과 시간적 구조화를 거부하여 지배적인 시간 주기에서 벗어나는 리듬을 탐색한다. 일상의 리듬을 분석하는 목표는 개인, 집단, 물질의 흐름, 이동성, 관계망과 밀접한 관계를 탐색하여 생활세계를

---

2 가스통 바슐라르, 곽광수 역, 『공간의 시학』, 동문선, 2003.

3 Pierre Sauvanet, *Le Rhythme et la Raison,* Kimé, 2000; Pascal Michon, *Rythmes, pouvoir, mondialisation,* PUF, 2005.

새롭게 이해하는 방도를 모색하는데 있다. 로컬리티 연구 또한 로컬의 일상에서 활력을 자극하는 요소들을 검토하므로 일상의 리듬분석은 로컬리티연구의 기본 주제 가운데 하나라 할 수 있다. 특히 전지구적 자본주의에서일상의 리듬은 다양한 이동 / 거주의 형식들과, 지리적 조건이나 상상력 혹은 특정 담론의 표상양식과 연관된 결과 로컬리티를 형성하는 주요한 요소로 작용한다.[4]

르페브르의 『리듬분석의 요소들』[5]은 리듬분석 연구의 이정표이고 비판적 전망들이 생성되는 모태이다. 예컨대 존 메이J. May와 나이젤 쓰리프트N. Thrift[6]는 사회적 시공간에서 리듬분석 이론틀의 존재 여부에 회의한다. 그들은 균일한 사회적 시간이 균일한 사회적 공간에서 관철된다고 보지 않는다. 도리어 시간의 관계망이 불균등한 사회적·자연적 영역을 가로질러 복잡다기한 방향으로 펼쳐지며, 다양한 시공간을 재형성하고 질서 바깥에서 수행적performative 실천과 상상을 간파할 것을 강조한다. 심지어 멜즈T. Mels는 아예 리듬분석의 가능성 자체를 부정하고, 개인들은 다른 사람들의 경로, 제도, 기술공학 및 물리적 주변 환경과 결합·분리를 반복하므로 시간에서 개인의 리듬은 감각적 현실성 없는 의심스런 것으로 본다.[7] 이런 것들은 세계를 사회구조와 체계로 이해하는 것을 비판하는 입장이다. 그러나 사실 르

---

4 Tom Mels, "Lineages of a Geography of Rhythms", Mels(ed.), *Reanimating Places-A Geography of Rhythms*, Ashgate, 2004, pp.3~44; Hope, "Conflicting temporalities-state, nation, economy and democracy under global capitalism", *Time and Society* 18-1, 2009, pp.62~85.
5 Henri Lefebvre, *Éléments de rythmanalyse-Introduction á la connaissance des rythmes*, Syllepse, 1992.
6 Jon May · Niegel Thrift, "Introduction", Jon May · Niegel Thrift(eds.), *Timespace-Geographies of Temporality*, Routledge, 2001; Niegel Thrift, *Non-representational Theory-Sapce, Politics, Affect*, Routledge, 2007.
7 Tom Mels, *op. cit.*

페브르도 비판변증법적으로 사회 구조를 검토하며, 이에 맞서는 대칭적 요소로서 리듬을 사유하였기에 그가 제안하고 탐색했던 리듬분석은 여전히 일상생활의 시공간성을 살펴보고 해석하는데 부족하지 않다고 볼 수 있다.

이 연구는 첫째, 르페브르의 리듬분석 이론을 토대로 삼아서 일상생활에서 리듬이 어떤 양상을 보이는지 살펴보고, 이러한 작업이 현대 사회의 일상성, 시공간성, 장소성 연구에서 차지하는 비중과 한계를 검토한다. 둘째, 자본주의 소비 공간에서 리듬의 포섭과 저항을 검토한다. 후기 자본주의에서는 시장뿐만 아니라 거리와 상품판매점이 모두 쇼핑장소의 역할을 한다. 쇼핑센터라는 건축물의 배치와 형태가 일률적이고 반복적인 리듬을 생산해 내고, 사람, 신체, 상품 및 환경의 리듬과 움직임, 동선을 관리하는 방식을 검토한다. 셋째, 새로운 기술공학이 가져온 '이동성의 가속화'는 일상의 리듬을 새로운 속도의 이동성으로 급변시킨다. '시공간 압축'[8]으로 표현되는 교통과 통신의 가속화가 인간의 표상체계, 문화형식 및 철학적 감성을 비롯한 사회적 경험과 관계망을 크게 변화시키는 현실에 주목한다.[9] 인적·물적 이동성의 산물에 대한 비판이론적 접근은 문화연구, 인문지리학, 이주연구, 사회과학 및 기술공학적 성찰과 맞물린다. 마지막으로 우리는 소비 공간에서 리듬이 자본의 속도에 포섭되어 동일해지거나 가속화될 때 과연 인간주의적 리듬을 회복한 로컬공간을 성립시킬 수 있는지, 그 가능성을 탐색해 본다.

---

8 데이비드 하비, 구동회 역, 『포스트모더니티의 조건』, 한울, 1997.
9 Anthony Elliot·John Urry, *Mobile Lives,* Routledge, 2010.

2. 시공간성과 리듬분석

1) 일상 시공간의 리듬

일상성 탐구에서 앙리 르페브르의 마지막 화두였던 리듬분석을 가능하게 만드는 기본 조건은 무엇인가? 그것은 일상이 사회적 시공간에서 전개된다는 것이다. 『일상생활비판』 2[10]에서 그는 사회적 시간은 생물학적 · 심리적 · 물리적 시간과 구분되고, 사회적 공간은 기하학적 · 생물학적 · 지리적 · 경제적 공간과 구분된다는 관점에서 출발한다. 일상공간은 좌우, 고저를 가진 기하학 공간과 다르고, 일상의 시간은 수학과 물리학의 시간과 달리, 분석하면 할수록 더 은밀하고 예상치 못한 복합적인 '결texture'들을 숨기고 있음을 알 수 있다. 르페브르의 영향을 직간접으로 많이 받은 상황주의자 기 드보르가 일상생활의 중요성을 강조한 말은 르페브르의 일상에 대한 입장을 다시 한 번 확인해주는 진술이다.

우리는 여전히 모든 것들의 중심에 일상생활을 위치시켜야 한다. 모든 프로젝트는 일상생활에서 시작되며, 모든 인식은 진정한 중요성을 획득하려면 이것으로 돌아가야 한다. 일상생활은, 인간관계의 완성 혹은 미완성, 생동하는 시간의 활용, 예술적 실험, 혁명적 정치 등 모든 것의 준거이다.[11]

---

10 Henri Lefebvre, *Critique de la vie quotidienne* II, L'Arche, 1961.
11 Guy Debord, "Perspectives de modifications conscientes dans la vie quotidienne", *International situationniste* 6, 1961.

그러나 사실 르페브르는 사회적 시공간에 숨겨진 '결'을 찾는 리듬분석을 명확히 정의하지 않았다. 비록『공간의 생산』에서 리듬분석이 정신분석을 대체할 것이며, 모호함은 일상의 범주이고 심지어는 핵심적인 범주일 것이라고 단언 했지만, 사실 그것의 정확한 실체는 그리 선명하지 않다.[12] 그는 또한 리듬을, 장소에 부수되지만 장소 그 자체는 아니고, 사물이나 사물의 집적, 단순한 흐름도 아니며, 물리적 양상과만 관련되는 시공간만을 소유하고 점유하는 것이 아니라 살아있는 존재, 유기체, 신체 및 사회적 실천의 관점에서 보기를 요청한다. 리듬이야말로 일상을 이해하는 열쇠라는 생각은 아래 진술에서 잘 요약된다.

시간과 공간 속에서 반복 없는 리듬, 되풀이 되지 않는 리듬, 재생되지 않는 리듬, 요컨대 박자 없는 리듬이란 존재하지 않는다. 그러나 또한 완전히 동일하고 무한정으로 반복되는 절대적인 반복도 없다. 여기에서 반복과 차이 사이의 관계가 발생한다. 일상, 의례, 의식, 축제, 규칙, 법칙 등과 관련될 때에는 언제나 예측하지 못한 것, 새로운 것 즉 차이가 반복 속에 기입된다. 장소와 시간, 에너지 소비 간의 상호작용이 있는 곳이라면 어디에나 리듬이 있다.[13]

르페브르의 리듬분석 이론은, 리듬 운동과 행동의 반복, 단선적 리듬과 순환적 리듬의 특별한 얽힘, 리듬의 성장과 쇠퇴 단계를 확인하여 장소의

---

12 앙리 르페브르, 양영란 역,『공간의 생산』, 에코리브르, 2011.
13 Henri Lefebvre, *op. cit.*, 1992, p.14 · 26.

시공간적 특수성들을 확인하는 것이 가능하다는 전제에서 출발한다. 즉 그는 상이한 리듬 즉 비공식적 혹은 공식적 리듬, 지배적인 혹은 종속적인 리듬으로 구성된 조화 리듬eurythmie, 동형 리듬isorythmie, 리듬이 해체되고 결국 모든 리듬이 동시화synchronisation 된 무無 리듬a-rythmie 나아가 다양한 리듬으로 구성된 '복합 리듬polyrythmie의 총화'에 따라서 변화하는 리듬 운동들이 장소에 다양한 규칙성을 가진 시간적 사건들에 혼합성을 부여하며 장소의 특징적 성격을 확인하는 것이 가능하다고 보고 있다.[14]

공간의 시간화는 르페브르의 기본관점이다.[15] 이러한 전망은 리듬분석을 정태적 장소개념을 벗어나 특정 시간 단위(하루, 한 주일, 한해 등)와 연관 시켜 장소의 물질성을 경험적으로 분석하는데 영향을 끼친다. 리듬은 본질적으로 역동적이며 '장소'를 관통하여 중심에서 내뿜는 복합적 흐름들의 일부이다. 게다가 인간의 실천에서 리듬은 우리를 둘러싼 물질, 감각, 사회 및 문화적 맥락들과 장소가 상호 간섭하는 과정이다. 그렇다면 리듬분석의 연구 목표는 사회와 자연현상에 스며들고 구조화하는 다수의 횡단하는 리듬이나 복합리듬과 시간성의 상관관계를 해명하는 것인 셈이다. 르페브르는 리듬분석에서 인간 신체와 물리적 현실이 시간성과 상호작용하는 양상에 주목하기 때문에 이들을 총체성의 관점에서 본다. 여기서 총체성이란 각자 다양한 리듬으로 구성된 특정한 신체와 실체들은 상호적인 요소들로 구성되는 더 복잡한 총체로 지속적으로 합체하고

---

14 *Ibid.*, pp. 29 · 92.
15 마이크 크랭은 르페브르가 말하는 공간의 시간화에 반대하면서, 인간은 시공간을 통해서 움직이는 것이 아니라 그것을 만든다고 반론한다(Mike Crang, "Rhythms of the city-temporalised space and motion", Jon May · Nigel Thrift(eds.), *Timespace*, pp. 187～207).

봉합된 산물이다. 그것은 '메타 안정성을 지닌 평형' 상태로 존재하며 내외적 변화와 재배열로 지속적으로 변화하는 '개방된' 경향의 총체성이다. 그럼에도 불구하고 리듬분석에서 총체성 개념은 자급자족의 '폐쇄성'도 역시 내포하는 것으로 비판의 여지가 있다고 볼 수 있다.

르페브르는 먼저 순환과 직선이라는 두 형식의 시간성이 가지는 차이를 조명하면서 출발하였다. 우리가 흔히 말하는 순환적 리듬이 주로 자연의 주기적 운동이라면, 직선 운동은 동등하거나 규칙적 간격에 거의 근접한 동일 현상이 일정한 순서로 연속되거나 재생산되는 것이다. 전자가 지리와 기후 현상, 생물학적 성장, 죽음과 재탄생의 견본이라면, 후자는 작업장에서의 반복적인 망치질, 컨베이어 벨트 생산 작업, 지하철의 검표작업 같은 수동 노동을 특징짓는다. 그러나 르페브르는 순환적 시간성과 선적 시간성을 날카롭게 구분하지는 않는다. 즉 전근대 사회를 순환성이 주도한 사회로 그리고 근대사회를 선적 역사 진행이 주도하는 사회로 직결시키지 않는다. 순환과 직선은 상호작용 관계이며 쌍방의 척도로 작용할 뿐, 이 둘은 각 사회에서 모두 발견된다. 물론 근대의 도구적 합리성이 자연세계의 리듬과 운행과정보다 더 우세해졌고, 경제적·기술공학적 명령이 사회의 여러 영역을 지배하게 되었기 때문에 직선적 시간관이 상대적으로 근대성에 적합해 보이는 것은 사실이다. 그럼에도 인간신체의 순환과 리듬을 포함한 유기적 순환으로서 일상의 리듬과 습관은, 자본의 팽창과 축적이 일상을 식민화한 근대에도 여전히 사회적 삶의 중심에 위치한다. 이는 르페브르가 일상의 복합적 성격을 늘 염두에 둔 것을 보여준다.[16]

---

16 Henri Lefebvre · Catherine Régulier, "The Rhythmanalytical Project", *Rhythmanalysis. space,*

그렇다면 리듬분석의 일차적 목표는 무엇인가? 모든 사회적 삶의 핵심 양상 특히 노동과정의 단순함과 반복을 강조하는데 있는 것일까? 그런 측면이 없지 않지만 우리는 르페브르가 지향한 다음과 같은 목표에 주목한다. 첫째, 근대자본주의가 신체의 경험을 자가생산적으로 결정하고 신체는 다시 근대성에 '제한과 억압'을 행사하는 근대의 사회적 삶과 신체의 관계를 재형상화하는 점을 밝힌다. 둘째, 신체의 순환적 리듬과 어떤 진부한 일들의 선적 리듬 사이의 비공시성이 초래하는 긴장, 질병, 좌절 그리고 과거 회상과 향수를 초래하는 잠복한 리듬에 주목하여 근대의 시공간성을 밝혀낸다.[17] 여기서 우리는 리듬 분석을 로컬리티 연구에서 전유 가능한 측면이 바로 특정 시공간에서 사회적 삶과 신체의 관계를 재형상화하고 잠복한 일상의 리듬에 주목하는데 있다고 본다. 또한 로컬리티 속의 소외된 일상생활 즉 사물이 되어버린 삶의 리듬을 '작품'으로 만드는 리듬 분석 에 주목하는 것 역시 요청된다고 본다.[18]

여기서 문제는 일상을 광범한 개인, 사회, 문화, 정치 및 경제적 힘들과 분리해서 생각할 수 없다는 것이다. 그럼에도 일상성을 정치경제와 곧바로 직결시키면 지나친 비약이 되기 쉽고, 그렇지 않으면 자칫 진부하고 평범한 진술이 되기 쉽다. 리듬분석 역시 마찬가지이다. 리듬에 관한 르페브르의 관심은 일상생활의 구조와 질서를 이해하려는 노력과 연관되어 있다. 곧 노동, 생산, 소비, 사회화와 같은 주요 활동 영역에서 인간 삶의 구조화와 조직화를 촉진시키는 것이 무엇인지 해명하려는 것이다. 일

time and everyday life, Continuum, 2004, p.76.

17 Henri Lefebvre, *op. cit.*, 1992, pp.30~32.

18 *Ibid.*, p.39.

상은 존재론적 예측 가능성과 안전성을 제공하는 다수의 관습, 습관 및 시간표로 구성된다. 습관적 절차들은 성찰되지 않은 채 수행되고, 일상의 리듬 구조는 개인적일 뿐 아니라 집단적이며, 우리의 공시적 실천에 의존한다. 한편 리듬은 수많은 일상의 평범한 습관의 반복을 통해서 일종의 로컬 정체성 형성에 기여한다. 그것의 순환적 질서는 활동들의 배당 시간표를 조정하거나 조직하여 수많은 타자들과 동시적으로 배역을 연기하는 것을 알게 하면서 직관적 동시화의 감각을 생산하기 때문이다.[19] 그런 리듬은 일상생활에서 친숙한 방식으로 특이한 정취를 만들어내고 점차 공적 삶의 배경을 형성한다.

2) 장소성과 리듬분석

'장소성placeness'은 리듬분석에서 가장 중요한 토대 가운데 하나이다. 친숙한 장소는 규칙적 보행, 운전하기, 장보기 및 다른 친숙한 시공간 경험의 일부로서 다른 일상화된 실천 패턴(매일의 과제, 놀이 등)과 더불어 일상의 배경으로 작용한다. 이들 실천패턴들은 공간에서 행동을 일상화하고 이동 궤적들을 규칙적인 방식으로 분리 및 교차시켜 집단적 시간지리학을 형성한다. 그것은 규칙적 통로와 시공간 교차 지점으로 특징 지워진다. 예컨대 상점, 선술집, 주유소, 식당 등은 개인들의 이동통로가 수렴되는 회합점이고, 사회적 행동들이 통합되고 동시화되는 공동체성과 연속성의 지리학을 제

---

19 Tim Edensor, "Reconsidering national temporalities-Institutional times, everyday routines, serial spaces and synchronicities", *European Journal of Social Theory* 9-4, 2006, pp.525~545.

공한다. 라벨르B. Labelle는, 회합과 상호작용, 휴식과 긴장 완화를 위한 반복적이고도 집단적인 안무를 통한 공간 지도그리기에서 시공간이 서로 얽히면서 리듬이 자리 잡는 것을 본다.[20] 로컬공간에서 반복적 사건들이 축적되는 친숙한 일상에서, 각 개인들은 '신체를 장소와 제휴시키는 고정쇠'를 만든다. 인간은 자신의 신체 안팎에서 리듬에 맞추어 자기조절하며 환경과 엮이는 존재이기 때문이다.

사회와 장소를 확장시켜 이해하려면 그 사회의 물질적 조건 뿐 아니라 에너지의 흐름, 지역의 동식물과 같은 비인간적non-human 요소의 역할, 인간과 비인간적 요소 사이에 뒤얽힌 리듬의 배열에 관심이 필요하다. 흔히 장소의 비인간적 차원은 인간 활동의 수동적 배경으로 간주되어 왔다. 그러나 장소는 부단히 생성되는 것이고, 인간은 시간성 안에서 정지와 이동이 교차하는 궤적으로 끊임없이 공간에 파동을 제공한다. 장소에는 인간 못지않게 개입하여 작용하는 요소들로 충만하다.[21] 통상 순환적인 자연의 리듬 곧 성장과 쇠퇴, 강의 분류奔流, 기후 변화, 동물의 활동 같이 장소에서 일어나는 비인간적 실체와 에너지가 편재하고 있음을 확인하는 것이 필요하다. 무엇보다 수 천, 수 만 년에 걸쳐 변화하는 지형학적 장소와 공간은 불규칙한 리듬으로 인류에게 깊은 충격을 준다. 마치 말馬과 기수가 독자적 생성이 불가능한 리듬을 만들듯이[22] 인간은 장소와 얽혀 독자적 생성이 불가능한 리듬을 만들어 낸다.

---

20 Brandon Labelle, "Pump up the Bass! Rhythm, Cars, and Auditory Scaffolding", *The Senses and Society* Vol. 2, Issue 3, 2008, p.189.

21 Henri Lefebvre, *op. cit.*, 1992, p.33.

22 Rhys Evans · Alexandra Franklin, "Equine Beats—unique rhythms(and floating harmony) of horses and riders", Edensor(ed.), *Geographies of Rhythms*, Ashgate, 2010, p.183.

리듬은 최소한 이중적이다. 왜냐하면 유동성과 역동성, 파열과 파괴의 잠재력을 가지는 한편 시간에 따라 장소와 풍경에 지속성을 부여하기 때문이다. 생활과 장소의 지속적 생성과는 무관하게 규칙적인 일상과 느린 변화 과정의 리듬은 인간의 상대적으로 짧은 일생에 어떤 안정성의 감각을 제공한다. 그러나 현재 우리는 급속한 세계화로 말미암아 인간, 생필품, 정보, 관념, 기술과 금융 등의 분리적 흐름으로 구성된 무한히 복잡한 장소와 공간의 관계망 가운데 서있다. 예컨대 도시는 중단 없이 그들의 연계관계를 형성하고 상호 관련된 복잡한 꼬임과 흐름으로 (재)구성된다.

다수의 관계망을 가진 자본, 사람, 대상, 기호, 정보의 이동성이 특수한 그러나 항상 변화하는 복잡한 이종적인 사회적 연관관계, 물질성, 이동성, 상상력과 사회적 효과의 복잡한 혼합을 산출하도록 결합한다.[23]

장소가 보유한 이 같은 존재론적 혼합은, 토지의 바깥 혹은 밑바닥에 끝없이 밀려드는 재화·사람·자본의 연속적 흐름에 의존한다.[24] 예컨대 수돗물, 전기, 가스, 전화 등의 비가시적인 대규모 주요 흐름이 끊임없이 유지되는 것이 도시의 안전과 안정을 보장해 준다. 리듬분석은 장소들이 항상 긴급한 속성을 가진 것들과 더불어 끊임없이 비등하고 변화하며 생성되는 과정 중에 있는 동시에, 늘 규칙적으로 흘러가는 리듬으로 인해 안정되어 있다고 가정한다. 이를 바탕으로 우리는 리듬이 작용하는 로컬공간에서 국

---

23 Mimi Sheller · John Urry(eds.), *Mobile Technologies of the City*, Routledge, 2006a, p.9.
24 Maria Kaika, *City of Flows-Modernity, Nature, and the City*, Routledge, 2005, p.8.

가 혹은 글로벌 리듬이 장소를 통해 야기하는 파동을 고찰할 수 있다.

도시는 일상의 리듬분석에 가장 적합한 장소이다. 사람들의 반복적이고 규칙적인 왕래, 풍부한 소리와 냄새 등은 도시 생활의 특징이고 그것은 그 장소의 거주민들에게 시간과 위치의 감각을 제공해 준다. 이런 것이 공간과 장소를 통한 일상의 흐름이다. 그러나 염두에 둘 것은 어디서든 삶의 보폭과 리듬은 다르다는 사실이다. 등하교 학생들, 러시아워 통근자, 출근하는 가게 주인들, 저녁의 클럽 출입 군중, 가사노동의 의례적 행위, 실업자의 발걸음, 약물 중독자와 알콜 중독자의 정시 출현, 여행자의 행동 양태 등, 여러 형식의 삶에서 리듬과 보폭은 각양각색이다.[25] 잡화가게의 문 여닫는 시간, 선술집의 문 여닫는 시간, 우편배달의 흐름, 은행 예금과 커피타임, 24시간 편의점, 공공운송수단의 시간표 등은 낮과 밤 · 계절 · 연례적 순환과 결합하여 장소에 시간적 의미를 부여한다.

어떤 측면에서 시공간 속의 리듬을 분석하는 리듬분석가rhythmanalyste는 고객(환자)의 말, 정보, 고백 뿐 아니라, 소음으로 치부하는 무의미한 것과 풍문, 심지어 침묵에 귀 기울이는 정신분석가psychanalyste와 일견 유사하다. 하지만 차이점도 크다. 그는 고객(파트너, 환자)의 말이나 정보, 비밀 이야기와 고백에 주목하지만, 또한 사람들이 흔히 잡음이라고 부르는 것, 의미가 없다고 하는 것들, 의미로 가득 찬 루머와 심지어 침묵에까지 주목해야 한다. 리듬분석가는 우선 자신의 신체에 귀 기울일 것이며 거기에서 리듬을 느끼고, 그 다음에는 외부의 리듬을 느끼게 될 것이다. 인간 신체는 그 자체로 다양하지만 서로 조화를 이루는 리듬 다발로, 외부의 리듬을 감지하는 메트로놈으

---

25 Brandon Labelle, *op. cit.*, p.192.

로 기능한다.[26]

그러나 여기에 반론도 없지 않다. 심슨P. Simpson은 르페브르가 구체화된 경험, 신체에 '내장內臟된 파악하기 힘든 본성', 다른 리듬에 영향을 주고받는 구체적인 능력보다는, 신체에 관한 인식론적 고찰과 사회적 훈련에 초점을 맞추고 있다고 비판한다.[27] 이 지적은 르페브르가 신체화 된 리듬을 조절하여 사회적 리듬에 접근하는 훈련 수단으로 도입한 '조련調練, dressage' 개념에서 기인한다.[28] 지속된 훈련은 자연적인 리듬으로 위장된 제2의 본성이다. 신체 또한 그것에 적합한 장소를 생산하고, 규칙적 박자로 사회적 리듬에 발을 맞추어 작업 활동의 미시리듬을 동조시킨다.[29] 이것은 신체와 신체 바깥에서 순환하는 뒤얽힌 리듬을 감지해 내는 육체적 능력, 장소의 주관적이고 문화적 경험을 조직하는 감각에 주목한다. 조련은 획일주의적 리듬에 따른 수행을 산출하지만 그것에 머물지 않고, 정체성을 생산하거나 개선을 위한 전망을 세우는 잠재력도 가진다.

---

26 Henri Lefebvre, *op. cit.*, 1992, pp.31~32.
27 Paul Simpson, "Chronic everydaylife—rhythmanalysing street performance", *Social and Cultural Geography* 9-7, 2008, pp.807~829.
28 Henri Lefebvre, *op. cit.*, 1992, pp.55~63.
29 Tracy Potts, "Life hacking and everyday rhythm", Edensor(ed.), *Geographies of Rhythm*, Ashgate, 2010, p.40, 이런 입장은 푸코가 『감시와 처벌』(2003)에서 근대인이 훈련된 존재로 만들어지는 과정을 설명한 것과 유사하다.

3. 해운대 쇼핑센터에서의 리듬 반복

1) 쇼핑센터의 리듬

근대 이후 일상공간의 내용과 요소는 항상 변했지만 지배적 리듬은 자본주의의 산물이었다. 가장 대표적인 것은 낮과 밤의 리듬조차 지배대상으로 삼은 것이다. LED로 대표되는 '기술공학적 빛'의 급격한 발전은 '빛의 나라 Luminaria'가 밤과 낮의 구분을 약화시키고 일상의 리듬도 크게 변화시키고 있다. 사실 '빛의 나라'는 자본주의가 빛의 판타지아래 소비의 시공간을 확장한 공간이기에 후기자본주의를 표상하는 소비주의와 밀접하게 연관되어 있다.[30]

우리는 빛의 판타지를 보여주는 대표적인 '빛의 나라'로서 해운대 신세계백화점을 사례로 든다. 수영비행장이 센텀시티로 바뀌면서 새롭고 역동적인 풍경이 창조되었다. 세계 최대 규모 백화점으로 등재된 신세계백화점 그리고 그 옆에 바로 밀착해 있는 롯데백화점은 하나의 거대한 덩어리로서 센텀시티와 해운대 전반의 일상리듬에 큰 영향을 행사한다. 지하철 센텀시티역에서 내리면 지하에서 곧바로 백화점으로 연결되는 인공의 대지, 가상의 공간이 나타난다. 화려한 분수대와 공공 미술 작품으로 장식된 널찍한 이 공간은 그야말로 '멋진 신세계brave new world'로 진입하는 입구임을 과시한다. 신세계백화점은 광고 효과의 심리적 단계를 설명하는 아이드마 법칙AIDMA(주목Attention–흥미Interest–욕구Desire–기억Memory–행동Action formula)에 맞추어 공

---

30 이런 점에서 요즘 LED 조명을 적극적으로 사용되는 곳이 교회 십자가라는 점은 의미심장하다.

간을 철저하게 계산하여 배열했다. 이 법칙은 매장에 들어온 소비자가 상품에 주목하여 관심을 느끼고 욕구를 가진 후 기억을 통해 실질적인 구매 행위를 한다는 소비자 구매 심리를 설명한다. 신세계백화점은 1층부터 8층까지 관통하고 빛이 들어오는 센텀 광장을 중앙에 배치하였는데, 이는 사람들의 동선을 안으로 끌어들이는 역할을 한다. 센텀 광장에 도착했다면 에스컬레이터를 타고 위로 올라가지 않을 수 없고, 에스컬레이터를 타고 올라가면 열린 공간 아래로 펼쳐진 무수한 상품들은 시각을 끝없이 자극하면서 욕망을 부추긴다. 그 공간은 포드주의적 대량 생산품을 포스트 포드주의적 다품종 소량생산품과 혼합 배치시켜 놓고 고객의 소비욕구를 자극한다. 내부의 다양한 시설들은 대단히 자유롭고 개방된 형식으로 배치되어 있다. VIP고객을 맞이하는 피트니스 센터는 고객 카드와 전용 엘리베이터로만 접근할 수 있다. 경계가 있는 것은 아니지만 접근 불가능한 것 같은 이 같은 시설들이 숨어 있는 거대한 백화점 공간의 배치는 차별적이고 고압적인 태도로 손님을 자극하는 것이 느껴진다. 사람들의 구매욕을 건드려 품격 있게 돈을 쓰게 하는, 고도의 전략이 작동하고 있는 것이다.

주말이면 지하와 옥외 주차장에 자동차가 빈 공간이 거의 없이 가득 들어차고 최첨단 주차 관리 시스템과 곳곳에 배치된 주차 요원들은 기계와 결합된 운전자의 움직임을 관리한다. 요컨대 이 신세계의 내부에 들어온 자와 내부로 들어오는 자, 외부로 나가는 자 모두는 거대한 리듬 관리 시스템, 건축 형식부터 상품의 배치와 시설물의 위치로 계획된 관리 시스템의 영향을 받고 있는 것이다. '신세계백화점 센텀시티점'이라는 명칭은 이곳이 서울 신세계백화점 본점의 복제물로서 중심부 서울에 예속되어 있다는 것을 상기시킨다. 그리고 이 사실은 이 건물이 부산, 해운대라는 주변 환경의 리듬과 상관없이 따로 분리되어 그 자체로 하나의 리듬 세계를 형성하고 있는 이유를 알 수 있게 해준다. 여기에서 고객은 비인간적 실체와 상호작용 관계를 맺고 그들이 제공하는 강고함과 운송능력의 영향을 받으며 물질성의 리듬을 일상적으로 체화한다. 인간과 비인간적 실체의 관계는 더 이상 주체와 대상의 관계가 아니라, 주체이자 대상 동일체로 받아들여진다.[31] 창문 없는 쇼핑센터에 들어서는 순간 우리는 어디에 있는지, 몇 시인지를 구분하지 못한다. 쇼핑센터가 위치하고 있는 지리적 특성과 어두움과 밝음의 시간적 특성, 흐림과 맑음의 기후적 특성과 자연의 리듬은 사라진다.

백화점을 비롯한 대형음식점, 24시 편의점, 대형 마켓, 야시장 등의 쇼핑센터는 낮과 밤의 리듬을 동질적인 것, 곧 무無 리듬으로 만들고 또한 인간의 다양한 정체성을 동질적인 소비자라는 정체성으로 만든다. 사람들은 거기서 같은 공간 속에서 같은 행위(소비)를 하고, 같은 상품을 소비하여 마치 공동체의 일부가 되었다는 위안의 감정, 안락한 소속감을 경험하게 된다. 물론 이 경험은 위조된 것이지만 말이다. 정체성, 관계, 역사에 대한 상징적 표현이 없는 비장소들non-places과 의미 없는 빈 공간들을 덧붙인 쇼핑센터는 낮과 밤의 차이, 모든 리듬의 차이를 등질화 하는 동시화 된 장소로 결국 어떠한 의미도 만들어 내지 못한다.

쇼핑센터는 가득 찼으나 동시에 빈 공간이자, 존재하는 장소이나 비장소인 것이다. 이것은 결국 장소, 풍경, 리듬을 동시화 시켜서 변화와 차이의 가능성이 없는 실체로 만들어 버린다. 수많은 사람들이 리듬의 동시화에 참여하여 그것을 평범한 것으로 받아들인다면 어떻게 될까? 너무 친숙해서 실체

---

31 Scott Lash, "Technological forms of life", *Theory, Culture & Society* 18-1, 2001, pp. 105~120.

인식에 실패하고, 그것이 바로 사회의 조직을 형성하는 기본 원리가 된다.[32] 소비자본주의의 상징 공간인 쇼핑센터는 활기로 넘치고 일상에 활력을 부여하는 장소로 보일 수 있다. 하지만 르페브르는 지배적인 리듬의 등질화가 결국에는 소비 공간을 권태의 공간으로 만든다는 사실을 간파하고 '삶의 권태로움 혹은 진부함'이라는 명제를 강조했다.

최첨단 기술공학의 산물인 '빛의 나라'를 구현하는 쇼핑센터는 인간의 욕망을 밤낮으로 들쑤시고 유혹하며 흥분시키는데 이 속에서 권태와 진부함을 보게 되는 것은 역설이 아닐까? 하지만 이를 통해 우리는 동일한 리듬의 반복이 어떤 결과를 가져올지 자문할 수 있다. 인간은 일생을 거치면서 다양한 순간들, 예컨대 육체에 대한 찬사와 육체의 거부, 사랑의 감정의 폭발과 기쁨 그리고 그 후에 찾아오는 절망감, 가벼움에 대한 찬양과 폭력에 대한 끌림 등을 겪으면서 수많은 리듬을 경험한다. 그러나 르페브르에 따르면 자본은 이러한 인간의 (개인적이거나 사회적인) 각양각색의 리듬들을 오직 생산과 파괴라는 이원적인 리듬으로 변화시킨다.[33] 그것은 상품의 생산과 생산된 것을 파괴하거나 '쓰레기'[34]로 만들 뿐이다.

기존 산업자본의 리듬은 일률적으로 반복되는 테일러주의가 특징이고, 노동 영역의 리듬 변화는 가정과 여가 생활의 스타일과 리듬도 변화시켰다. 자본은 항상 새로운 형식의 시간 규제를 채용할 준비를 갖추고, 후기 자본주의는 유연하고 적응력 강한 리듬을 요청한다. 장기 투자와 단기 투자, 혁

---

32 일상을 그런 리듬의 동시화(무 리듬)로 이끄는데 큰 역할을 하는 것이 미디어, 특히 텔레비전인데, 여기서는 논의하지 않기로 한다.
33 Henri Lefebvre, *op. cit.*, 1992, p.76.
34 지그문트 바우만, 정일준 역, 『쓰레기가 되는 삶들』, 새물결, 2008.

신과 쇠퇴는 유동하고 생산 사이클과 양식도 그러하다. 일견 소비자본주의는 포스트 포드주의 다품종 소량생산 방식을 앞세워 소비, 패션 등의 영역에서 변화를 가속화한 것은 분명한 사실이다. 하지만 빨라진 리듬은 또한 모든 것을 신속하게 쓰레기로 만들어 버리는 동시화의 리듬, 가속도의 리듬일 뿐이다. 그것은 사회적 입장의 결여로 말미암아 유발된, 실천적 행동의 가능성이 상실된 현상이 낳은 하나의 진공상태와 유사해졌다. 속도는 빨라졌으나 여전히 권태로운 반복과 다양한 리듬의 상실, 쳇바퀴 같은 삶, 한 마디로 사물이 되어 버린 이 삶을 작품으로 회복시키는 것이 시급하다.

그렇다면 리듬과 권력은 어떤 관계가 있는가? 르페브르는 특정 리듬과 일치하여 규칙적인 행동을 하려는 시도에 권력이 개입하는 양상을 인정한다. 사회에 변화가 발생하려면 집단이나 계급이 자신의 리듬을 사회에 각인시키며 개입해야한다. 지배 집단은 규범적 규칙과 관습을 통해 사회의 각 영역에 자신의 리듬을 각인시킴으로 그 사회의 리듬을 획일적으로 만들고 시공간적 일관성을 부여한다. 권력은 시간, 날짜, 시간표의 이용과 조종법을 알고 있기 때문에, 예컨대 학교 수업시간, 공장 작업시간, 점포개점시간 등에 소위 '좋은 습관'이라고 불리는 규칙적이고 단순화된 리듬을 강제하고, 가능한 '나쁜 습관'이라고 평가받는 불규칙적이고 예측 불가능한 리듬을 제거하고자 한다. 특히 '생산성'과 '비생산성'은 근대 이후 인간 활동에 가장 많이 강요된 가치규범적 리듬이었고, 그것이 인간 활동과 노동의 강도와 형식을 동일하게 만들고 가속화 시켰다. 물론 한 사회에서 규범적 가치로 긍정되는 '적절한' 시간과 리듬은 로컬 시공간에 따라 다르다. 로컬마다 지배적 생산양식과 상이한, 상대적이고 자율적인 리듬이 존재할 수 있기 때문이다. 하지만 쇼핑센터 같은 소비자본주의 공간은 자본축적과 결합한 권력이 리듬에 작용하게 함으로써, 결국 모든 로컬의 리듬이 동시화되고 단일해지는 것이다.

2) 산책자의 심리지리

현재 우리의 많은 공적 · 사적 삶이 소비를 중심으로 전개되고 있고, 쇼핑센터에서 다양한 인문학과 예술 강좌가 제공되는 현상은 그다지 낯설지 않은 풍경이 되었다. 쇼핑센터가 공적영역으로 작용하는 현상은 어디서 비롯하는 것일까? 그것은 아마 공공성과 상업적 요소가 병합되어 시공간을 통제하고, 판매 · 소비의 흐름과 소비의 리듬이 성찰과 활동을 결합하면서 새로운 경험의 시공간으로서 동시화 된 소비의 영토를 형성했기 때문일 것이다. 그런가하면 소비의 공간이 쇼핑센터 공간에 한정되지 않고, 문화와 예술, 축제와 휴일 등과 결합하면서 도시 전체의 리듬을 변화시키기도 한다. 그 결과 자본은 일상의 복합리듬적 풍경을 소비의 리듬이라는, 동형리듬의 풍경으로 바꾸어 놓는데 성공하고 있다. 이는 도시에 편재하는 옥외광고, 미디어광고 등에 따른, 일상생활의 각종 리듬이 상품화 되는 현상과 결합하는 생명정치의 양상을 보이게 된 것이다. 이것은 도시 공간의 신진대사가 변화했음을 나타낸다.[35]

그 결과 삶의 큰 부분이 동질화되는 현상이 가속화 되었다. 자본과 권력이 쉽사리 미치지 못하던 밤의 체계까지도 낮의 체계와 유사하게 동질화되

---

[35] Anne Cronin, "Advertising and the metabolism of the city-urban spaces, commodity rhythms", *Environment and Planning D-Society and Space* 24(4), 2006.

고 가속화되며 포섭되는 것이다. 이는 공적 체계(노동) 뿐 아니라 사적 체계 (가정)의 리듬까지도 포섭되고 있음을 의미한다. 노동에서의 리듬과 동작을 관리하는 테일러주의가 가정의 주방 리듬에까지 적용된 '프랑크푸르트 키친'[36]이 그 한 예이다. 벤야민이 산책자에 주목한 것은, 테일러주의의 노동 과정의 시간–동작 분석 및 통제 혹은 포드주의식 컨베이어벨트 일관작업 방식이 인간에게 기계의 생산 리듬을 강요하고 산책자를 게으름뱅이로 평가한다는 점을 간파했기 때문이다. 도시의 거리는 느린 걸음으로 걸어 다니는 사람들을 위한 것이 아니라 빨리 달려야 하는 자동차를 위한 것이 되었고, 도시는 사람들이 살기 위한 곳이 아니라 상품이 재빠르게 유통되어야 하는 공간이 되었다. 상황주의자들은 상황구축, 우회, 표류 등의 전략을 통해 이렇게 도시 전체가 자본에 의해 동일한 가속 리듬으로 포섭되어 가는데 저항하고자 했다. 또한 상황주의자들은 소비 사회가 만들어 내는 화려한 스펙터클이 단순한 볼거리에 그치는 것이 아니라 자본주의 사회를 점령하는 새로운 통제 양식이라고 규정하면서 이를 파괴하고자 한다. 기 드보르는 자신의 작업을 다음과 같이 설명한다.

> 개개인의 정서와 행동에 미치는 지리적 환경 – 의식적으로 조직되었든 아니든, 건축 환경이든 자연환경이든 – 의 정확한 법칙과 특정한 효과들에 대한 연구이다.[37]

---

36 프랑크푸르트 키친은 실험실이나 공장처럼 디자인되었으며, 효율성, 위생, 일의 흐름 workflow에 관심을 가지는 이론들에 기초해 있다. 특히 테일러주의의 영향을 많이 받았다. 디자인 구상 단계에서 리호츠키M. Schütte–Lihotzky는 시간–동작에 대한 상세한 연구와 함께, 주부 및 여성 단체와의 인터뷰를 시행했다고 한다.

37 Guy Debord, "Introduction à une critique de la géographie urbaine", *Les lèvres nues* 6,

상황주의자들은 개인의 정서와 행동에 영향을 미치는 도시 환경에 대한 연구를 통해, 단조롭고 반복되는 리듬을 가진 기능적 일과 속에 은폐된 혁명적 가능성에 대한 실험의 영역을 발견하고자 하는 '심리지리 psychogéographie'를 강조했다. 심리지리란 일상을 지리학적 형상과 유비하여 반복되는 장기적 리듬의 요소들에서 변화의 전망을 기존의 도시에 세우는 것이다. 심리지리는 그 명칭 자체에서 나타나듯, 주관적인 연구방식과 객관적 연구방식을 결합하려는 시도이다. 그리고 도시 속의 '표류dérive', 곧 '다양한 환경을 일시적으로 지나가는 테크닉'은 바로 이러한 심리지리 연구의 기본 수단이다. 고유한 내재적 리듬을 기억하는 두 발이 사유의 지도를 따르게 하는 것, 이것이 드보르가 강조하는 심리지리의 지향점이다. 상황주의자들은 심리지리적 충동에 따라 도시를 횡단했는데, 서로 다른 환경 속을 옮겨 다니며 체험하는 실험은 도시의 고착된 구획과 리듬을 전복하고 새로운 리듬이 회복된 공간의 지도를 그릴 수 있게 한다. 이것은,

　　단순히 의미 없는 보행이 아닌, 보행자가 특정한 기간 동안 자신들이 우연히 마주치게 되는 거리와 지형에 자신을 맡긴 채, 특정한 지역, 거리, 건물들이 자신의 의식 상태, 생각, 욕구와 공명할 수 있는 길을 인식하는 것이며, 이 과정에서 디자인된 환경에 의해서 발생한 움직임을 넘어서서, 왜 자신이 그러한 보행 혹은 움직임을 하게 되었는지에 대한 원인을 밝혀내는 작업이다.[38]

Bruxelles, 1955.
38 Sadie Plant, *The Most Radical Gesture. The Situationist International in a Postmodern Age*, Routledge, 1992, p.59.

보행의 형식에 따라 장소는 다양한 내용을 담지하게 된다. 예컨대 분더리히[39]는 '목적적 걷기'는 지속적이고 리듬을 가진 빠른 보폭으로 걷고, 담론적 걷기는 다양한 자발적 리듬을 가지며, '개념적 걷기'는 상황주의자와 심리지리학자들이 동원시킨 '비판적 걷기'라고 비교한다. 미셸 드 세르토Michel de Certeau[40]를 상기시키는 걷기에 대한 이러한 접근은, 어떻게 이동의 실천이 장소에 대한 연속적인 부착과 이탈의 흐름인지를 조명하면서, 단순한 공리주의적 걷기, 도시를 재구축하는 걷기 등의 경험적 리듬들을 결합시켜 리듬에 대해 성찰할 계기를 제공한다.

걷기는 도시구조에 대한 자아의 급진적 장소화와 전위, 고정됨과 벗어남, 장소 정치와 문화 형식, 잠재적 지평에 대한 완전한 전망을 폐쇄시키는 것과 개막을 위한 장이 될 것이다.[41]

그 결과 보행자는 스펙터클한 자본 공간이 제공하는 인식에서 벗어나 오히려 도시 공간에 대한 비판적 인식을 개발하고, 그것을 통해서 새로운 도시를 구상할 발판을 마련할 기회를 포착할 수 있게 된다. 상황주의자들의 '표류' 전술은 집단적 게임이나 놀이를 하는 주체가 자신의 창조성을 자유롭게 표현하고, 어떠한 틀에도 고정되지 않는 새로운 삶의 가능성을 탐색하는 것이다. 이 전술은 잠재되어 있어 쉽사리 인식되지 않았던 욕망과 열정이

---

39 Filipa Wunderlich, "Walking and rhythmicity—Sensing Urban Space", *Journal of Urban Design* 13-1, 2008, pp.125~139.

40 Michel de Certeau, *L'invention du quotidien 1*, Gallimard, Folio, 1990.

41 Brandon Labelle, *op. cit.*, p.198.

분출될 수 있는 기회를 제공하는 것을 목표로 삼는다. 이를 통해 상황주의자들은 궁극적으로 상황의 구축이라는 기획을 완성하며, 이 구축된 상황에서 새로운 욕망의 등장을 모색한다.[42] 그리고 이때 새로운 욕망이란 당연히 스펙터클(자본)이 제어하지 못하는 욕망일 것이다. 이 기획은 화려하지만 단일한 리듬으로 가득 찬 도시의 스펙터클 속에 느리지만 권태롭지 않은 리듬으로 변화를 시도하는 것이다. 즉 일상에 잠재하고 있는 복합적이고 유동적이며 모호하고 변화무쌍한 리듬을 살려내는 것이다.

르페브르는 산업자본주의의 리듬은 노동을 강요하고 일상의 영역을 상품화하여 여가와 놀이조차도 진부하게 변질시켜 소외를 발생시킨다고 진단하였다. 하지만 일상은 복잡하고 비밀스런 구조를 가지므로, 상품화가 관철되어 가는 일상에 내재하는 숨은 힘을 성찰할 필요가 있다. 르페브르가 자본주의 일상의 지루한 리듬을 전복하는 계기로서 기대한 것 가운데 대표적인 것이 바로 축제이다. "축제란 일상생활이 정지되는 순간이자, 일상생활에 녹아서 축적되어있던 힘들이 표출되는 시점",[43] 즉 리듬이 급변하고 농축된 변혁의 역량이 표출되는 시점이다. 하지만 르페브르의 기대와 달리 지금의 축제는 소비자본주의 전략에 포섭되어 소비자본주의의 보조 역할로 변해가는 양상을 보인다. 즉 소비자본주의는 놀이와 생산을 교묘하게 통합하여 일상을 지속적인 축제의 형식으로 포섭하고 있다. 소비자본주의 사회적 공간이 24시간 화려한 스펙터클의 공간이 되면서, 그리고 또한 일상은 축제라는 겉모습 아래 무성찰적, 단선적, 권태로운 리듬으로 이루어지고 있

---

42 Guy Debord, "Rapport sur la construction des situations", *Internationale lettriste,* Mille et une Nuits, 1957(1999).

43 Henri Lefebvre, *Critique de la vie quotidienne* I, L'Arche, 1958, pp. 201~202.

는 현실은 르페브르가 모색한 산업자본주의에서의 축제 전망을 넘어서고 있다.

이제 우리에게 필요한 것은 무엇인가? 중요한 것은 리듬분석을 통해서 일상, 곧 사람들이 숨 쉬고 몸짓하고 말하는 동작과 순간의 리듬을 인간을 존중하는 새로운 형식으로 '조율'하는 것이다. 새로운 형식의 조율은 비자발적 노동이 지배하는 일과표에 따른 개인의 식사 시간과 취침 / 기상 시간이 각 개인의 신체 리듬을 고려하지 않았기 때문에 느끼는 피로와 허기의 원천을 직시할 것을 요청한다.[44] 르페브르는 이런 습관적이고 억압적인 리듬으로 작동하는 일상 속에서 '순간과 생성의 양상'을 회복할 것을 촉구한다. 그 방향은 의미를 생산하지 못하는 무한 '반복'과 다른, 새롭고 예견하지 못한 무엇 곧 '차이'가 있어야하는 것이다.[45] '차이'를 가진 '반복'의 생산, 이것은 들뢰즈와 가타리의 후렴retournelle 개념과 유사하다.[46] 이는 영토 안에서, 영토를 가득 채운 탈영토화 운동을 만들어 내는 것으로, 기존의 전통 안에서 차이를 발생시키는 반복이다.

---

44 Henri Lefebvre · Catherine Régulier, "The Rhythmanalytical Project", p.75.
45 Henri Lefebvre, *op. cit.*, 1992, p.14; Paola Jiron, "Repetition and difference-rhythms and mobile place-making in Santiago de Chile", Tim Edensor(ed.), *Geographies of Rhythm*, Ashgate, 1977, p.133.
46 질 들뢰즈 · 펠릭스 가타리, 김재인 역, 『천 개의 고원』, 새물결, 2001.

4. 구포역의 이동성과 리듬

1) 구포역 통근열차

부산행 열차가 정차하는 구포역은 주기적인 안내방송과 시간표에 따른 열차의 출발과 도착을 반복하면서 무궁화, 새마을, KTX 승객들을 태우고 내려놓는다. 본래 포구(하구항)였던 구포는 부산항만, 경부선철도, 지하철, 버스, 공항 노선으로 연결되면서 환승하는 승객이 몰려들고 빠져나가는 교통의 중심지이다. 역 광장에 나서면 택시기사의 호객행위, 광장에서 벌어지는 노름판의 긴장과 언쟁 거기에 노숙자들의 술주정까지 겹쳐지면서, 구포역에서 전개되는 이동성에는 분리된 연쇄리듬과 변화하는 복수리듬이 교차한다. 자동차로인 구포대교는 지하철로인 구포철교와 맞물려 몇 갈래의 교차로를 만들며 김해공항과 연결된다. 한편 낙동강변을 걷거나 달리는 보행자와 자전거이용자는 더 단순한 이동리듬을 가지지만 때로는 운송교통 리듬의 규범을 위반하는 실천도 가능하다. 구포역은 도로, 철로, 교량, 공항에다 강변 산책로까지, 다양한 속도와 리듬을 가진 복잡하고 감각적이며 경험적이고 수행적인 것으로 구성되는 일상의 리듬을 집약적으로 목격할 수 있는 공간이다. 집단 생산된 신체 흐름과 규칙적인 사회활동과 특징적 음향 세계가 독특한 리듬의 로컬리티를 생성하기 때문이다. 그 중심에 더욱 더 가속화되는 이동성의 리듬이 존재한다.[47]

이동성의 '가속화'에는 기본적으로 합리화, 산업화, 도시화, 분화, 개별화,

---

47 Tim Cresswell · Peter Merriman(eds.), *Geographies of Mobilities-Practices, Spaces, Subjects*, Ashgate, 2011, pp.1~18.

기술화가 구조적으로 내재되어 있고, 기술공학의 발달이 사회변동을 심화시키는 현상과도 연관되어 있다. 근대 합리성의 핵심은 효율성과 생산성에 집착하고, 또한 과학기술 발전의 가속화와 관료조직 작동의 가속화에도 집착하여 경제 영역은 물론 모든 영역에 가속화를 강요한다. 가속화된 이동성은 지금까지 흔히 비판의 대상이 되어왔다. 그리고 이 비판은, 자신이 원하는 목표를 최단 시간에 최대한으로 성취하는 것이 일견 시간을 지배하는 것처럼 보이겠지만 결국은 시간에 종속되고 만다는 사실에 집중되어 있었다. 사회학적 인식대상으로서 가속화는, 미시적 관점에서는 사회적 행위자들의 상호작용이 이루어지는 시공간 범위와 형식 등에 영향을 미쳐 상호작용의 결과를 변화시켰다.[48] 현대 문명에서 속도의 역할을 선구적으로 통찰한 폴 비릴리오P. Virilio는 질주학dromologie이라는 개념으로 가속화된 이동성의 문명사를 파괴의 역사로 규정했다.[49] 반면 존 어리는 유보적이긴 하지만 기본적으로 가속화 과정을 새로운 변화의 역사로 보고 있다.

그렇다면 가속화된 이동성은 일상의 리듬을 어떻게 변화시키고 있는가? 비릴리오는 가속화는 욕망이 추구하는 과정에서 발생한 사고, 위험, 재난, 공간에 대한 무차별적 지배, 전쟁, 제국주의 전쟁과 식민지 침탈, 인간지배, 노동통제, 사생활 통제와 감시, 자연파괴와 환경오염 등의 부정적 결과에 무관심하고 욕망의 즉각적인 실현에만 환호하며 이를 위해 박차를 가한다고 비판하였다. 이것은 가속화가 근원적으로 내재하는 합리성에 대한 비판이기도하다. 비릴리오의 '극의 관성inertia of polar' 개념은 속도의 가속화와

---

48 정보이동에서 모바일폰의 사용은 도리어 인간의 이동을 약화시킨 측면이 있다는 평가는 이동성의 내부조건을 좀 더 검토할 필요를 제기한다.
49 Paul Virilio, *Vitesse et politique*, Galilée, 1977.

공간의 축소가 관철되는 현대 사회를 묘사하는 개념으로, 속도가 극에 달하면서 지리적 공간의 현존이 임계점에 들어가는 상황, 즉 점·선·면 부피가 제거된 상황 한 마디로 지리적 공간이 소멸된 상황을 가리킨다.[50] KTX가 서울—부산을 반나절 권으로 만든 데서 보듯 이동성의 (가)속도가 결국에는 로컬공간을 위축시키리란 우려는 바로 이런 관점에서 기인한다. 그러나 비릴리오와 달리 존 어리John Urry는 기본적으로 이동성을 현대의 불가피한 현상으로 받아들인다.[51] 이동성의 가속화는 자유와 역사 진보의 과정이고, 여행은 창조적 활동과 판타지를 자극할 뿐 아니라 공간의 장벽을 제거하여 더 이상 제한되고 한계 지어진 공간이 존재하지 못하도록 만드는 '새로운 이동성의 패러다임'을 형성한다고 평가한다. 이동의 기술공학은 경제 및 사회적 삶의 많은 양상들을 변화시킨다. 이동의 세계에서는 물리적 여행과 의사소통 양식 사이에 광범하고 복잡한 연계관계가 있으며 이들은 새로운 유동성을 생성해 낸다. 이동성의 체계는 전세계적으로 생산, 소비, 여행, 의사소통을 조직하는 강력하고 독립적인 지식기반 체계의 부분집합이다.[52]

팀 크레스웰Tim Cresswell은 여기서 더 나아간다. 이동의 양상은 물리적인 것만이 아니라 사회적이고 문화적인 것을 포함하고(물리적 운동, 표상 방식, 이동성의 구현으로서 실천) 비록 차이는 있지만 권력과 지배관계의 생산을 포함하는 정치적인 것이므로 '이동성의 정치'가 작동하도록 만든다고 설명한다.

---

50 Paul Virilio·Sylvère Lotringer, Trans. M. Polizzotti, *Pure War*, Semiotext(e), 1997, p.74; Virilio, Trans. P. Camillier, *Polar Inertia*, Sage, 2000.

51 John Urry, *Sociology beyond Societies-Mobilities for the twenty-first century*, Routledge, 2000; John Urry·Tim Cresswell, *On the Move-Mobility in the Modern Western World*, Routledge, 2006; John Urry, *Mobilities*, Polity, 2007.

52 John Urry, *Ibid.*, 2007, pp.5·273.

이러한 이동성(걷기, 운전하기 등)의 형식들과 이들 이동성의 양상들(운동, 표상, 및 실천)은 정치적이다―그들은 권력의 생산과 지배관계에 포함된다.[53]

그러나 이동의 가속화는 로컬의 고유한 리듬 혹은 문화적 고유성을 파괴하고 국가 혹은 세계화의 중심부로 인적·물적 요소의 흡입을 더욱 가속화하지 않을까? 이 질문은 로컬공간의 변화 양상과 이동성이 만들어 내는 장소성에 관한 논의를 자극 한다. 사실 이동성의 문제를 두고 로컬공간이나 로컬리티와 연관시켜 이루어진 논의는 거의 없다. 운송수단의 기술공학적 발전과 전지구화의 진행으로 가속화되는 이동성은 주로 공간적 맥락을 확장시킨 탓에 관련 논의도 그와 맞물려 전지구적 차원의 이동이라는 측면이 강조되고 있다. 어리와 크레스웰[54]은 이동성이 높은 장소는 비―장소non-place 혹은 장소 없는placeless 초연한 이탈 영역의 특성을 가진다고 지적했다. 이 경우 이동의 공간은 장소와 연관된 특정 위치location로서만 남게 되고 고유한 일상리듬을 가진 로컬리티가 존재할 가능성도 역시 위축된다. 따라서 로컬공간의 복합 리듬은 단순화되고, 로컬공간은 오직 이동의 출발지 / 도착지라는 역할로만 한정된 장소로 남게 되는 것이 아닐까? 이러한 의문에 해답의 실마리를 어떻게 찾을 것인가?

다시 르페브르의 논의로 돌아가서 생각해보자. 르페브르가 파리 시내에서 창문으로 바라본, 보행자와 자동차의 정지와 출발과 같은 매일 반복되는

---

53 Tim Cresswell, "Towards a politics of mobility", *Environment and Planning D-Society and Space* 28, 2010, p.20.

54 John Urry · Tim Cresswell, *op. cit.*, pp.244~245.

일상적인 순환에서 목격한 이동의 흐름이 순환하는 패턴은 역동적이든 평온하든, 빠르든 느리든 불문하고 장소의 성격을 규정하는데 기여한다. 이것은 다양한 리듬 형식을 가진 이동, 보폭 및 규칙성이 잘 드러나는 정지 지점에서 가장 확실하게 드러난다. 한편에는 교통신호등, 속도제한, 고속도로 표지, 법규, 도로지면구획 등으로, 이동수단의 리듬을 외부로부터 조직하려는 기계적이고 규칙적인 차원이 있는가 하면, 다른 한편에는 유기적이고 내재적인 살아있는 유동적 차원이 작동하며 자율적으로 리듬을 생산해 내고 있다. 공식화된 리듬, 혹은 자본이 강제로 부여하는 규범적 리듬이, 그 장소의 내재적 리듬을 감각적으로 경험하는 주민들에 의해서 빈번히 거부되는 것처럼, 강요된 가속도는 '멜로디-하모니-리듬'[55] 형식으로 구성된 장소성에 의해 거부된다. 각각의 장소는 규범적 리듬과 반규범적 리듬의 총체로서 수행되고 지각될 수 있는 것이다. 그러므로 이동의 가속화는 편차와 차이를 내포하면서 새로운 장소성과 '새로운 장소의 기억'을 만드는 것이 가능할 것이다.

2) 이동성과 이동수단

사실 일상의 행동처럼, 이동의 리듬 체계는 특별한 사건이 아니면 그 성격이 여간해서 명백하게 드러나지 않는다. 이동성의 특징 가운데 하나는 이동수단에 따라서 리듬의 속도와 스타일이 매우 다르다는 것이다. 지금까지

---

[55] Henri Lefebvre, *op. cit.*, 1992, p.22.

이동수단은 이동의 공간규모와 연관시켜 원거리인가 단거리인가가 주로 검토되었으나 이제 그런 구분은 약화된 측면이 있다. 상대적으로 선명한 가속도 이동성보다는 느린 이동에 주목한 발터 벤야민이나 미셸 드 세르토가 보행자의 걷기가 공간을 전유해 가는 과정에 주목하였고, '느림'에 또 다른 역할과 가치를 부여한 것은 잘 알려져 있다. 그러므로 이동성은 질주의 리듬 / 느림의 리듬과 함께 사유할 필요가 있다. 20세기에 테일러주의를 채택한 기업들은 보행하는 노동자들에게 교통사고를 방지하는데 도움이 되는 새로운 리듬을 부과했지만 보행자들은 규칙을 무시하고 자신의 신체 리듬에 따라 길을 가로질러 건넜다. 우리는 이것을 규범적 리듬에 저항하는 몸짓이라고 말 할 수 있을 것이다. 규범적 리듬에 대한 가장 분명한 저항 형식이 바로 공간을 전유하며 경계를 가로질러 '횡단하기'였다. '느림'과 '횡단하기'는 단순히 권태나 게으름의 산물은 아니다. 가속도 속에서도 권태를 느낄 수 있고, 느림 가운데서도 변혁을 모색하는 것이 가능하다. 중심부가 부과하는 규범적 리듬을 벗어나, 로컬이 내장하고 있는 다양한 방식의 리듬을 계발하고 독자적인 리듬을 선언할 필요도 여기에 있다. 리듬분석은 소비자본주의 일상에 감각적이고 미학적인 경험을 보충해 주고, 가속도 공간에서 느림의 공간, 규범적 리듬을 횡단하는 리듬의 공간을 보충하는 방도를 모색하는 것과 무관하지 않다.

자전거 역시 걷기와 비슷한 이동성을 가진 수단이다. 자동차의 가속도로부터 배제당하고 설 자리를 잃어버린 채 일상공간에서 규범적 리듬에 포섭을 강요받는다는 데서 그렇다. 그러나 자전거는 인간 신체가 직접 운동하며 구체적인 장소에서 실제로 보고, 느끼고, 듣고 냄새 맡는 등의 감각적 경험이 가능한 이동도구로서, 일상의 리듬 생성에 직접 참여하는 것이 가능하다. 즉 로컬의 리듬과 특성을 구체적으로 감지하면서 실천을 수행하는 이동도구인 것이다. 이동성이 너무 높은 장소가 비-장소적 속성을 가진다면, 자전거는 '적절한' 이동성으로써 장소의 감각을 복원시키는데 기여한다.[56]

육체적 보행을 비롯하여 자전거, 자동차, 열차, 비행기 같은 이동수단에 따라서 이동통로가 달라지면 일상이 전개되는 장소의 양상과 리듬도 달라진다. 이렇게 보면 일상의 리듬을 변화시키고 심지어 인간주의적 리듬을 깨트리는 가장 중요한 계기로 보이는 가속화된 이동성은 이동수단과 속도, 통로와 리듬 등을 감각하면서 새롭게 생성 될 수 있다. 하지만 그것은 결코 장소를 미리 구상하거나 목표를 설정하면서 진행된다고 할 수는 없다. 그것은 운동, 속도, 흐름으로 말미암아 끊임없는 재구성을 시도한다. 예컨대 현대 기술공학의 급속한 발달로 인해 가능해진 매일 반복하는 장거리 이동노동 형식인 '통근'은 '이동장소 감각'이라 할 만한 것을 만들어 낸다. 그 결과 습관적으로 반복되는 여행의 속도, 보조pace 및 주기성은 철도, 도로의 형태 및 이동도구의 성질들과 연관된 일정한 독자적 '장소감각'을 형성한다.

존 어리와 미미 쉘러는 통근열차는 물론, 자동차 내부가 제공하는 정서적 친숙성조차도 고유한 장소라고 규정한다. 이것은 항공과 고속철도 같은 가속화된 이동성만이 아니라 통근열차 같은 친숙한 이동성과 설비 공간이 제공하는 심리적 감각의 리듬까지도 검토할 것을 요청한 것이다. 그 이유는 여행할 때 이동수단과 여행자 사이에는 복잡한 감각적 연관성이 존재하고, 그것이 제공하는 감각의 지리학은 개인 신체에만 위치하지 않고 특정한 만

---

56 Spinny Justin, "Cycling the city : non-place and the sensory construction of meaning in a mobile practice", in Dave Horton · Paul Rosen · Peter Cox, *Cycling and Society*, Ashgate, 2007, p.29.

화경 같은 풍경과 더불어 친숙한 공간, 이웃, 지역, 국민적 문화와 여가 공간으로까지 확장된다고 보기 때문이다.[57] 예컨대 경산-구포 간의 장거리 통근 과정에서 터널, 신호등, 표지판 같은 친숙한 설비나 시설들의 예견가능한 통과를 경험한다. 또한 친숙한 물질적 설비의 조건에 친숙해지면서 승차자들 사이에 감각의 공유를 통한 사교적인 관계형성이 가능해지면서 '이동 안에서 정주'를 구현하는 '신이동성'이 생겨날 수 있다. 이러한 신이동성은 규제와 자유, 예측가능성과 그것을 벗어날 가능성으로 새로운 형식의 사회적 삶을 구성하고 조정하고 통제하는 특징적인 사회적 공간을 가져올 수 있다는 것이다.[58]

자동차의 정서적 지리학은 개인의 신체의 느낌으로부터 친숙한 배경과 사회적 배경에까지 걸쳐 있는 서로 다른 공간규모에서 발생한다. 자동차와 도로에서 벌어지는 경쟁은 더 폭넓은 물질문화와 삶의 양식, 이동과 거주의 풍경, 권력과 불평등의 정서적 지리학을 포함하는 사회적 실천과 인간관계를 포함한다고 할 수 있다.[59]

이동수단의 내부가 고유한 리듬을 가진 장소로서의 측면을 가지는 것은 사실이다. 메트로놈을 장치한 기계장치로서 자동차가 제공하는 편안한 쿠션과 음악 감상에 편리한 친숙한 환경은 운전자와 여행자들이 생리운동감각에서 안락감을 느끼도록 한다. 이것은 정기통근 열차나 지하철에서 사람들

---

57 Mimi Sheller · John Urry, "The new mobilities paradigm", *Environment and Planning A*, 38, 2006b, p. 216.

58 Tim Edensor, "Commuter-mobility, rhythm and commuting", Cresswell · Merriman(eds.), *op.cit.*, p. 201.

59 Mimi Sheller, "Automotive emotions-feeling the car", *Theory, Culture and Society* 21 (2004), p. 236.

이 동료 여행자들, 시설물, 표지와 더불어서 폐쇄된 공간에서 자신의 사회성, 몽상, 안락함, 독립성을 느낄 기회를 제공받는 것과도 연관된다.[60] 이동공간의 거주성 인식은 인간이 비인간적 설비와 결합한 물질성에 근거한 메트로놈 장치의 인공리듬을 가진 장소성을 자각시킨다. 그런데 이것이 과연 로컬 공간의 속성을 확장시킨다고 볼 수 있을까? 이동수단에서 느끼는 장소감을 공간인식에 포함하는 것은 기계공학이 제공하는 리듬을 운동 내부에 고유한 율동적 리듬과 동등시하는 위험과 오류를 발견한다. 다만 그것이 다른 인접한 장소성과 연관되어 리듬의 관계망을 확장시키고 다중적 복합리듬으로 이해될 경우에만 공간인식이 확장될 가능성이 생겨날 수 있을 것이다.

사실 리듬을 가진 규칙성을 발생시키는 도(철)로 표지와 도(철)로변 시설들의 계열적인 특징적 양상들은 일종의 공간적 소속감을 가지게 한다. 역구 내에 붙여 놓은 삼랑진, 밀양, 청도, 경산 같은 표지가 제공하는 평범한 특징의 일상적 이해는 풍경에서 지속적이지만 변화하는 요소로서, 신뢰성과 더불어 이동하는 거주지의 이정표이며 편안한 집안 같은 느낌을 제공한다. 이것은 마치 쇼핑센터에서 소비자들로 호명된 주체들이 모여서 허구의 소속감을 느끼는 것과 유사하다. 실제로는 어떠한 소통도 이루어지지 않고 어떠한 다양한 리듬도 불가능하고, 리듬들 사이에서 새로운 합의의 도출과 의견의 교환을 위한 충돌이 필요하지 않은, 우리는 모두 같다는 식의 허위의식 말이다. 겉보기에는 그것은 특별한 리듬으로 가득 찬 여행이라는 모습을 가지고 있지만, 실은 전적으로 규범이 부과한 리듬에 종속된 움직임에 불과하

---

60 Paola Jiron, "Place making in the context of urban daily mobility practices", E. Huijbens(ed.), *Sensilable Spaces*, Cambridge Scholar Press, 2007.

다. 신문이나 여행 티켓 구입과 같은 일상적 요소들은 일상의 의례에 사회적 관계를 포용한 것일 뿐이다.

실제로 가속도이건 느린 삶이건 그것은 심리적 양상과 관계되는 동시에 감각의 문제와 연관되어 있다. 다중 리듬을 가진 감각적인 것, 이것이 없다면 아마 세계는 죽은 사물들로 가득 찰 것이다. 자본이 압도적으로 지배하는 사회는 모든 색과 냄새, 소리가 사라져 버린, 모든 감각적인 것이 정지된 무無 리듬의 시공간이 되기 쉽다.[61] 바우만의 용어를 빌려 말하자면, 모든 것을 순식간에 '쓰레기'로 만드는 가속도만의 공간이 되기 쉽다는 말이다. 인간쓰레기, 즉 잉여 인간이 될 것을 두려워하는 우려 속에서, 개인들은 끊임없이 시時테크와 자기 관리, 자기 점검을 통해 뒤처지지 않도록 자기 시간을 균질화 하고, 그러면서 그것이 마치 자기주도적인 삶의 리듬인 것처럼 끊임없이 자기 암시한다. 하지만 여러 가지 시간 관리 테크닉은 일견 인간이 자기 삶의 주인이 되도록 돕는 듯하지만, 실은 자본의 포섭에 머물러 있기 때문에 다양한 고유 리듬을 상실하게 만들 뿐이다.

일상의 리듬에서 '흐름flow' 곧 이동성이 중요해진 것은 기술공학이 인간의 위상을 재편성한 것과 밀접하게 연관되어 있다. 기술공학과 인간의 결합은 일상의 리듬을 새롭게 사유하고, 그것에 내재하는 규칙이 부과하는 경험을 조율하여 친숙하게 받아들이기를 요구한다. 이런 현실을 리듬분석이란 주제로 재검토 하긴 했지만, 리듬분석이 추상적 현실비판으로 부드러운 생존을 약속하는 태도를 보이는 것이라면 그것은 결코 바람직하지 않다. 상황주의자 라울 바네겜Raoul Vaneigem이 지적하듯 사실 이 시대는 더 이상 게르

---

[61] Henri Lefebvre, *op. cit.*, 1992, pp. 28 · 33.

니카, 아우슈비츠, 히로시마, 세티프Setif, 겔마Guelma는 없지만, 부드러운 죽음이 지배하는 세계이기 때문이다. 캐나다 의학자 한스 셀례Hans Selye가 주장한 '일반 스트레스 증후군'이라는 학설은, 특별한 질병의 인자들(세균이나 영양실조)이 사라지자, 이제는 스트레스에 의해 유발되는 질병들 예컨대 긴장, 부조화, 탈진시키는 리듬에 의한 질병으로 죽는 사람의 수가 증가하게 되었음을 보여준다.[62] '메트로metro-불로boulot-도도dodo'[63]로 표현되는 숨 막히는 삶, 열정의 부재와 권태를 해결해야 하는 것이 바로 리듬 연구의 과제이다.

5. 창조적 리듬의 모색

이 연구는 앙리 르페브르의 리듬분석 이론을 출발점으로 삼고 해운대 쇼핑센터와 구포역 현장에서 리듬을 어떻게 분석하고 평가할지 시론 하였다. 그러나 구체적 현실을 장기적이고 미시적으로 조사, 검토, 평가하는 작업은 차후 과제로 남겨두고 우선 이론적 개념화를 통해 이해하는데 관심을 집중하였다. 그러나 추상적인 차원에서 그치는 리듬분석이 되지 않도록, 우리의 신체로 감각적으로 체험된 시공간성 가운데서 사고하고자 시도했다.

쇼핑센터는 화려한 빛의 나라를 배열하면서 소비자본주의의 규범적 리듬을 고객에게 부과한다. 거기서 고객은 일단은 놀람으로 위축되고 통찰력을

---

62 라울 바네겜, 주형일 역,『일상생활의 혁명』, 시울, 2006, 38 · 42쪽.
63 직역하면 지하철(아침)-일(낮)-잠(밤), 파리지앵들의 단조롭게 반복되는 일상을 표현하는 표현.

상실하고 수동적 소비의 리듬으로 만족하는 듯해 보지만 한편 거기서 예민한 자의식의 순간을 경험하는 것으로 보인다. 비록 그것이 의식적 사고를 표현하기에는 어렵지만, 일상의 리듬은 상품화에 압도되는 한편 전유의 가능성을 모색한다. 그런가하면 기술공학의 발달로 가속화되는 속도는 로컬공간을 위축시키고, 이동의 도구조차도 하나의 친숙한 장소성을 가진 존재로 만들어가고 있다. 쇼핑센터와 기차역에서 바라본 일상의 리듬은 소비자본과 기술공학의 끊임없는 포섭과 재편성의 대상일 뿐이다. 여기서 과연 삶의 새로운 가능성을 위한 잠재력을 끌어낼 수 있는지는 실제로는 불확실하다.

그러면서도 우리는 새로운 가능성을 기대한다. 그것은 일상은 개방되어 있고 지속적으로 변화하고 창조하는 경험과 이해와 감각의 형식이 맞물려 있기 때문이다. 일상은 소외되어 있지만 또한 변혁의 물적 조건이라는 사실과, 일상의 이중성과 마찬가지로 일상의 리듬 역시 이중성을 가진다는 사실을 염두에 두어야 할 것이다. 즉 자본이 부과한 규범적이고 일률적인 리듬으로 일상의 리듬이 무미건조하게 반복되며 소외되어 있지만, 일상의 리듬은 또한 조화를 이루고 다양한 리듬을 표현할 수 있는 잠재성을 내포하고 있다. 일상의 단조로운 반복, 일상적 일과의 단선적 리듬은, 복잡한 사회적인 순환 리듬과 상호 영향을 주고 서로 결합하여, 때로는 (개인적, 사회적) 신체에 치명적인, 모든 리듬이 동일한 리듬이 되어 버린 무無 리듬을 만들기도 하고, 때로는 서로 진동하고 충돌하며 조화 리듬을 성취하는 양상을 빚어내기도 한다는 사실을 간파하는 것이 필요하다.

일상에서 자본의 메커니즘의 산물인 빛의 나라에서 상실된 자의식과 가속도가 살균해 버린 로컬공간을 회복하려는 새로운 변화를 시도하는 것도 이와 관련 있다. 자본의 리듬에 저항하며 진정한 자유를 향한 욕망의 실험,

감각적이고 심리적이며 미학적인 실험을 요청한 이유도 여기 있다. 규범화된 리듬으로 위축된 사회는 무색, 무취, 무감각에 이를 때까지 인간의 후각, 향기, 느낌을 표백시키고 중화시키려 한다.[64] 그러나 리듬 분석은 단순히 중립적인 안정된 리듬을 유지하려는 작업에 만족하지 않는다. 즉 지속성, 반복과 재생산, 정적의 순간을 인식하면서도 혼돈과 부조화와 붕괴의 순간을 열고자 하는 것이다. 그래서 우리는 "한 사람을 하루에도 수천 번씩 뒤흔드는 창조적 에너지, 충족되지 않은 욕망의 격동, 실재를 통해 찾아지는 몽상, 혼돈스럽지만 매우 분명히 정확한 감각들, 이름 없는 전복들을 담은 생각과 행위들"[65]이 움직이는 일상의 리듬을 분석하고자 하는 것이다. 그리하여, 우리는 쇼핑의 권태와 가속도의 마술이 부과한 생존의 리듬에서는 벗어나서 창조적 다양성을 건져 올릴 새로운 리듬의 가능성을 모색하는 것이다.

---

64 Henri Lefebvre, *op. cit.*, 1992, p.33.
65 라울 바네겜, 앞의 책, 262~263쪽.

참고문헌

들뢰즈, 질·가타리, 펠릭스, 김재인 역, 『천 개의 고원』, 새물결, 2001.

르페브르, 앙리, 양영란 역, 『공간의 생산』, 에코리브르, 2011.

바네겜, 라울, 주형일 역, 『일상생활의 혁명』, 시울, 2006.

바슐라르, 가스통, 곽광수 역, 『공간의 시학』, 동문선, 2003.

바우만, 지그문트, 정일준 역, 『쓰레기가 되는 삶들』, 새물결, 2008.

비릴리오, 폴, 이재원 역, 『속도와 정치』, 그린비, 2004.

푸코, 미셸, 오생근 역, 『감시와 처벌』, 나남출판, 2003.

하비, 데이비드, 구동회 역, 『포스트모더니티의 조건』, 한울, 1997.

Crang, Mike, "Rhythms of the city : temporalised space and motion", May, Jon·Thrift, Nigel(eds.), *Timespace*, Routledge, 2001.

Cresswell, Tim, "Towards a politics of mobility", *Environment and Planning D : Society and Space* 28, 2010.

Cronin, Anne, "Advertising and the metabolism of the city : urban spaces, commodity rhythms", *Environment and Planning D: Society and Space* 24(4), 2006.

Debord, Guy, "Introduction à une critique de la géographie urbaine", *Les lèvres nues* 6, Bruxelles, 1955.

_____, "Rapport sur la construction des situations", *Internationale lettriste*, Mille et une Nuits, 1957(1999).

_____, "Perspectives de modifications conscientes dans la vie quotidienne", *Internationale situationniste* 6, 1961.

Edensor, Tim, "Reconsidering national temporalities: Institutional times, everyday routines, serial spaces and synchronicities", *European Journal of Social Theory* 9-4, 2006.

Evans, Rhys·Franklin, Alexandra, "Equine Beats: unique rhythms(and floating harmony) of horses and riders", Edensor, Tim(ed.), *Geographies of Rhythms*, Ashgate, 2010.

Hope, Wayne, "Conflicting temporalities : state, nation, economy and democracy under global capitalism", *Time and Society* 18-1, 2009.

Jiron, Paola, "Repetition and difference : rhythms and mobile place-making in Santiago de Chile", Edensor, Tim(ed.), *Geographies of Rhythm*, Ashgate, 1977.

_____, "Place making in the context of urban daily mobility practices", Huijbens, Edward(ed.), *Sensi / able Spaces*, Cambridge Scholar Press, 2007.

Labelle, Brandon, "Pump up the Bass! Rhythm, Cars, and Auditory Scaffolding", *The Senses and Society* Vol. 2, Issue 3, 2008.

Lash, Scott, "Technological forms of life", *Theory, Culture & Society* 18-1, 2001.

Lefebvre, Henri · Régulier, Catherine, "The Rhythmanalytical Project", *Rhythmanalysis. space, time and everyday life*, Continuum, 2004.

May, Jon · Thrift, Nigel, "Introduction", May, Jon · Thrift, Nigel(eds.), *Timespace : Geographies of Temporality*, Routledge, 2001.

Mels, Tom, "Lineages of a Geography of Rhythms", Mels, Tom(ed.), *Reanimating Places : A Geography of Rhythms*, Ashgate, 2004.

Potts, Tracy, "Life hacking and everyday rhythm", Edensor, Tim(ed.), *Geographies of Rhythm*, Ashgate, 2010.

Sheller, Mimi, "Automotive emotions : feeling the car", *Theory, Culture and Society* 21, 2004.

_____ · Urry, John, "The new mobilities paradigm", *Environment and Planning A*, 38, 2006b.

Simpson, Paul, "Chronic everydaylife : rhythmanalysing street performance", *Social and Cultural Geography* 9-7, 2008.

Spinny, Justin, "Cycling the city: non-place and the sensory construction of meaning in a mobile practice", in Horton, Dave · Rosen, Paul · Cox, Peter, *Cycling and Society*, Ashgate, 2007.

Wunderlich, Filipa, "Walking and rhythmicity: Sensing Urban Space", *Journal of Urban Design* 13-1, 2008.

Bachelard, Gaston, *La dialectique de la durée*, PUF, 1950.

Cresswell, Tim · Merriman, Peter(eds.), *Geographies of Mobilities : Practices, Spaces, Subjects*, Ashgate, 2011.

De Certeau, Michel, *L'invention du quotidien* 1, Folio : Gallimard, 1990.

Elliott, Anthony · Urry, John, *Mobile Lives*, Routledge, 2010.

Kaika, Maria, *City of Flows : Modernity, Nature, and the City*, Routledge, 2005.

Lefebvre, Henri, *Critique de la vie quotidienne* I, L'Arche, 1958.

_____, *Critique de la vie quotidienne* II, L'Arche, 1961.

_____, *Éléments de rythmanalyse : Introduction á la connaissance des rythmes*, Syllepse, 1992.

Michon, Pascal, *Rythmes, pouvoir, mondialisation*, PUF, 2005.

Plant, Sadie, *The Most Radical Gesture. The Situationist International in a Postmodern Age*, Routledge, 1992.

Sauvanet, Pierre, *Le Rhythme et la Raison*, Kimé, 2000.

Sheller, Mimi · Urry, John(eds.), *Mobile Technologies of the City*, Routledge, 2006a.

Thrift, Nigel, *Non-representational Theory : Sapce, Politics, Affect,* Routledge, 2007.

Urry, John, *Sociology beyond Societies-Mobilities for the twenty-first century*, Routledge, 2000.

_____, *Mobilities*, Polity, 2007.

_____ · Cresswell, Tim, *On the Move-Mobility in the Modern Western World*, Routledge, 2006.

Virilio, Paul, Trans. Camillier, P., *Polar Inertia*, Sage, 2000.

_____, · Lotringer, Sylvère, Trans. Polizzotti, M., *Pure War*, Semiotext(e), 1997.

2부

로컬의 변형과
정체성의 굴절

로컬리티의 타자화와 로컬공동체*

하용삼

1. 세계화시대의 로컬리티

근대의 국민국가Nation-State는 서구의 근대적 주체를 자기 동일시하여 전체성과 동일성의 논리위에서 끊임없이 로컬리티Locality를 주변화Marginalisierung・타자화Otherization하고, 그리고 중심에 포섭시키려하였다.[1] 그러나 로컬리티는 다양한 인간의 삶이 이루어지는 구체적 장소이고, 동시에 내외부의 힘과 만나는 혼종의 공간이다. 이러한 로컬리티에서 일어나는 다양한 현상은 매우 복합적이고 다층적이지만 근대의 기획은 주체와 타자의 이분법적 구별

---

* 이 글은 『대동철학』 제56집(2011)에 수록된 논문 「로컬리티의 타자화와 로컬공동체」를 본 단행본의 취지에 맞추어 수정한 것이다.
1 필자는 로컬리티Locality이라는 용어를 맥락에 따라서 사회・정치・경제・문화를 함축하는 수직적・수평적 의미로서 지방(성)과 지역(성)으로 사용한다.

에 의하여 인간, 제도, 공간을 배치한다. 이러한 구별에 의해서 로컬리티와 로컬주민들은 공간적 차원에서 뿐만 아니라 인식적 차원에서도 주변화 그리고 타자화되었다.

세계화시대에 국민국가는 초국가적 문제를 해결하기에는 너무 작고, 로컬 문제를 해결하기에는 너무 큰 것이 되었다.[2] 세계화시대에는 국가 단위의 축이 분산되면서 갈등의 단위와 문제의 범위가 국가를 초월하여 문명권으로 확대되기도 하고, 혹은 국가 내부의 단위로 좁혀지기도 한다. 세계화시대로 이행함에 따라 위계적 구도로 고착되었던 로컬리티의 안과 밖의 관계는 세계와 로컬리티, 국가와 로컬리티, 로컬리티와 로컬리티의 관계로 탈중심화되고, 다원화되었다. 따라서 근대와 비교해서 상대적으로 세계화Globalization 시대에 중심과 주체에 의해서 배제된 주변과 타자에 선차성이 부여된다.

세계화시대에서 로컬리티는 중심에 의해서 강요되고 이식된 경계의 틀을 허물고, 다성적이고 다층적인 성격을 갖는 자율적 주체로 될 수 있다. 즉 로컬리티는 세계적인 차원에서 국가와 자본에 대해서 저항하고, 국제기구와 다른 로컬리티와 연대·개방·소통의 가치를 포함하는 공간이 될 수 있다. 이런 의미에서 로컬리티는 중심−주변, 주체−타자의 이원적 대립을 해

---

2 세계화시대에 국가는 근대에서와 같은 지위를 상실했다. "국가의 주권은 국경선을 가로지르는 자본·상품·정보의 유동성, 세계 금융 시장들의 통합, 산업 생산의 초국가적 성격에 의해 위에서부터 침식된다. 동시에 국가의 주권은 국가보다 작은 집단들에서 다시 살아나는 자율과 자치에 대한 열망들에 의해 아래로부터 도전받는다. (…중략…) 세계 경제가 통합되는 경향들과 집단의 정체성들이 파편화되는 경향들에 의해 둘러싸이면서, 민족국가들은 점점 정체성과 자치를 연결할 수 없게 된다. 가장 강력한 국가들조차도 세계 경제의 명령을 피해 달아날 수 없다; 가장 작은 국가들조차도 그들 가운데 살고 있는 다른 집단들을 억압하지 않고 어떤 하나의 인종적 혹은 민족적 혹은 종교적 집단의 자치 단체적 정체성으로 완전하게 표현되기에는 너무나 이질적으로 구성되어 있다."(M. 샌델, 김선욱 외역, 『공동체주의와 공공성』, 철학과 현실사, 2008, 127쪽)

결하기 위한 이론과 실천의 가시적 접점이 된다. 따라서 이 글은 로컬공동체가 자본에 의한 로컬리티의 타자화에 대항하는 유효한 대안인지를 살펴보고자 한다.

2. 로컬리티의 타자화

세계화시대에 사람들은 상대적으로 이동과 거주지 선택에서 보다 많은 자유를 가지고 있지만, 열악한 지역에 사는 사람은 경제·정치적인 이유로 더 나은 지역으로 이동할 수 없다. 경제적인 측면에서 자본가에 비해서 노동자는 자신의 임금으로 자신의 노동력을 재생산하기 급급하기 때문에 고정화되고 긴 수명을 갖는 주택과 같은 "'소비양식'은 양적, 질적으로, 그리고 지리적으로 고정되는 경향이 있다. 소비의 공간적 분화는 상대적으로 도심 내와 도심 간의 사회적·물리적 공간의 영구적 구조화structurations를 수반한다."[3] H. 데 블레이는 "자기가 태어난 나라 바깥에서 살아가는 이들은 2억에 불과하며 세계인구의 3퍼센트에 미치지 못한다고" 말한다. 우리들은 대부분 태어난 곳에서 죽을 것이다. "장소는, 가장 뚜렷하게 출생지로서 또한 대다수의 사람들이 일상을 살아가는 제한된 공간으로서, 여전히 수많은 이들의 운명을 구체화하는 가장 강력한 요소이다."[4] 이런 의미에서 로컬리티

---

3 D. Harvey, *The Urban Experience*, Oxford, Basil : Blackwell, 1989, p.21; D. 하비, 초의수 역, 『도시의 정치경제학』, 한울, 1996, 42쪽.
4 H. De Blij, *The Power of Place*, New York : Oxford University Press, 2009, p.136; H. 데 블레이, 황근하 역, 『공간의 힘』, 천지인, 2009, 214쪽.

는 대다수 사람들의 삶의 현장이다. 그러나 어떻게 사람들이 삶의 현장으로서 로컬리티에서 타자로 되는지를 이해하기 위해서 우리는 사람들과 로컬리티와 관계에서 공간의 변화를 세 단계로 살펴볼 수 있다.

(첫째로) '전통적인 사회들의 공간성은 인간 육체의 비매개적인 능력들을 둘러싸고 조직화된다.' 행위의 전통적인 통찰력은 흔히 암시를 위한 유기적 은유에 의존한다. 갈등은 턱과 턱이 마주쳐야 생긴다. 전투는 손과 손이 마주쳐야 이루어진다. (…중략…) 연대는 어깨동무를 하는 것이다. 공동체Community는 서로 얼굴을 맞대는 것이다. 우정은 팔짱을 끼는 것이다. 그리고 변화는 단계적이다. (둘째로) 공간은 '과정화 / 중심화 / 조직화 / 규범화'되어 왔으며, 무엇보다도 인간 육체의 자연적인 제약으로부터 해방되었다. 따라서 '조직화된 공간'에 대한 문제는 기술의 능력, 기술의 활동속도 그리고 기술사용에 따르는 비용의 문제였다. '기술에 의해 계획된 공간은 근본적으로 상이하다. 그것은 (…중략…) 가공된 것이며, (…중략…) 인위적인 것이며, 뇌에 의해 매개되는 것이 아니라 하드웨어에 의해 매개되는 것이며, 공동체화되는communialized 것이 아니라 합리화되는rationalized 것이며, 로컬적인 것이 아니라 국가적인 것이다.' 건조된 근대 공간은 매우 강인하고 단단하고 영구적이며 결코 타협할 수 없는 것이다. 콘크리트와 철은 이 공간의 살이며, 철도망과 고속도로는 이 공간의 혈관이다. (…중략…) 사회질서를 책임지고 있는 그들과 동시대의 인물들에게 질서 있는 사회에서 핵심적인 부분은 공간의 조직화였다. (…중략…) 영토적 / 도시생활적 / 건축적인 것 위에서 세 번째로 가공된 공간, 인간 세계의 공간을 인공 조절하는 것은 지구적인 정보망의 발전과 함께 나타났다. 비릴리오

에 따르면, 이 공간의 요소는 '공간적 요소가 결여된, 단일한 시간성 속에서 즉각적인 확산으로 나타나는 것으로 각인된다.' (…중략…) 컴퓨터 터미널과 비디오 모니터 간의 인터페이스 앞에서 여기와 저기의 구분은 이제 아무런 의미를 갖지 못하게 된다.[5]

역사적으로 바우만은 전통적인 공간, 근대 공간 그리고 세계화 공간을 전개시킨다. 전통적인 공간은 로컬공동체이고, 근대 공간과 세계화 공간은 국가와 자본에 의해서 구성된 추상적 공간이다.[6] 전통적인 의미에서 로컬공동체는 정치적이기 보다 외부와 관계에서 구별된다. 외부와 로컬공동체는 '멀고 가까움', '불확실성과 확실성' 그리고 '망설임과 확신'으로 구별된다. 각 로컬공동체마다 측정 기준이 로컬주민의 신체와 생산물에 의해서 형성된 지역적 관행에 의존하는 한, 로컬공동체는 외부의 시선에 투명하게 드러나지 않는다. 로컬공간이 외부(특히 국가와 세계)의 준거와 척도에 의해서 투명하게 되고, 독해되어지면, 로컬공간은 외부에 의해서 타자화, 지배, 포섭, 배제된다.[7] 이런 맥락에서 세계화는 기술적으로 시공간 거리를 폐기시키지만, 시공간 거리의 폐기가 모든 사람들의 삶의 조건을 고양시키는 것이 아니라, 오히려 양극화한다. 상위계층은 로컬리티의 영토적 제약에서 해방되

---

5 Z. Bauman, *Globalization-The Human Consequences*, Cambridge : Polity, 2009(1998), pp.16~17; Z. 바우만, 김동택 역, 『지구화, 야누스의 두 얼굴』, 한길사, 2003, 58~60쪽.
6 바우만이 구별한 공간을 식민성과 관련해서 다음과 같이 말할 수 있다. 전통적 공간은 아래로부터의 로컬화, 근대 공간과 세계화 공간은 위로부터의 로컬화라고 말할 수 있다. 위로부터의 로컬화는 식민지 모국에 의해서 '이식 로컬리티'로 귀결되고, 아래로부터의 로컬화는 자치적으로 이루어지는 '생성 로컬리티'로 달리 표현할 수 있다. 배윤기, 「의식의 공간으로서 로컬과 로컬리티의 정치」, 『로컬리티 인문학』 3, 부산대 한국민족문화연구소, 2010, 113쪽.
7 Z. Bauman, 앞의 책, 2009(1998) pp.13~14 · 54~55쪽, pp. 29~31 · 80~82쪽.

고, 로컬리티에서 탈영토화된다. 이와 반대로 하위계층은 기술에 의해서 추상화된 공간으로서 로컬리티에 정체성과 공동체적 의미를 부여하기 어렵게 된다. 다시 말해 시공간 거리의 폐기를 통해서 거리의 분리에 의해서 구체적인 로컬리티들은 추상적인 공간이 된다. 상위계층은 이 추상화된 공간에서 자신들을 위한 새로운 의미를 부여한다. 권력과 자본의 탈영토화 deterritorialization는 영토territory의 더욱 확고한 구조화로 나아간다. 반면에 하위계층은 추상화된 공간에서 자신의 의미를 박탈당하고, 이 공간에 더 이상 의미를 부여할 수 없게 되고, 상위계층에 의해서 주어진 의미를 강요받는다.

현상학적으로 후설은 근대 공간을 "기하학적 그리고 자연과학적 수학화"에 의해서 만들어진 인공적 공간이라고 말하고, 그는 근대 공간이 모든 공간의 기초로서 "생활세계"를 은폐했다고 한다. 후설에 의하면 갈릴레이는 "기하학적 그리고 자연과학적 수학화"로서 "이념의 옷"에 의해서 "가능한 경험들의 개방된 무한성에서 생활세계 — 구체적 세계에서 살아가는 가운데 우리에게 항상 현실적인 것으로 주어지는 세계"를 은폐하고, "수학과 수학적 자연과학이라는 이념의 옷"으로 "생활세계"를 대체한다. "이념의 옷은 **하나의 방법**에 지나지 않는 것을 **참된 존재**로 간주하게 만든다." 근대인은 자연과학의 합리성과 효율성에 의해서 물질적 번영을 성취하고, 이와 더불어 자연과학적 합리성과 효율성의 편견을 가지고, 사실을 재단하게 되었다. 마찬가지로 근대인은 구체적 공간과 장소를 추상화함으로써 국가와 자본의 합리성에 의해서 로컬리티를 포섭 · 배제한다. 근대인은 이러한 관점에서 로컬리티를 자연과학적 합리성과 정치적 · 경제적 효율성이란 기준에서 부정적 · 주변적으로 평가한다. 그러나 후설은 "이러한 세계(생활세계)에 배치되어 있는 모든 물체적 형태와 더불어 시공간적 형식은 실제로 경험하는 직관의 세계인 이 세계에 속하고 바로 이 세계 속에서 우리들 자신은 우리의 신체적leiblich 인격적 존재방식에 따라 살고 있다"고 한다.[8]

(후설에 따르면) 학문적으로 참된 세계 즉 객관적 세계는 원리적으로는 결코 지각될 수 없는 것 즉 원리적으로는 그것의 고유한 자기존재에서 경험할 수 없는 이론적-논리적 구축물인 반면, 생활세계에서 주관적인 것은 실제로 경험할 수 있다는 점을 통해 모든 점에서 각각 구별된다.[9]

20세기 초에 실증주의를 비판하면서 후설은 합리성과 효율성을 대표하는 수학과 수학적 자연과학은 사실을 파악하는 단지 하나의 방법일 뿐이라고 했다. 후설은 생활세계와 다른 세계들(가치세계, 재화세계, 실천적 세계, 객관적 세계)과 차이를 명확히 한다. "세계(생활세계)는 언제나 나에 대해 '현존하고', 나 자신은 세계의 구성원이다. 더구나 이 세계는 나에 대해 단순히 사

---

[8] E. Husserl, *Die Krisis der Europäischen Wissenschaften und die transzendentale Phänomenologie. Eine Einleitung in die phänomenologische Philosophie 2, Auflage*, Den Haag : Martinus Nijhoff 1962, S.50~52; E. 후설, 이종훈 역, 『유럽학문의 위기와 선험적 현상학』, 한길사, 2003(1997), 124~126쪽; 서도식, 「공간의 현상학」, 『철학논총』 제 54집, 새한철학회, 2008 참조.

[9] *Ibid.*, S.130·229쪽. 근대적 지도제작은 '수학과 수학적 자연과학'이 단지 '이념의 옷'이라는 것을 역사적인 관점에서 보여준다. 혼란스럽고 당황하게 만드는 전근대적인 지도의 다양성은 보편적으로 공유되는 세계의 이미지라기보다는 이미지들의 엄격한 위계로 대체될 것이다. 따라서 최고의 지각이 획득될 수 있는 특권화된 지점이 반드시 존재하고 또 존재해야만 한다. 이제 '최고'라는 것이 '객관적'이라는 것을 의미한다는 것은 쉽게 인식될 수 있다. 그것은 또 비인격적 또는 초인격적이라는 것을 의미한다. '최고'는 그 자체로 풍토병적인 상대성을 극복하고 더 초월적일 수 있고rising above 또 기적을 만들어낼 수 있는 독특한 준거점이 된다. 이론적으로 '객관적 것'의 의미는 무엇보다 '우월하다'는 것을 의미하는 데, 그것의 실질적인 우월성은 근대 권력이 획득하려는 이상적인 국가의 모습으로 남아 있다. 그리고 일단 획득되면 그것은 그 권력의 주요한 원천들 가운데 하나가 된다.(Z. Bauman, 앞의 책, pp.32~33 · 85쪽)

실세계Sachenwelt로서 거기에 있는 것이 아니라, 이러한 직접성에서 **가치세계, 재화세계, 실천적 세계**로서 거기에 있다."¹⁰ 물론 가치세계, 재화세계, 실천적 세계는 사실세계에 ~~구성적~~konstitutiv으로 속한다.

하이데거는 인간의 거주를 위한 건축물들이 장소들의 공간을 만든다고 한다. 그는 공간의 옛 의미를 통해서 "공간Raum, Rum이란 취락과 숙박을 위해 비워진 자리"라고 말한다.¹¹

공간들Räume은 인간의 거주함 속으로 들어오게 됨으로써 스스로 연다. (…중략…) 장소들에 대한 인간의 연관 그리고 장소들을 통한 인간과 공간들과의 연관은 거주함에 바탕을 두고 있다. 인간과 공간의 관계는 본질적으로 사유된 거주함 이외에 다른 어떤 것이 아니다. (…중략…) 건축함은 장소들로서의 사물들을 산출하기 때문에, 공간들의 본질에 더욱 가까우며 또한 그 어떤 기하학이나 수학보다도 '저' 공간의 본질 유래에 더욱 가깝다. 건축함은 장소를 건립하며, 장소들은 사방에게 터전을 마련해준다einräumen.¹²

하이데거는 공간은 장소에 의해서 구성된다고 한다. 즉 생활세계에 인간이 거주함으로써 구성된 공간이 기하학적 공간으로 추상화된다. 또한 바우만에 의하면 "역사를 통해 인간은 세계를 자신의 신체에 의거하여 측정해왔

---

10 E. Husserl, *Ideen zu einer reinen Phänomenologie und phänomenologischen Philosophie. Erstes Buch-Allgemeine Einführung in die reine Phänomenologie. 1, Halbband, Text der 1-3, Auflage*, Den Haag, Martinus Nijhoff, 1976, S.58; E. 후설, 이종훈 역, 『순수현상학과 현상학적 철학의 이념들』 1, 한길사, 2009, 115~116쪽,

11 M. Heidegger, *Vorträge und Aufsätze*, Pfullingen : Verlag Günther Neske, 1978(1954), S. 148; M. 하이데거, 이기상·신상희·박찬국 역, 『강연과 논문』, 이학사, 2008, 198쪽.

12 M. Heidegger, 앞의 책, 1978(1954), S. 151~153·202~204쪽.

다."[13] 이후 근대의 사상가들과 실천가들은 비인간적 · 자연과학적(국가적, 초공동체적, 초로컬적) 척도에 의해서 로컬공간과 도시공간을 논리적 치하고, 투명하게 통제한다. 다시 말해 근대적 공간은 생활세계를 은폐한 '기하학적 자연과학적 공간'이 되고, 로컬리티와 로컬주민들의 삶은 국가와 자본의 동질적인 척도(동일성)에 의해서 타자화된다.[14]

(로컬 · 도시공간에서) 투명성의 추구는 엄청난 비용을 지불했다. 인위적으로 인식된 환경, 공간의 익명성과 기능적 전문화를 보장하는 계산된 환경에서 도시 거주자들은 해결이 불가능한 정체성 문제에 직면하게 되었다. 얼굴 없는 단조로움과 인위적으로 파악된 공간의 임상적 순수성은 그들에게서 협상을 위한 기회 그리고 문제를 포착하고 해결하기 위해 필요한 방법론을 익힐 기회를 박탈해버렸다.[15]

---

[13] Z. Bauman, 앞의 책, 2009(1998), p. 27 · 78쪽. 바우만은 인간의 신체뿐만 아니라, 인간의 생산물 그리고 인간의 행동도 척도가 된다고 말한다. 각 척도는 발, 손, 팔뚝의 길이, 바구니, 항아리, 그리고 사람이 새벽부터 저녁까지 경작할 수 있는 면적으로 '모르겐Morgen'으로 구분된다.(위의 책, p. 27 · 78쪽.)

[14] 고정 불변하는 영원한 진리의 담지자인 실체를 파악하는 것은 플라톤 이후 모든 서구 철학의 중심 과제였다. 따라서 항상 자기 동일성, 본질, 실체와 같은 개념들이 항상 중요한 개념의 자리를 차지했다. 타자는 이러한 목적 달성을 위해서 극복되고 동일성 안으로 포섭되어야 하는 대상이었다.(김동훈, 「타자」, 김누리 · 노영돈 편, 『현대문화이해의 키워드』, 서울 : 이학사, 2007, 211쪽) 그러나 레비나스에 의하면 타자는 인간 이성과 주체에 의해서 설명될 수 없다고 말한다. "어떤 것에 의해서 제한되지 않을 정도로 아무리 나의 사유의 범위가 크다고 할지라도, 타자는 내 안에 포함될 수 없다. 타자는 사유될 수 없고, 무한하며, 그자체로 인정된다. 이 인정은 타자들로부터 사유로서가 아니라 윤리성으로서 발생한다."(E. Lévinas, Übersetzt von Wolfgang Nikolaus Krewani, *Totaltät und Unendlichkeit. Versuch über die Exteriorität*, Freiburg · München : Karl Alber, 2002, S.336) 이성이나 로고스와 짝을 이루는 '주체'가 모든 것을 자기 안으로 내부화하고자 함에 반해 그렇게 할 수 없는 근본적으로 수동적인 사태, 인식에 들어오지 않고 의지로 장악되지 않는 외부를 사유하고자 한다. 거기에 레비나스는 '타자'라는 이름을 붙인다.(이진경, 『외부, 사유의 정치학』, 그린비출판사, 2009, 75쪽)

근대 공간은 조직화·합리화된 공간이다. 이제 근대 공간에서 인간의 구체적 활동은 공간과 분리된다. 데카르트가 제시한 절대좌표체계는 공간을 선험적 추상물로 간주하고 그 속에 사물들이 위치 시어지는 것으로 인식했다. 이러한 분리는 단순히 인식론적인 것이 아니라 사회의 현실에 근거한다. 현실적으로 경제적 효율성에 근거한 노동 분업의 고도화는 소비자와 생산자를 분리시킨다.[16] 공간과 삶의 분리는 신체적으로 로컬공동체에서 활동하는 주체를 타자로 만든다. 전통적인 의미에서 로컬공동체에서 사람들은 대면적인 활동에 의해서 정보를 공유한다. 그러나 이동기술에 있어서 가장 중요한 역할을 하는 정보소통이 정보물체와 정보운반체로부터 분리됨으로써 상황의 변화는 더 빨리 전달되어진다. 이런 정보소통기술의 발전과 더불어 공동체공간에서 정보와 국가적·세계적 공간에서 정보는 동시적으로 이루어진다. 이런 의미에서 로컬공동체의 구성원들은 국가적·세계적 차원의 다른 사람들과 비교해서 더 이상 자신의 고유한 정체성과 장점(예 : 정보공유, 인간적인 교류, 비시장적인 협조)을 가질 수 없게 된다.

로컬들the locals은 지구 위에서 격리되고 분리되어서, 하늘의 정규적인 텔레비전 방송을 통해 세계들the globals을 만나고 있다. 만남의 메아리는 지구적으로 울려 퍼지고, 그러나 로컬의 벽들에 의해서 반향된 모든 로컬의 소리들을 질식시키고, 그것에 의해서 로컬의 벽들의 감옥 같은 침투불가능한 단단함은 폭로되고 그리고 재 강화된다.[17]

---

15 Z. Bauman, 앞의 책, 2009(1998), p.46·105~106쪽.
16 최병두, 『도시 공간의 미로 속에서』, 한울, 2009, 41쪽.
17 Z. Bauman, 앞의 책, 2009(1998), p.54·118쪽.

상대적으로 로컬 자체의 정보보다 더 빠른 국가적·세계적 정보에 의해서 로컬의 정보는 자신의 고유성을 상실한다. 근접성에 의한 교류의 장점이 사라지면서 로컬공동체는 자신의 정체성과 동질성을 상실한다. 반면에 국가와 세계의 정보는 로컬리티에 일방적으로 강제되고, 로컬정보는 세계와 국가에 전달되지 않는다. 근대와 세계화시대에 로컬리티는 국가·세계의 힘에 의해서 조직되고, 타자화된다.

인식적·문화적·역사적·물리적 공간에서 타자는 주체에 의해서 동질화될 수 없는 타자성을 포함하고 있다. 이렇게 동질화될 수 없는 타자는 주체의 인식적 한계로서 주체에 대한 억압이다. 레비 스트로스는 타인의 타자성 문제를 해결하는 두 가지 전략으로 배제와 포섭을 사용했는데, 우리는 자본에 의한 로컬의 도시화 과정에 배제와 포섭의 전략을 응용할 수 있다. 첫 번째 전략에서 타자는 주체에 의한 증오와 배제의 대상이다. 다시 말해 주체가 타자를 '뱉어내는' 전략이다. 두 번째 전략에서 타자는 착취 내지 무관심의 대상이고, 주체가 타자를 '먹어치우는' 전략이다. '배출하는' 전략의 현대화된 형태는 공간을 분리해서, 타자를 추방하거나 전멸시킨다. '먹어치우는' 전략은 타자의 이질성을 '소비 공간'을 통해서 '비이질화'한다.[18] 이 전략은 타자성을 유예시키거나 무효화하는 것을 목적으로 삼는다. 소비사회에서 배제된 자와 포섭된 자 사이의 벽은 "상품 가격, 이윤 폭, 자본 수출, 과세 수준"이라는 경제적 용어에 의해서 마치 시장에 의해서 세워진 것처럼 보인다. "누구도 도덕적으로 경멸당할 수 있다는 느낌 없이 다른 사람이 가

---

18 Z. Bauman, *Flüchtige Moderne*, aus dem Englischen von R. Kreissl, Suhrkamp, Frankfurt a. M. 2003, S.117~121; Z. 바우만, 이일수 역, 『액체근대』, 강, 2009, 160~165쪽.

난하기를 바랄 수 없다. 그러나 더 낮은 세금은 바랄 수 있다. 누구도 자기 자신을 혐오하지 않고서 아프리카의 기근이 계속되기를 바랄 수 없다. 그러나 상품 가격이 떨어지는 것을 기뻐할 수는 있다."[19] 이러한 방식으로 배제된 자와 포섭된 자 사이의 벽은 비가시적·익명적으로 세워진다.

국가권력의 지지를 받는 자본은 동질화되어있지 않은 로컬리티의 타자성을 공간분리를 통해서 배제하거나, 소비공간을 통해서 비이질화한다. 이러한 로컬리티의 타자성은 세계화시대에 본격적인 문제로 제기되었다. 근대에서 생산은 노동과 자본의 상호의존성으로 결합되고, 집단적이다. 그러나 소비는 철저히 개인적이다. 근대의 국가와 자본은 사람들을 생산의 대열에 통합시키고, 이탈된 사람들에게도 복지국가라는 이념하에서 합류할 기회를 주었다. 그러나 세계화시대의 국가와 자본은 소비할 능력이 없는 사람들을 골라내, 영구적으로 분리시킨다.

국가와 자본에 의한 로컬리티의 포섭에 있어서, 로컬주민이 거주지를 스스로 형성하는 것이 아니라, 로컬주민은 다만 소비능력에 따라서 거주지를 소비할 뿐이다. 경제적 능력에 따라서 사람들은 자신의 거주지를 선택해서 이동한다. 이러한 경우는 도심의 쇠퇴와 교외지역의 급성장에서 일반적으로 나타난다. 남는 사람은 버려진 주거지역에 남게 된다. 더 나아가서 선택된 주거지역도 장기적인 삶의 터전이 되지 못하고 소비되고 그리고 버려진다. 이로 인해 주택이 유행 상품처럼 취급되고, 그리고 대단지 아파트로 구성된 지역은 오래 지속될 수 없는 소비상품으로 전락한다. 바우만은 공동체에 의해

---

19 Z. Bauman, *Freedom*, Open University Press, Milton Keynes 1988, p.93; Z. 바우만, 문성원 역, 『자유』, 이후, 2009(2002), 165쪽.

서 만들어진 유무형의 형성물과 비교해서 소모품이 가지는 장점을 말한다.

　　대체 소모품들이 '진짜배기'에 비해 나은 점이 있다는 것을 인정할 필요
가 있다. 그것들은 끝없는 협상과 불편한 타협 같은 불쾌한 일들에서 우리
를 해방시켜주겠다고 약속한다. 그리고 자기희생, 양보, 타협 같은 성가신
요구를 ― 친밀하고 애정 어린 모든 결속이 조만간 요구하게 되는 ― 없애
겠다고 맹세한다. (…중략…) 요컨대 소모품은 선택이 결코 최종적인 결말
이 아니며 언제라도 철회할 수 있다는 속성, 선택된 대상은 언제라도 버려
질 수 있다는 속성을 체현하고 있다. 그러나 더욱 중요한 사실은 그것들이
우리를 통제자의 자리에 앉히는 것처럼 보인다는 것이다. 쓸모 있는 것과
쓰레기 사이에 선을 긋는 사람은 우리 소비자들이다.[20]

　가족이나 그와 유사한 공동체는 인간의 육체적·정신적 생산물로서 유
무형의 문화를 지속적으로 형성한다. 이 유무형의 문화는 국민성 혹은 로컬
리티(지역성)로 표현된다. 그러나 소비사회에서 인간관계는 상품관계로 변
형된다. 그리고 소비시장의 내포적 확대로 인해서 인간적 감정도 시장에서
상품으로 거래된다. 이러한 소비시장의 확대와 더불어 소모품으로서 주택
과 아파트는 주거지 형성과 거주민들을 위한 희생, 관용, 타협, 소통, 연대와
같은 성가신 요구를 하지 않는다. 따라서 대단지 아파트로 구성되는 도시와
지역들은 자본과 권력이라는 주체와 중심에 의해서 착취 내지 무관심의 대
상이 된다.

20　Z. 바우만, 정일준 역, 『쓰레기가 되는 삶들』., 새물결, 2008, 239쪽.

동질적인 로컬리티에서 불확실한 상황과 인간적인 차이를 허용하는 데 필요한 기술과 성품을 가지는 것은 극도로 어려운 일이다. 그리고 그러한 기술과 성품이 결여된 상황에서 다른 사람이라는 이유 하나만으로도, 기괴하고 상이한, 무엇보다 익숙지 못한, 아직 이해할 준비가 되지 못한, 충분히 이해하지 못하고, 예측할 수 없는 타인을 두려워하게 되는 것은 너무나 쉬운 일이다.[21]

광범한 도시 재개발, 농촌에서 이주, 피난으로 인해서 새로운 주택소비에서 축출된 사람들이 집단적으로 모여 사는 주거지역이 발생한다. 이러한 주거지역은 사회경제적으로 추방되어서 공간적으로 분리된다. 이러한 타자성의 지역은 증오와 배제의 대상이다. 세계화시대에는 "그들이 있는 자리에 '어울리지 않는' 사람들을 골라내, 거기서 쫓아내면서 '그들에게 어울리는 곳'으로 추방하거나 아예 처음부터 근처에도 오지 못하게" 분리시킨다.[22] 즉 중심과 주체는 로컬리티의 타자성을 공간적으로 분리해서 배제한다. 상품과 상품생산자는 소모품으로 사용되고, 그리고 곧장 쓰레기로 버려진다. 이것은 이제 전 세계적인 경향이 되었다. 동일한 맥락에서 버리는 사람들과 버려진 사람들은 버리는·버려진 로컬리티로 공간적으로 분리된다. 국가는 자본의 유동성에 의해서 발생하는 모든 책임을 개인에게 전가시킨다. 소비의 시대에 개인은 국가의 공적인 것조차도 개인의 책임으로 감수해야한다.

---

21 Z. Bauman, 앞의 책, 2009(1998), p.47·107쪽.
22 Z. 바우만, 앞의 책, 2008, 241쪽.

3. 근대와 세계화시대의 로컬리티

로컬리티는 국가와 자본에 의한 포섭과 배제의 형태로서 타자화되어 있다. 인간의 활동·생산물을 통해 형성된 구체적 생활공간으로서 로컬리티는 교통과 통신 기술의 발달로 인해서 생산물·생산활동·소비활동과 생산·소비의 공간이 분리된다. 이러한 분리에 의해 구체적 공간은 추상적 공간이 된다. 사실 구체적 생활공간은 내부자에게만 투명하고, 익숙한 공간이었다. 그러나 추상적 공간은 투명한 공간이 되고, 따라서 국가와 자본에 의해서 통제되고, 가공된다.

주거하다가 주거지로 대체되는 것이다. 주거지는 기능적 추상화로 특징지어진다. 지배 계급은 추상 공간이 형성되어감에 따라 이를 독차지 한다. (…중략…) 지배계급은 추상 공간을 권력의 도구로 사용한다. 그렇다고 해서 생산의 조직, 생산수단, 이윤 등의 다른 사용들을 소홀히 하지는 않는다.[23]

구체적 공간이 추상적 공간으로 됨으로써 인간관계는 상품관계로 변화되고, 상품과 화폐는 물신화된다. 이와 더불어 근대와 세계화시대에 로컬리티는 공동체로서 기능을 상실하게 된다. 로컬리티는 "노동의 상품화; '일상의 시공간 경로의 변형'; 그리고 '창조된 공간', 모던적 세계의 제조된 환경으로 귀착되는 도시토지의 상품화"에 의해서 일상적 실천에 의해서 만들어지는 공동체적 가치를 상실할 수밖에 없다.[24] 경제의 유연화와 공공재의 민영

---

23 H. 르페브르, 양영란 역, 『공간의 생산』, 에코리브르, 2011, 453쪽; 배윤기, 앞의 글, 114~115쪽 참조.

화를 통해서 삶(노동, 의식주 활동, 놀이)과 삶의 총체적 조건(주거환경, 로컬의 인프라, 로컬경관)의 상품화는 일상생활을 철저하게 개인화시킨다. 도시와 도시의 삶이 상품화되고, 주민들의 삶이 개인화되면서, 로컬주민들은 자본에 의한 강제철거와 로컬 내 경계를 통해서 배제되고, 그리고 소비를 통해서 포섭된다. 따라서 로컬리티는 공동체적 가치를 상실한다. 국가권력의 지지를 받는 금융 권력은 슬럼가의 강제철거를 통해서 주민들이 한 세대 내내 거주해온 지역을 탈취함으로써 그들을 사회로부터 배제한다. 엥겔스는 1872년 「주택문제에 관하여」라는 논문에서 부르주아지가 그들의 이익을 위해서 노동자의 주거지를 철거하지만, 동일한 경제적인 필연성으로 인하여 이러한 상황은 반복된다고 말한다.

실제로 부르주아지에게는 주택문제를 자기 식대로 해결한다는 단 하나의 방법, 해결이 늘 똑같은 문제를 끊임없이 새롭게 생산하는 방법을 가진다. 이 방법이 '오스만식'이다. (…중략…) 이것이 비록 공공의 건강 혹은 환경미화에 대한 고려들, 혹은 중심부의 큰 사무실들에 대한 수요들, 혹은 철도건설, 거리들 등등과 같은 교통수요들에 의해서 유발될지언정, 나는 '오스만식'에서 노동자거주지, 특히 우리의 거대도시들의 중심부에 있는 노동자거주지 안으로 난국을 타개하는 것의 일반화된 처리방식을 이해한다. 이유가 아무리 다를지언정 결과는 언제나 똑같다, 이러한 엄청난 성공으로

---

24 A. Giddens, *A Contemporary Critique of Historical Materialism*, London : Macmillan, 1981, p.150 을 M. Savage · A. Warde, *Urban Sociology, Capitalism and Modernity*, London : Macmillan, 1993, p.145; M. 새비지 · A. 와드, 김왕배 · 박세훈 역, 『자본주의 도시와 근대성』, 한울, 1996, 186쪽에서 재인용.

인하여 부르주아지의 으스대는 자기 찬미 아래에서 불쾌한 뒷골목과 샛길들이 사라진다. 그러나 이 뒷골목과 샛길들은 즉시 다른 곳에 그리고 종종 바로 인근에 다시 생긴다. (…중략…) 자본주의적 생산양식이 우리의 노동자들을 밤마다 가두어 넣는 병의 온상들, 아주 누추한 집들은 제거되지 않고, 그것들은 단지 옮겨진다! 처음의 장소에 그것들을 만들어낸 똑같은 경제적 필연성이 그다음 장소에 그것들을 만들어내는 것이다.[25]

자본은 궁극적으로 더 많은 자본을 축적하기 위해서 노동자들을 공장과 주거지 양쪽에서 착취한다. 공장과 시장에서 작동하는 자본운동이 주거지에서 하지 않으리라는 것은 우리의 착각일 것이다. 그래서 엥겔스는 자본에 의해서 발생하는 문제는 개별적으로 해결할 수 없다고 말한다. 이와 같이 자본은 노동뿐만 아니라 삶의 터전으로서 주거지도 자본축적의 수단으로 이용한지 오래되었다. 하비는 이러한 부동산을 통한 자본축적을 '박탈을 통한 축적'이라고 하고, 이것이 자본주의에 의한 도시화 과정이라고 말한다. 도시화 과정은 오랫동안 도시재개발지역에 살았던 저소득의 사람들에게서 가치 있는 부동산을 박탈하는 것이다. 이것은 노동력 재생산 과정의 하나로서 주거지를 착취하면서 자본을 축적하는 방법이다.[26] 이제 자본축적의 방식들은 노동력 재생산을 위한 물질적 것에서 문화적인 것으로 다면적으로 확장되고 있다.

---

25 F. Engels, "Zur Wohnugsfrage", in *Marx Engels Werke 18*, Berlin : Dietz Verlag, 1981, S.260 ~263.

26 D. 하비, 신현욱 역, 「도시에 대한 권리」, F. 제임슨·D. 하비·G. 아라기 외, 『뉴레프트 리뷰』 2, 길, 2009, 343쪽.

이전의 모든 양상에서도 그랬듯이, 가장 최근에 급격히 팽창한 도시화 과정은 그와 더불어 삶의 양식에서 믿을 수 없는 변화를 가져왔다. 소비, 관광, 문화 및 지식 기반 산업들이 도시 정치경제학의 주요 양상이 된 세계에서 도시 자체가 그렇듯이 도시 삶의 품질도 하나의 상품이 되었다. 소비 습관과 문화적 형식 모두에서 시장의 틈새를 노리도록 부추기는 포스트모더니스트적인 취향이 선택의 자유라는 은은한 분위기로 오늘날의 도시 경험을 에워싸고 있다.[27]

금융 권력은 도시를 상품화하고, '상품화된 문화적 다양성'에 의해서 '상대적으로 동질적 자본주의 인간'을 생산한다. 정치체제와 경제체제는 밀접한 상호연관을 가지고 있기 때문에 자본이 만들어내는 지리적 불균등발전으로 인하여 도시와 로컬리티는 "서로 다른 부분들로 쪼개지면서 그 안에 수많은 미소 국가들microstates이 형성"된다.[28] 파편화된 각 지역에 공공 서비스가 차별적으로 제공된다. 가난한 계층이 사는 지역은 정치적·경제적·문화적으로 배제된다.

만남의 장소는 또한 규범이 창조되는 장소이다. 그래서 정의가 실행되고, 평등하게 배분되며, 대화주의자들을 공동체로 다시 끌어들여 공유된 평가의 범주에 의해서 사람들을 모으거나 분리시킬 수 있다. 공적 공간이 제거된 영토는 규범을 토론할 수 있는 기회를 박탈해버리며, 당면한 규범

---

27 위의 책, 338~339쪽.
28 위의 책, 340쪽.

은 무시되고 협상할 기회도 없어진다. (…중략…) 탈영토적 기원들은 지역적으로 묶여있는 삶에 풍자로서; 아마도 돌연변이와 괴물들로서 들어간다. 그 과정에서 위로부터 내려오는 판결은 로컬주민들에게서 손실을 최소화할 수 있는 모든 수단들을 박탈하고 로컬의 윤리적 권력을 몰수한다.[29]

한편으로 경제적 권리, 인권, 시민권은 상호 연결되어있기 때문에, 배제된 지역의 주민들은 시민의 보편적 권리를 토대로 자본과 국가에 대항할 수 있다.[30] 다른 한편으로 로컬공동체는 '차이와 다양성, 애매함과 불확실성이란 조건'에서 습득되는 공동체적 가치와 '자기희생, 양보, 타협 같은 친밀하고 애정 어린 모든 결속'에서 형성되는 "실질적 다양성의 생산"(정서적 · 사회적으로 각인된)을 통해서 형성된다.[31]

최근에 위생학적으로 순수한 공간, 애매성, 놀라움이나 갈등이 없는 곳에서 인간은 번성하기는커녕 제대로 성장하지도 못하고 있다. 차이와 다양성, 애매함과 불확실성이란 조건에서 행동하는 어려운 기술을 완벽하게 습득한 사람들만이 인간적 교류가 그들의 의무란 사실을 받아들일 수 있을 것이다. 도덕적으로 성숙한 사람은 '특별히 무정부적이지 않아도, 살아가

---

29 Z. Bauman, 앞의 책, 2009(1998), pp.25~26 · 73~74쪽.
30 경제적 권리, 인권, 시민권의 연결은 UN 헌장의 일부분으로 1948년에 서명된 세계인권선언에 이미 표현되어 있다. 선언 22조는 다음과 같다. 사회구성원으로서 모든 사람들은 사회 안전에 대한 권리를 가지며, 국가적 노력과 국제적 협력에 의해 그리고 개별 국가의 조직과 자원에 따라서 개인의 존엄성과 개성의 자유로운 발전과 불가분의 관계에 있는 경제적, 사회적, 문화적 권리를 실현시킬 자격을 부여받고 있다.(D. Harvey, *Spaces of Hope*, Edinburgh : Edinburgh University Press, 2000. p.89; D. 하비, 최병두 외역, 『희망의 공간』, 한울, 2009(2001), 133쪽.)
31 D. Harvey, 앞의 책, 2000, p.83 · 125쪽.

면서 불완전함을 느끼고 자기가 모르는 것의 필요성을 알아가면서 성숙해 지는 그러한 사람 즉 '타자성otherness'을 사랑하는 것을 배우는 사람'이다.[32]

로컬공동체에서 사람들은 인격적 · 대면적 관계를 맺고, 공동체적인 삶의 양식으로서 공유된 신념과 가치관을 형성한다. 동시에 로컬공동체에서 사람들은 생산과 소비에서도 인간적인 관계를 인식한다. 로컬공동체에서 인간의 정치 · 경제 · 문화적 생산물은 사회 · 공간적으로 물신화되지 않는다. 즉 로컬공동체에서 사람들은 소외되지 않은 정치 · 경제 · 문화적 관계를 형성한다.

4. 로컬공동체

샌델은 자유주의의 무연고적 개인의 자유를 비판하면서 인류애보다 일상의 삶을 영위하는 로컬공동체와 유대가 더 우선적이고, 또한 거대하고 소원한 힘들에 의해 지배되는 세계에서 공동체적 정체성에 대한 열망이 커질 수밖에 없다고 말한다.

국가들을 초월하여 뻗어가는 민주주의적 정치를 위한 더 그럴듯한 토대는 우리가 거주하는 더 특수한 공동체들the more particular communities 속에서 자양분을 얻어 새롭게 부활하는 시민 생활이다. 세계화 시대의 이웃의 정

---

32 Z. Bauman, 앞의 책, 2009(1998), pp.46~47 · 106~107쪽.

치the politics of neighborhoods는 덜 중요한 것이 아니라 더 중요한 것이다. 사람들은 거대하고 소원한 존재자들에게 얼마나 중요하든 그 기구들이 참여자들의 정체성을 반영하는 정치적 장치들과 연결되지 않는다면, 충성을 맹세하지 않을 것이다.[33]

세계화시대에 개인의 자유는 절대적 개별화로 나타나지만, 이 개별화에 대응하는 국가와 자본은 점점 보편화되어간다. 따라서 원자화된 개인의 자유는 국가와 자본의 보편성에 필연적으로 종속될 것이다.[34] 국가와 자본의 맹목적 종속에 벗어나기 위해서 로컬공동체는 당위적으로 요청된다.

이제 공동체의 몫은 소박한 공동체사회를 꿈꾸는 이들의 손으로 넘어갔다. 새로운 세상을 여는 공동체에 대한 관심은 양극화하는 한국사회에서 또 다른 대안으로, 아니 더 이상의 선택이 없는 대안의 하나로 받아들여지고 있다.[35]

그러나 세계화시대의 정치·경제·사회·기술적인 변화로 인해서 공동체적 요소들이 로컬리티에 단지 파편적으로 남아 있을 뿐이다. 이런 상황에서 하비는 "도시와 우리자신을 만들고 또 다시 고쳐 만들 자유는 우리의 인간적 권리 중에서 가장 소중하지만 가장 소홀히 대접받는"다고 주장한다.

---

33 M. 샌델, 김선욱 외역, 『공동체주의와 공공성』, 철학과현실사, 2008, 128쪽.
34 하용삼·손영삼, 「포스트모더니즘의 역사철학적 이해 1」, 『大同哲學』 제29집, 대동철학회, 2005, 176~182쪽 참조.
35 주강현, 『두레』, 들녘, 2006, 768쪽.

로컬리티와 개인의 변화는 서로 분리될 수 없다고 한다면, 로컬주민들은 자신들의 권리를 위해서 로컬리티를 로컬공동체로 구성해야한다. 이렇게 될 때, 그들의 권리를 위해서 로컬공동체는 강제철거, 로컬리티의 상품화에 집단적으로 저항할 수 있다. 즉 생활공간에서 로컬리티와 개인의 동반적 변화는 로컬리티의 공동체적 가치에 의해서 형성된다.

우리가 어떤 종류의 도시를 원하는가의 문제는 사회적 유대, 자연과의 관계, 삶의 양식, 기술, 미학적 가치 등에서 우리가 어떤 종류의 것을 원하는가의 문제와 분리될 수 없다. 도시에 대한 권리가 도시의 자원에 개별적으로 접근할 수 있는 권리보다 훨씬 큰 이유는 그것이 도시를 변화시키면서 우리 자신을 변화시킬 권리이기 때문이다. 더욱이 이것이 개별적이기보다 오히려 공동의 권리인 까닭은 이 변화가 불가분 도시화 과정의 틀을 다시 마련하는 집단적 힘의 행사에 달려 있기 때문이다.[36]

하비는 집중화된 금융체계와 달리 로컬리티와 도시의 사회저항운동은 세계전역에서 무수히 일어나지만, 집중된 힘을 발휘하지 못한다고 한다. 그는 이 문제에 대해 원칙상으로 "잉여생산과 그 활용에 대한 민주적 통제"를 대응으로 내세운다.[37] 다시 말해 금융 권력이 배제와 포섭의 전략을 통해서 로컬리티와 로컬리티의 삶을 상품화하는 것에 대항해서 로컬리티와 도시는 잉여자본에 대한 민주적 관리를 통해서 로컬리티와 도시의 권리를 행사

---

36 D. 하비, 앞의 글, 2009, 328쪽; D. Harvey, 앞의 책, 2000, p.159·219쪽 참조.
37 D. 하비, 위의 글, 347쪽.

해야한다. 또한 이러한 권리가 공동체의 형성을 위한 기초조건이 된다.[38]

로컬리티는 국가와 자본에 의해서 배제와 포섭의 전략을 통해서 자본의 축적과정으로서 도시화된다. 이것에 대항해서 개인의 권리와 생활공간의 동반적 변화를 위해서 로컬리티는 로컬공동체로 변화되어야한다. 자본에 의한 로컬리티의 타자화에 대항해서 개인은 자신의 권리와 자유를 위해서 로컬공동체에 의존해야한다. 이 견해는 온건한 공동체주의에 해당한다.[39]

여기에서 우리는 로컬리티의 타자성에 대한 대안으로서 공동체의 사회적 의미를 살펴보자. 전통적인 공동체는 역사성, 지리적 근접성, 비자발성을 중층적으로 내포하고 있었다. 이 공동체의 거주민들은 자연스럽게 인격적, 대면적 관계망 속에 있고, 공유된 신념과 가치관, 그리고 공동체적 유대감과 정체성을 가지고 있었다.[40] 그러나 전근대 공동체와 달리 현대 공동체에 관한 논의에서 제기되는 문제점은 공동체 구성원들의 유동성이다. 공동체가 유지되기 위해서는 공동체가 어느 정도 안정되어 있어야 한다. 그러나 공동체의 성원이 되어야 할 우리의 현대적 삶은 매우 유동적이다. 자본주의의 분업체계는 생산의 효율성을 위해 사람들을 노동력 중심의 단위로 끊임없이 이동시키고 있기 때문이다. 농촌의 젊은 노동력은 일자리 찾아 도시의

---

38 하용삼, 「모던 · 포스트모던문화 그리고 로컬문화」, 『大同哲學』 제52집, 대동철학회, 2010, 106~109쪽.

39 M. 샌델은 시민적 덕목의 온건한 버전과 강한 버전으로 나누고 있다. "강한 형태의 공화주의 이념은 시민적 덕목과 정치적 참여를 자유에 내재하는 것으로 본다. 정치적 존재라는 우리의 본성을 생각한다면, 오직 공동선the common good에 대하여 숙고하고 자유 도시나 공화국의 공공 생활에 참여하는 우리의 역량을 발휘하는 한에서만 우리는 자유롭다. 좀 더 온건한 형태의 공화주의 이념은 시민적 덕목과 공무를 자유에 도구적인 것으로 본다. 우리 자신의 목적들을 추구할 자유조차도 우리의 정치 공동체의 자유를 보존함에 의존하고, 이것은 다시 공동선을 우리의 사적 이해 관심들 위에 올려놓으려는 자발성에 의존한다." M. 샌델, 앞의 책, 2008, 102 · 189~190쪽 참조.

40 최협 · 윤수종 · 김명혜, 『공동체론의 전개와 지향』, 선인, 2006(2001), 18~19쪽.

일정지역으로 끊임없이 이동하며, 생산시설은 낮은 임금과 효율성을 찾아 끊임없이 이동한다. 이러한 인구의 유동성은 로컬공동체의 형성을 가로막는 가장 큰 장애요인이다. 단순히 원자화된 건물 블록이 쌓이듯 단체나 집단이 자동적으로 공동체를 구성하는 것은 아니다. 공동의 신념을 공유하고 어느 정도 공동의 이해를 같이 한 집단적 행위에 참여하기 위해서는 규모의 작음은 물론, 성원들 간에 상호 밀접하게 결합되어 있어야 하는데, 그 같은 기회가 제공되고 있지 못하다는 것이다.[41]

다시 말해 산업화에 따라 생산과 소비의 분리로 인해서 전통적 공동체는 더 이상 존재하기 어렵고, 또한 이러한 공동체의 주요한 요소들이 지리적 근접성, 인격적·대면적 관계, 역사성, 공유된 신념과 가치관으로 각기 파편적으로 남아 있다. 이러한 이유로 공동체 정신이 필요한 도시지역은 지리적 근접성에도 불구하고 공동체의 역사성·인격적 관계·유대감이 결여되어서, 공동체로서 역할을 할 수 없고, 오히려 이러한 공동체의 요소들은 각각 지역감정, 연고주의, 집단이기주의라는 부정적인 형태로 표출되고 있다. 이러한 파편화된 공동체의 요소들은 국가권력과 자본에 동조해서 건전한 공동체형성을 방해하고 있다.

1980년 이후 세계화시대에 시장의 힘이 극대화되었고, 소비주의가 만연하며, 모든 것이 개인의 선택에 의해서 결정되는 것처럼 보인다. 그러나 무연고적인·독립된 개인은 자본과 시장이라는 익명적인 힘의 구조들에 의해 지배되는 세계를 이해하고, 통제할 수 없다. 이런 상황에서 자유주의에 대항해서 공동체주의를 지지하는 샌델은 정의의 규정은 옳음이라기보다

---

41 위의 책, 37~38쪽.

특정한 좋은 삶에 우선권이 부여되어야 한다고 말한다. 그는 자유주의자의 무연고적 자아를 비판하면서, 이 가족, 이 도시, 이 나라, 이 민족, 이 공화국의 성원이 된다는 것은 공동체에 대한 충성과 시민적 책무, 도덕적·정치적 연대를 지키는 것이라고 한다. 시민적 책무는 대내적 것이든 대외적인 것이든 자신의 선택 이전에 존재하는 도덕적 연대를 담당해낼 수 있다는 것을 전제한다. 이 책무는 내 정체성과 연결되어 있는 공동체 성원들과 도덕적 연대에서 발생한다.[42]

샌델은 민주적 절차와 선거권과 더불어 민주적 공공 문화의 형성이 필요하며, 이를 위해 시민이 공동 상황에 좀 더 직접적으로 참여해야한다고 말한다. 경쟁하는 가치들 사이에서 독립적으로 선택할 수 있는 자유주의적인 자유(무연고적 자아의 자유)보다 공화주의적인 함께 자치하는 자유가 거대한 정치적·경제적 권력 구조들에 의해 지배되는 세계에서 개인의 자유를 현실화한다. 왜냐하면 시장에서 무연고적 개인의 자유로운 교환이 계약자들의 진정한 동의에 근거한 것 같지만, 시장에서의 거래를 위한 배경 조건이 불공정하기 때문에 교환이 진정한 동의에서 이루어지고 있지 않기 때문이다. 그래서 자유는 자치에 공동으로 참여한다는 것이고, 공동체의 운명을 다스리는 힘을 형성하는 데 참여하는 것이다.[43]

(함께 자치하는 자유는) 공동선the common good에 대해 동료 시민들과 숙고하는 것deliberating을 의미하고 정치 공동체의 운명을 모색하는 데에 기여

---

42 M. 샌델, 앞의 책, 2008, 54~55·115쪽; 김지현·손철성, 「세계시민주의, 공동체주의, 자유주의」, 『시대와 철학』 제20권 2호, 한국철학사상연구회, 2009, 103~111쪽 참조.
43 M. 샌델, 앞의 책, 2008, 186·331쪽.

한다는 것을 의미한다. 하지만 공동선에 대해 토론을 잘하기 위해서는, 각자가 자신의 목표를 잘 선택하고 타인에게도 그런 똑같은 권리를 인정해줄 수 있는 능력 외의 더 많은 것이 필요하다. 이를 위해서는 공공 사안에 대한 지식, 소속감, 사회 전체에 대한 관심, 나와 운명을 같이 하는 공동체와의 도덕적 연결이 필요하다. 따라서 자기 통치를 공유하기 위해서는 시민들이 어떤 특정한 성품 혹은 시민적 덕목civic virtue을 이미 갖고 있거나 아니면 습득해야 한다. 하지만 이 점은 공화주의적 정치가 시민들이 지지하는 가치와 목적들에 대해 중립적일 수 없다는 점을 의미한다. 공화주의적인 자유관은 형성적 정치a formative politics, 즉 자기 통치에 필요한 성품들을 시민들 안에 길러내는 정치를 요구한다.[44]

공동체의 운명을 결정한다는 것은 어떤 정치적·경제적 권력의 구조를 만들어 갈 것인가를 결정하는 것에 공동으로 참여하는 것이다. 그리고 공동체의 운명을 결정하는 것에 참여하는 자유, 공동체에서 함께 자치하는 자유가 시민적 덕목civic virtue으로 되어야한다. 이 덕목은 공동선에 관심을 가지고, 함께 숙고하고, 공동선을 실현하기 위해서 공동체와 동료 시민들과 도덕적 유대를 맺는 것이다. 도덕적 유대를 통해서 사익에 대한 공동선의 우선이 성원들에게 내면화된다. 공동선에 대한 숙고, 공동체에 참여와 자치, 그리고 이것을 위한 시민적 덕목의 과정은 공동체의 역사에 적극적인 참여로 이어지는 연속적인 순환이다. 이 순환이 시간과 공간을 동시에 포함하는 공동체를 형성할 것이다. 이 순환은 지리적인 의미에서 로컬공동체이기보

---

44 위의 책, 38쪽.

다 공동선에 대한 숙고, 공동체에 참여와 자치, 그리고 이것을 위한 시민적 덕목의 과정을 시간과 공간의 단절을 극복하는 것으로 만드는 "일종의 조직화된 기억", 또한 "사람들이 함께 행위하고 말함으로써 발생하는 사람들의 조직체"를 의미한다.[45] 이런 의미에서 이 순환은 참여와 자치로서 로컬공동체와 보편적 인권으로서 지구공동체를 복수의 공동체로서 포함하고, 로컬주민들이 어디에 있든지 간에 로컬공동체의 목적을 위해 함께 살아가는 사람들 사이에 존재할 것이다.

5. 로컬공동체와 지구공동체의 연결

전통적 공간은 육체의 비매개적인 능력에 의해 조직된 구체적 공간으로서 로컬공동체이고, 근대 공간은 자연과학과 기하학에 의해서 합리화된 추상적 공간이고, 세계화시대 공간은 지구적 정보망에 의해 시공간 거리가 폐기된 공간이다. 전통적 로컬공동체는 분리된 시공간 거리에 의해서 외부에는 불투명했지만, 내부에는 익숙한 정치적 · 경제적 · 사회적 · 문화적 규칙 · 관습 · 척도를 가지고 있었다. 그러나 근대의 로컬공동체는 투명한 · 추상적 공간으로 됨으로써 국가와 자본에 의해서 조작 · 가공된다. 로컬공동체는 구체적 활동과 공간의 분리, 생산과 소비의 분리 그리고 근대적 기획으로서 주체와 타자의 이분법적 구별에 의해서 공간적 · 인식적으로 주

---

45 H. Arent, *The Human Condition*, Chicago · London : The University of Chicago Press, 1998(1958), p. 198; H. 아렌트, 이진우 · 태정호 역, 『인간의 조건』, 한길사, 2010(1996), 260~261쪽.

변화·타자화되었다. 세계화시대에 시공간 거리의 폐기로 인해서 상위계층은 탈영토화되고, 근접성에 의한 교류의 장점을 상실한 로컬리티의 하위계층은 소비공간(특히 상품화된 주거지)의 분화로 인해서 자신의 정체성을 부여할 수 없고, 오히려 국가와 자본에 의해서 강요된 정체성을 부여받으면서 주변화·타자화된다.

국가권력의 지지를 받는 자본은 로컬리티의 타자성 문제를 해결하기 위해서 한편으로 슬럼가의 강제철거와 로컬리티 내 그리고 로컬리티 간의 경계를 통해서 배제의 전략, 다른 한편으로 물질적·문화적으로 로컬리티와 로컬리티의 삶의 상품화를 통해서 포섭의 전략으로 자본축적을 실현한다. 자본은 국가의 경계를 넘어서 로컬리티와 로컬리티의 삶을 상품화하고, 동시에 로컬리티는 공동체적 가치를 상실하고, 로컬주민들은 개인화한다.

세계화시대의 초국가적 자본에 대응해서 국민국가는 자본에 의한 로컬리티의 상품화와 로컬주민들의 개인화에 동조함으로써 국가의 정체성과 국민들의 유대감을 약화시켰고, 다른 측면에서 로컬주민들은 국가권력에 대한 불신을 로컬공동체에 대한 자율과 자치의 열망으로 표출하고 있다. 이런 맥락에서 세계화시대에 로컬주민들은 로컬공동체를 통해서 로컬리티의 주변화와 타자화를 극복하려고 시도한다. 국가와 자본에 의한 지리적 불평등발전에 대항하기 위해서 개인들은 인권의 보편적 권리에 의거해서 '집단의 힘'으로서 로컬공동체를 형성해야하고, 또한 로컬리티는 국내의 다른 로컬리티들 그리고 초국가적 차원에서 국외의 로컬리티들과 정치·경제·문화적으로 상호 협력·연대해야한다.

역사성, 지리적 근접성, 비자발성을 중층적으로 내포하는 전통적인 공동체와 달리 산업화 이후의 로컬공동체는 로컬주민들에 의한 공동선에 대한 숙고, 공동체적 활동과 결정에 참여하는 자유 그리고 함께하는 자치의 자유에 의해서 형성되어야한다. 또한 이것이 로컬주민의 덕목이 되어야한다. 공동선에 대한 숙고, 공동체에 참여와 자치, 그리고 이것을 위한 시민적 덕목의 과정은 개인과 (로컬)공동체의 동반적 변화를 위한 역사에 적극적인 참여로 이어지는 연속적인 순환이다. 이 순환은 주민들의 참여와 자치로서 로컬공동체와 보편적 인권으로서 지구공동체를 연결시키고, 그리고 현재와 여기의 공동체와 과거와 저기의 공동체를 이어줄 수 있다. 이런 의미에서 이 순환은 로컬주민들이 어디에 있든지 간에 로컬공동체의 목적을 위해 함께 살아가는 사람들 사이에 존재할 것이다.

참고문헌

김동훈, 「타자」, 김누리·노영돈 편, 『현대문화이해의 키워드』, 이학사, 2007.

김지현·손철성, 「세계시민주의, 공동체주의, 자유주의」, 『시대와 철학』 제20권 2호, 한국철학사상연구회, 2009.

D. 하비, 신현욱 역, 「도시에 대한 권리」, F. 제임슨·D. 하비·G. 아라기 외, 『뉴레프트리뷰』 2, 길, 2009.

배윤기, 「의식의 공간으로서 로컬과 로컬리티의 정치」, 『로컬리티 인문학』 3, 부산대 한국민족문화연구소, 2010.

서도식, 「공간의 현상학」, 『철학논총』 제 54집, 새한철학회, 2008.

하용삼, 「모던·포스트모던문화 그리고 로컬문화」, 『大同哲學』 제52집, 대동철학회, 2010.

_____·손영삼, 「포스트모더니즘의 역사철학적 이해 1」, 『大同哲學』 제29집, 대동철학회, 2005.

니체, F. , 이진우 역, 『반시대적 고찰』 니체전집 2, 책세상, 2005.

데 블레이, H. , 황근하 역, 『공간의 힘』, 천지인, 2009.

르페브르, H. , 양영란 역, 『공간의 생산』, 에코리브르, 2011.

바우만, Z. , 김동택 역, 『지구화, 야누스의 두 얼굴』, 한길사, 2003.

_____, 정일준 역, 『쓰레기가 되는 삶들』, 새물결, 2008.

_____, 문성원 역, 『자유』, 이후, 2009(2002).

_____, 이일수 역, 『액체근대』, 강, 2009.

새비지, M. ·와드, A. , 김왕배·박세훈 역, 『자본주의 도시와 근대성』, 한울, 1996.

샌델, M. , 김선욱 외역, 『공동체주의와 공공성』, 철학과 현실사, 2008.

아렌트, H. , 이진우·태정호 역, 『인간의 조건』, 한길사, 2010(1996).

이진경, 『외부, 사유의 정치학』, 그린비출판사, 2009.

주강현, 『두레』, 들녘, 2006.

최병두, 『도시 공간의 미로 속에서』, 한울, 2009.

최협·윤수종·김명혜, 『공동체론의 전개와 지향』, 선인, 2006(2001).

하비, D. , 초의수 역, 『도시의 정치경제학』, 한울, 1996.

_____, 최병두 외역, 『희망의 공간』, 한울, 2009(2001).

하이데거, M., 이기상·신상희·박찬국 역, 『강연과 논문』, 이학사, 2008.

후설, E., 이종훈 역, 『유럽학문의 위기와 선험적 현상학』, 한길사, 2003(1997).

_____, 이종훈 역, 『순수현상학과 현상학적 철학의 이념들 1』, 한길사, 2009.

Beck, Ulrich, "Kosmopolitisierung ohne Kosmopolitik", hrsg. von H. Berking, in *Die Macht des Lokalen in einer Welt ohne Grenzen*, Frankfurt a. M. · New York : Campus Verlag, 2006.

Engels, Friedrich, "Zur Wohnugsfrage", in *Marx Engels Werke 18*, Berlin : Dietz Verlag, 1981.

Arent, Hannah ,*The Human Condition*, Chicago · London : The University of Chicago Press, 1998(1958).

Bauman, Zygmunt, *Freedom*, Milton Keynes : Open University Press, Milton Keynes, 1988.

_____, aus dem Englischen von R. Kreissl, *Flüchtige Moderne*, Frankfurt a. M. : Suhrkamp, 2003(2000).

_____, *Globalization-The Human Consequences*, Cambridge : Polity, 2009(1998).

De Blij, Harm, *The Power of Place*, New York : Oxford University Press, 2009.

Harvey, David, *The Urban Experience*, Oxford : Basil Blackwell, 1989.

_____, *Spaces of Hope*, Edinburgh : Edinburgh University Press, 2000.

Heidegger, Martin, *Vorträge und Aufsätze*, Pfullingen : Günther Neske Verlag, 1978(1954).

Husserl, Edmund, *Die Krisis der Europäischen Wissenschaften und die transzendentale Phänomenologie. Eine Einleitung in die phänomenologische Philosophie, 2. Auflage*, Den Haag : Martinus Nijhoff, 1962(Hua VI).

_____, *Ideen zu einer reinen Phänomenologie und phänomenologischen Philosophie. Erstes Buch-Allgemeine Einführung in die reine Phänomenologie 1. Halbband. Text der 1-3. Auflage*, Den Haag : Martinus Nijhoff, 1976(Hua III / 1).

Lévinas, Emmanuel, Übersetzt von Wolfgang Nikolaus Krewani, *Totaltät und Unendlichkeit. Versuch über die Exteriorität*, Freiburg · München : Karl Alber, 2002.

Savage, Mike · Warde, Alan, *Urban Sociology, Capitalism and Modernity*, London : Macmillan, 1993.

울산공업단지의 탈장소화와 갈등*

박규택

1. 공업도시 울산

근대 국민국가nation-state의 틀 속에서 공공 이익 또는 발전이란 명분하에 국가권력[1]에 의해 계획된 다양한 종류의 사업, 즉 산업단지의 지정, 도시계획, 유독성폐기물시설 입지, 각종 보호시설의 입지 등이 실현되는 현장에서 갈등과 저항이 발생하며, 이를 해결하기 위해 수단으로 공권력이 행사된다. 이러한 저항과 갈등 그리고 공권력 행사는 사회적 비용, 불안, 체제 변화 등

---

* 이 글은 『한국도시지리학회지』 제14권 2호(2011)에 게재된 「국가권력에 의한 로컬의 탈장소성과 갈등-울산공업지구를 사례로」를 본 단행본의 취지에 맞춰 부분적으로 삭제하고 보완한 것이다.

1 자본주의 국민국가 체제하에서의 권력은 주권, 정치권력, 경제권력, 사회권력 등 넓은 의미로 해석될 수 있지만 이 글에서는 주권의 이름하에 작동하는 정치권력에만 한정시킨다.

을 일으키기도 한다. 따라서 공익 혹은 발전의 명분하에 이루어지는 다양한 계획 혹은 사업과 이의 실행에 대해 근본적인 의문이 제기될 수 있다. 예를 들면, 도시계획, 문화재보호구역 설정, 방사성폐기물처리장 입지 등을 고찰할 때 주민, 시민, 자본, 전문가 등의 의견을 수렴하고 최선의 방안을 찾아야 하지만 현실적으로 그렇지 못한 경우가 많다. 공익 또는 국가경제 발전을 위해 진행되는 사업으로 발생하는 사회 · 경제 · 환경 등의 문제는 로컬 사람들이 수동적으로 받아들여야만 하는 문제인가? 이들 문제들은 '법의 질서' 속에서 해결될 수 있기 때문에 로컬 사람들의 저항은 불법인가? 로컬에서 일어나는 갈등과 저항은 로컬에만 한정시킬 문제인가?

이 글은 울산공업지구를 사례로 국가권력에 의해 로컬이 어떻게 포섭 · 배제되었으며, 주민들의 저항과 그들 삶의 터전이 어떠한 영향을 받았는지를 체계적으로 해석해 보는 데 목적이 있다. 연구 자료는 문헌, 지형도, 구술 등을 통해 수집되었고, 이들은 대부분 질적으로 활용되었다. 울산공업지구는 제1차 경제개발 5개년 계획을 강력하게 추진하기 위해 국가권력에 의해 지정된 최초의 공업지구이며, 이를 토대로 한 중화학공업의 발전은 한국 경제발전의 원동력이자 상징이 되었다. 1962년 울산공업지구가 지정된 이후 반세기가 지난 시점에 "공업지구 지정과 가동이 주민의 삶과 터전에 어떠한 영향을 미쳤는가?"를 체계적으로 논의할 필요가 있다.

울산蔚山은 지난 반세기 동안 진행된 공업화에 의해 한국을 대표하는 중화학공업 도시로 탄생하였다. 지형적으로 보면, 북서쪽과 동북쪽에 높은 산지가 그리고 남쪽과 동남쪽에 낮은 산지와 바다가 자리 잡고 있다. 북서쪽의 산지에서 발원한 태화강은 시가지를 관통하여 흐르면서 남쪽에 삼산 평야를 형성시켰다.[2] 여기는 과거 울산의 곡창지대였지만 공해로 인해 농작물의 피해를 입었고, 도심의 팽창에 의해 신시가지로 변모하였다. 그리고 태화강과 동해가 만나는 울산만과 그 주변에 울산항, 장생포항, 방어진항이 위치하고 있다. 1962년 지정된 울산공업지구는 울산만과 장생포항 그리고 배후 지역을 포함하고 있다. 제1차 경제개발 5개년 계획을 실천하기 위해 지정된 울산공업지구는 대단히 넓은 지역을 포함하고 있는데, 여기에 울산군의 울산읍, 방어진읍, 대현면, 하상면, 청량면의 두왕리, 범서면의 무거리, 다운리 및 농소면의 화봉리가 속하게 되었다.

울산이란 이름은 조선 태종 13년(1413년) 울주蔚州에서 울산으로 고쳐지면서 탄생하였고, 고종 32년(1895년) 울산도호부에서 울산군으로 개칭되었다. 이후 1914년 언양군과 태화강 남쪽에 위치한 삼산, 달동, 신정, 옥동 지역을 합하여 울산면으로 바뀐 뒤 1931년 울산읍으로 승격하였다. 근대 산업 도시로 성장은 1962년 1월 27일 울산공업지구로 지정·공포되고, 6월 1일 법률 제1086호로 울산시로 승격되면서 시작되었다. 1960~1980년대 중·화학 공업의 팽창에 의해 도시화가 급속하게 진행되었고, 1997년 7월 15일부터 울산광역시가 출범하였다.

2. 울산공업단지 해석의 틀

근대 국가는 주권,[3] 국민, 영토로 구성되어 있으며, 주권은 국민과 영토를

---

2 울산, 1 : 50,000 지형도, 1963.
3 주권sovereignty은 그 의미가 역사적으로 변해왔지만 핵심에는 "영토territory 내에서 절대적 권위를 갖는다"는 의미를 포함하고 있다. (…중략…) 국가the state는 정치적 제도이며, 주

배타적[4]으로 지배한다. 여기서 "주권의 주체[5]는 누구이며, 현실적으로 주권과 통치권은 어떠한 관계가 있는가?"에 대한 의문이 생길 수 있다. 이 질문은 아감벤Agamben의 정치철학을 통해 체계적으로 설명될 수 있다. 연구의 이론적 틀은 아감벤 정치철학의 중심 개념들 가운데 세 가지, 주권 sovereignty, 예외상태state of exception, 벌거벗은 생명bare life에 토대를 두고 있다. 이들 개념은 "국가권력(혹은 통치권력)에 의해 로컬이 어떻게 포섭·배제되는가?"를 체계적으로 설명하는데 유용하다. 구체적으로 이들은 이 글의 핵심 질문인 "국가권력이 울산공업지구를 지정함에 따라 지역 주민이 어떻게 포섭·배제되었고, 주민의 삶이 어떻게 변모했는가?"를 탐색하는데 도움을 줄 수 있다. 국가권력의 결정에 의해 형성된 예외공간과 이에 속한 사람, 구체적으로 국가의 통치권력에 의한 울산공업지구의 생성과 주민 삶의 변화와 갈등을 체계적으로 연구한 논문은 전무하다. 아감벤의 정치철학은 그의 저서, 호모사케르homo sacer와 예외상태state of exception를 통해 어느 정도 파악할 수 있다.

권은 이러한 제도 속에 자리 잡고 있다(http://plato.standford.edu/entries/sovereignty).

4 배타적이란 의미는 주권은 다른 국가의 간섭을 받지 않고 독립적으로 국민과 영토를 규정하고 이를 지배한다는 의미이다. 주권에 의한 배타적 지배는 순수 법률적 측면에서는 가능할지 모르지만 개별 국가들의 주권 수행의 과정에서 많은 문제가 제기되고 있다. 대표적인 예가 9·11사태 이후 미국은 전 세계를 상대로 테러와의 전쟁을 선포하면서 미국의 영토를 벗어난 지역에서도 미국의 주권을 실질적으로 행사하고 있는 경우이다.

5 대한민국 헌법 1조 1항은 "대한민국은 민주공화국이다. 대한민국의 주권은 국민에게 있고, 모든 권력은 국민으로부터 나온다"라고 명시하고 있다. 즉, 대한민국 국가주권의 주체는 국민이다.

1) 주권과 법의 지배[6]

아감벤의 주권과 법의 지배rule of law 관계는 슈미트Schmitt의 주권개념에 기초하고 있다. 아감벤이 주권과 법의 지배 관계에 관심을 두는 근본적인 이유는 근대 국가에서 주권에 의해 벌거벗은 삶bare life이 어떻게 해서 생성되며, 이 과정을 통해 근대 국가정치의 작동을 설명하는데 있다. 슈미트는 '결정decision'의 관점에서 주권을 해석하는데, "주권자는 예외에 관한 결정을 내리는 사람이다."[7] 주권자는 예외상태[8]를 선포하여 법의 지배를 정지시킬 수 있는 권력을 지닌 자이다. 주권자는 일반적(혹은 일상적) 상태에서 법의 지배 내부에 위치하지만, 예외상태에 관한 결정을 내릴 때는 법의 지배 외부에 위치한다. 이러한 주권자의 모순적 위치는 법의 지배 자체에 의해서 설명이 될 수 없고, 주권과 법의 지배 관계 속에서 설명되어야 한다. 아감벤은 주권자의 예외상태 결정에 관심을 기울이면서 한편으로 슈미트의 주권개념과 푸코Foucault의 생명정치biopolitics를 관계시켜 자신의 정치철학을 발전시켰다. 아감벤의 관심 사항이었던 주권권력sovereign power과 벌거벗은 생명bare life을 살펴보기 전에 예외상태를 간략하게 논의한다.

---

6 "법을 운용하는 전체 시스템을 법의 지배 혹은 법에 의한 지배the rule of law or rule by law라고 말할 수 있다. (…중략…) 일련의 규칙이 보편적이고, 공개적으로 선포되고, 소급적이지 않고, 분명하고 또 누구나 이해할 수 있고, 논리적으로 모순이 없고, 실행될 수 있고, 지속적으로 안정적이면서 규칙들 사이에 위계질서가 있으면 그 법칙을 법으로 승인한 다음, 권한을 가진 사람들이 일관성을 가지고 그러한 법의 취지에 맞게 법을 실제로 집행하고 있다면 그 상황은 법이 지배하고 있는 것이라 말할 수 있게 된다." 서경석, 「2010년의 민주주의와 법의 지배」, 『시민인문학』 42호, 민주주의법학연구회, 2010, 9쪽.

7 Schmitt, C., Trans. Schwab, G., *Political Theology-Four Chapters on the Concept of Sovereignty*, Chicago : The University of Chicago Press, 2005, p.5.

8 슈미트의 저작 속에서 예외상태a state of exception는 특별한 수단의 적용을 요구하는 어떠한 종류의 심각한 경제적 · 정치적 혼란을 포함한다.

2) 예외상태의 의미와 작동

예외상태state of exception는 보편적으로 사용하는 의미[9]가 아닌 주권자의 결정에 의해 인위적으로 생성된 것이다. 따라서 예외상태는 법의 지배 속에서 의미를 고찰하여야 한다. 예외상태는 두 가지 개념, 포섭적 배제inclusive exclusion와 미결정지대a zone of indistinction[10]에 의해 설명될 수 있다. 전자는 생명정치biopolitics와 관련된 것으로 인간이 법의 지배에 의해 포섭된 뒤 배제되는 상태, 즉 법의 지배 안에 존재하면서도 법적 권리를 행사할 수 없는 배제된 상태를 의미한다. 후자는 전자에 의해 형성되며, 법과 불법, 규칙과 예외, 질서와 무질서, 선과 악, 안과 밖 등의 구분이 결정되지 않는 (혹은 불가능한) 지대를 의미이다.

두 가지 개념에 토대를 둔 예외상태의 결정은 사회 전체로부터 특정 인간 / 집단을 구분(혹은 분할)시켜 지배하는 정치권력의 전략으로 언제든지 이용될 수 있다. 그리고 포섭적 배제와 미결정지대의 특성을 지닌 예외공간 space of exception이 생성되면 여기에 속한 인간은 위험에 노출되거나 억압을 받아도 법의 보호를 받을 수 없거나, 법적 권리를 주장할 수 없는 상태에 놓인다. 예외공간은 폭력과 억압이 법의 지배를 받지 않고 작동하는 공간이

---

9 자연적으로 발생하는 재해로 인한 예외상태를 예로 들 수 있다.

10 "체계system는 언제나 이중적이며, 항상 대조되는 수단에 의해 작동한다. (…중략…) 실질적인 관련성을 이해하기 위해서 대조되는 것(사적-공적, 집-도시, 예외-규칙 등)은 이분법di-chotomies이 아닌 양극분법di-polarities으로 또는 실체substances가 아닌 장력 / 압력 tensional로 보는 것을 배워야 한다. 즉, 물리학에서 처럼 두 개의 상이한 물체를 분명하게 선을 긋고 자르는 것이 불가능한 장의 논리a logic of the field가 필요하다. 이러한 논리가 개발되면 우리는 미결정indecidability 혹은 무차별indifference 지대들을 수립할 수 있을 것이다. 예외상태the state of exception는 그러한 지대들 가운데 하나이다." Raulff, U., "An Interview with Giorgio Agamben", *German Law Journal*, Vol.5, No.5, 2004, pp.609~614.

기도 하지만, 이 공간에서 기존 법의 질서를 벗어난 새로운 인식과 실천의 가능성이 존재한다. 아감벤은 주권정치에 의해 탄생한 벌거벗은 생명bare life에 관심을 두었기 때문에 예외상태(혹은 공간)에서 생성될 수 있는 새로운 인식과 실천의 가능성에 대해서는 거의 논의하지 않고 있다.

3) 벌거벗은 생명

벌거벗은 생명은 주권자가 예외상태를 결정함에 따라 생성된 인간이다. 이 생명은 예외상태에 속하게 됨에 따라 법의 지배에 의해 포섭됨과 동시에 법적 권리를 요구할 수 없는 배제된 존재자로 변모하게 된다. 아감벱은 근대 국가하에서 '주권과 벌거벗은 생명의 관계'를 이해하기 위해 정치공동체의 원형으로서의 폴리스와 그 외부 사이의 본원적 구조를 고찰하였다.

아감벤에 따르면, 아리스토텔레스는 삶을 '비오스bios'와 '조에zoe'로 구분하였는데, 전자가 폴리스, 즉 그리스적 정치공동체에 속해 개인과 집단으로 살아가는 방식을 지칭하는 반면, 후자는 인간과 동물, 신에게 모두 해당하는 자연적 삶이다. (…중략…) 아리스토텔레스에게서 완벽한 공동체란 '단순한 사실로서의 살아있음'과 '정치적인 자격을 갖는 삶'의 엄격한 구분과 대립으로 정의된다. 여기서 아감벤은 '비오스'가 아닌 '조에'를 발견함으로써, (…중략…) 고대 그리스 이래로 이 '비오스'에만 관심을 쏟았던 서양 정치철학 자체를 비판한다. 왜냐하면 폴리스로부터 배제된 '단순한 삶'은 단지 '정치적으로 좋은 삶'으로 환원될 수 없는 서양 정치철학의 '타자other'일 뿐만 아니라, 법으로부터 배제되면서도 '정치적으로 좋은 삶'과의 변증법적 관계를 위해 법에 포섭되어 있기 때문이다. 아감벤은 이러한 '인간의 조건'을 '벌거벗겨진 삶nuda vita; bare life'이라고 부르는데, 이는 고대 로마법에 등장하는 '호모 사케르Homo Sacer'라는 형상을 통해 상징적으로 표현된다.[11]

현대 국가체제하에서 벌거벗은 생명은 수용소the camp를 통해서 구체적으로 확인된다. 수용소는 근대 생명정치modern biopolitics의 토대이며, 예외가 아닌 규범으로 변모하였다. 그리고 수용소는 "누구의 생명이 호모 사케르인가?"를 결정함에 따라 벌거벗은 생명이 탄생하는 예외공간a space of exception이다.

3. 울산공업지구 지정과 변화·갈등

1) 예외상태로서의 울산공업지구[12]

이 글은 '울산공업지구의 지정은 통치 권력에 의해 울산의 특정 지역과 주민을 예외상태에 놓이게 하였다'는 주장에서 출발한다. 울산공업지구는

---

11 홍철기, 「아감벤의 예외상태 비판─『호모 사케르』와 『예외상태』」, 『오늘의 문예비평』, 60호, 오늘의문예비평, 2006, 200쪽.
12 이민주·한삼건은 일제강점기 후반부터 1970년대까지 울산 공업단지 개발을 논의하고 있다. "일제 강점기 후반 이케다사다오池田佐忠는 울산에 신흥 공업도시를 조성하는 계획을 수립했다. 이러한 계획을 바탕으로 공업단지 개발이 진행되었고, 공장부지 조성을 위해 대현면 일대에 약 123만평의 해안 매립이 추진되었으며, 여천동과 고사동 일대에만 해도 약 44만평의 토지가 동양척식회사로 매입되었다. 이러한 부지는 해방과 함께 국유지로 남게 되었고 1962년 특정공업지구로 지정된 후 국가산업단지로 조성되게 된다." 이민주·한삼건, 「울산 공업단지 개발과정에 관한 연구─일제강점기 후반부터 1970년대까지」, 『대한건축학회 학술발표대회 논문집』 28호 1집, 대한건축학회, 2008, 513~516쪽.

당시 국가의 통치 권력자인 박정희 국가재건최고회의 의장의 결단에 의해서 형성되었다. 통치 권력자는 '울산공업지구'라는 예외상태를 결정할 때는 법의 지배 밖에 위치해 있었다고 볼 수 있다. 이는 1962년 2월 3일 행한 울산공업센터 기공식의 치사문致辭文을 통해서 유추해 볼 수 있다.

> 4천년 빈곤의 역사를 씻고 민족숙원의 부귀를 마련하기 위하여 우리는 이곳 울산을 찾아, 여기에 신흥공업도시를 건설하기로 하였습니다. (…중략…) 제2차산업의 우렁찬 건설의 수레 소리가 동해를 진동하고 공업생산의 검은 연기가 대기 속에 뻗어나가는 그날엔 국가민족의 희망과 전망이 눈앞에 도달하였음을 알 수 있을 것입니다. 빈곤에 허덕이는 "겨레" 여러분, 5·16혁명의 진의는 어떤 정권에 대한 야욕野慾이나 정체의 변조에도 그 목적이 있었던 것은 아니었으며 오로지 이 겨레로부터 빈곤을 구축驅逐하고 자손만대를 위한 영구한 민족적 번영과 복지를 마련할 경제 재건을 성취하여야 되겠다는 숭고한 사명감에서 궐기했던 것입니다. 이 울산공업도시의 건설이야말로 혁명정부의 총력을 다할 상징적 웅도雄圖이며 그 성패는 민족 빈부의 판가름이 될 것이니, 온 국민은 새로운 각성과 분발, 그리고 협동으로서 이 세기적 과업의 성공적 완수를 위하여 분기奮起하여 노력해 주시기 바라마지 않습니다.

위의 치사문에 의하면, '울산공업지구 지정'이란 예외상태의 결정은 두 가지의 필요성에 의해서 이루어졌다고 볼 수 있다. 하나는 역사적 가난을 벗어날 특별한 계기가 필요하다는 점이다. 다른 하나는 5·16 군사 쿠데타의 정당성 확보가 필요하다는 점이다. 따라서 통치 권력자는 예외상태를 생성시킬 필요가 있었고, 이것을 구체적으로 실천하는 방안으로 울산공업지구가 지정되었다고 본다. 치사문의 또 다른 특징은 울산공업지구의 건설은 울산이라는 로컬에 한정된 것이 아니라 국민과 국가 영토 전체에 영향을 미친다는 것을 강조하고 있다. 울산공업지구의 지정은 새로운 법을 제정하여 '법의 지배'란 형식적 절차를 따르고 있다. 정부는 1962년 1월 27일 각령 제404호로 '울산지구 종합공업지대 조성 추진위원회 규정'을 공포하였다. 이 위원회는 경제기획원에 설치되었으며 울산지구에 있어서의 기간산업종합건설을 위한 지대의 선정, 건설될 공장의 우선순위 결정, 공업지대의 도시건설 등에 대한 사항을 심의하였다. 또한 정부는 1962년 1월 27일 각령 제403호로 '특정공업지구 결정의 건'을 통해, 특정 공업지구의 명칭을 울산공업지구로 하고, 그 대상지역을 당시의 경상남도 울산군 울산읍과 방어진읍을 포함하는 지역으로 공포하였다. 울산공업지구의 개발은 '공업지구 조성을 위한 토지수용 특례법'과 '도시계획법'을 근간으로 하여 추진되었다. 사실 '공업지구 조성을 위한 토지수용 특례법'은 울산공업지구의 개발을 위해 만들어진 법이라고 할 수 있다. 울산공업 센터의 건설과 공장가동을 위해 광범위한 중앙과 지방 정부기관 그리고 회사들이 참가하였다.

울산공업센터계획은 1962년 2월 3일에 거행한 기공식과 더불어 공식화되었고 울산공업센터 건설 계획이 설정된 직후 울산개발 대하여 지대한 관심을 가지고 있는 여러 정부기관 정부대행기관 및 민간회사의 노력을 조정하기 위한 단일기관이 필요하게 되었다. 따라서 1962년 5월 31일 울산개발계획 본부 설치법안이 국가재건최고회의를 통과하였고 내각수반에게 직접 보고할 수 있는 고위 정부기관으로의 지위를 부여하였다. (…중략…) 상술한 기관으로는 최고회의, 내각수반, 경제기획원, 상공부 재무국, 교통부, 체신부, 건설부 농리부등 정부기관 부처를 포함하며 또한 국영기업체 내지 정부대행기관인 한국전력주식회사, 대한석유공사, 한국종합제철주식회사, 울산비료공업주식회사 및 기타 회사들을 포함한다. 중앙정부 기관 이외에도 관계 시·도·군 당군 상호간에 많은 협조와 조정이 요청된다.[13]

통치 권력자에 의한 '울산공업지구 지정'은 로컬 사람들을 법의 지배 속으로 포섭한 뒤 이들이 주권자로서 평등하게 법의 보호를 받거나 법적 권리를 주장하지 못하게 배제시켰다. 주민과 터전이 '공업지구'란 예외상태에 속하게 됨에 따라 제약을 받게 되었다. 예를 들면, 자신의 땅에 집을 짓는 행위는 공업지구 밖에서는 합법적인 활동이지만 공업지구 안에서는 불법적인 활동으로 규제되거나 처벌을 받는다. 울산공업지구는 울산시의 도시계획, 특히 지역지구제zoning에 의해 큰 영향을 받았다. "엄격한 지역지구제의 실시로 주거지구, 공업지구, 위락지구를 완전분리하고 주거지구와 공업지구를 분리시키는 완충지대로서 대상녹지를 조성하여 대기오염의 방지는 물론 지역 간의 순화를 도모하도록 하고 있는 대상녹지에는 건축통제를 강력히 실시하여 일체의 건축행위를 금지하고 있다."[14] 울산공업지구가 지정될 시점에 해당 지역은 지역제구제가 실시되지 않았기 때문에 주민들 삶의 터전이 주거, 공업, 상업, 녹지 등의 구획되지 않았고, 주민들은 지역지구제에 대한 인식도 없었다. 자본주의 국가체제의 핵심을 이루는 사적 재산권의 측

---

13 미국 DAY AND ZIMMERMANN 회사, 『울산공업센타-건설을 위한 기술평가보고서』, 울산개발계획본부 기술용역단, 1963, 31~32쪽.
14 울산시, 「우리시의 공해현황과 그 대책」, 『도시문제』 5집 2호, 도시문제연구소, 1970, 126~134쪽.

면에서 볼 때, 헌법 자체 내에 갈등을 일으킬 내용을 포함하고 있다.

2) 울산공업지구의 탈장소화

① 주민 삶의 터전의 변화

1960년대 초반 울산공업지구가 지정된 지역은 전형적인 농촌과 어촌이었다.[15] 토지는 거의 논과 밭으로 이용되었고, 마을은 주요 도로나 구릉지 하단부에 자리 잡고 있었다. 돗질산 남쪽에 위치한 조개섬에 염전이 있었다. 울산염전은 공업지구 건설로 인해 갯벌 매립과 공업화 물결에 밀려 그 종지부를 찍고 말았다.[16] 공업지구 내부와 외부를 연결해 주는 교통로는 대일·장생포와 여천·야음을 잇는 간선도로가 유일하였다. 해방 직후 울산 중심과 장생포를 연결하는 교통로와 교통수단 그리고 도로 주변의 풍경은 아래 글 속에 잘 나타나 있다.

> 나는 신정동 삼신부락에서 태어났고(1937년생) 그곳에서 중학교까지 다녔었다. 태화국민학교(지금의 울산국민학교) 4학년 때로 기억된다. 그러니까 1947년이었다. 지금의 울산교 남단에 심신부락이 있고, 심신부락은 20호쯤의 농가가 있는 한적한 강변 마을이었다. (…중략…) 그때 지금의 주리원백화점 앞에서 장생포 가는 마차가 있었다. 당시엔 유일한 교통수단이었고, 큰말 두 필이 끄는 쌍두마차는 마부가 앉는 자리 뒤편으로 좌우 네

---

15 울산, 1 : 50,000 지형도, 1963.
16 이철응, 「울산의 소금 소고小考」, 『울산문화』 3호, 울산시, 1987, 72쪽.

명씩 여덟 명 쯤 탈 수 있는 요즈음의 미니 버스와 비슷한 승객석이 있었는
데 은빛으로 단장된 마차를 타고 울산교를 지나 삼신에서 푸른 초원인 삼
산평야를 가로 질러 여천고개를 향하는 그 호화스런 마차를 보면 나는 가
슴설레었다.[17]

1980년 중반 공업지구는 다수의 공장들이 입지한 것을 제외하면 농업지
대로 남아 있었다.[18] 논·밭은 줄고 과수원이 늘어났고, 마을은 장생포, 여
천, 덕산, 납도 등에 집중되어 있었다. 해안선, 하천, 도로가 이전에 비해 직
선화된 것을 볼 수 있다. 1980년대 후반 석유화학 공장으로 인해 환경오염
이 심해지고, 주민의 항의가 지속됨에 따라 공업지구 내에 거주하는 모든
주민을 이주를 시켰다. 석유화학 공장에서 나오는 오염물질은 농작물에도
큰 피해를 입혔다.

여천고개의 동북은 광대한 평야지대로 여천천 일대와 그 서남은 야산지
대이다. 광복 직후까지도 50m 이후의 구릉의 송림지대로 그 사이사이에
작은 마을들이 산재했는데, 이곳에 배밭이 생기더니 바로 배단지가 이룩되
고 어느 덧 솔숲은 모두 배밭으로 바뀌어 울산의 '여천배'가 전국에 알려졌
다. 그러자 이곳 농촌은 윤택해지고 인구가 불어나서 마을이 커졌다. 이 낙
토가 1962년 공업지구가 조성되면서 많은 배밭이 공장부지로 들어가, 매연
이 남은 배나무들의 잎사귀 큰 피해를 주어 유명한 여천배는 사라지게 되
었다.[19]

---

17 김철인, 「장생포 가는 길」, 『울산문화』 8호, 울산시, 1992, 239~243쪽.
18 울산, 1 : 25,000 지형도, 1986.

2000년 후반 공업지구는 이전과는 완전히 다른 모습으로 변모하였다.[20] 장생포 일부 지역을 제외하고는 공업지구 내에 마을은 전무하며, 농업적 토지이용도 완전히 사라졌다. 완전한 공장지대가 형성되었고, 직선도로와 이들에 의해 공업지구 공간은 사각형으로 구획되었다. 따라서 주민 삶의 터전은 국가권력과 자본의 논리가 자유롭게 관철되는 추상적 공간으로 완전히 탈바꿈하게 되었다. 이러한 현상은 마을의 변천을 통해서도 파악된다.

납도納島 마을은 매암동 500번지로 시작하는 마을로 장생포와 대일, 여천동의 산안마을과 덕산마을을 경계로 하고 남쪽으로는 장생포만이 이어져 야산과 골짜기에 논과 밭, 과수원 등이 있었던 전형적인 시골 마을이었다. 이 마을은 200여 년 전부터 형성되기 시작한 것으로 추정되며, 마을 앞에는 크고 작은 나지막한 동산들이 바닷가로 뻗어 있고, 골짜기마다 논들이 형성되어 있는 농촌마을이었다. 일제시대에 조성한 배 과수원이 10여 곳이 있었는데, 이는 일본인들이 조선에서는 처음으로 이곳에 배나무를 심어 과수원을 조성한 것이라고 한다. 마을의 한가운데에는 제당과 당산나무인 수령 100년 이상으로 추정되던 큰 소나무 한 그루가 마을을 지켜주고 있었다. 또한 공동우물 2곳이 있어서 주민들에게 식수를 제공하고 빨래터가 되기도 했다. 1962년에 울산공업센터 기공식이 이곳 납도의 횃등산에서 당시 박정희 국가재건최고회의 의장이 참석하여 행사를 치른 곳이다. 현재 마을 전체가 옛 동양나일론회사가 있었던 지금의 효성 울산공장에 편입되면서 마을 전부가 사라졌다.[21]

---

19 울산남구문화원, 『울산남구지명사』, 2009, 532쪽.
20 울산, 1 : 25,000 지형도, 2008.

3) 미확정지대에 속한 주민과 이들의 저항

국가권력에 의한 울산공업지구 지정에 따라 민주주의 국가에서 주민들이 누려야 할 권리, 이주권, 재산권, 삶의 터전 변화에 대해 저항할 권리 등이 '국가경제발전'이란 명분하에 유보 혹은 박탈되었다. 대신 주민들은 '도시계획법', '토지수용법' 등의 법률이 규정한 조항들을 '준수' 혹은 '이행'해야 하는 탈정치화된 인간으로 살아야만 했다. 아감벤에 의하면, 주민들은 자신이 거주하는 삶의 터전이 '공업지구'란 예외공간으로 전환됨에 따라 '포섭적 배제'의 원리가 작동하면서 합법과 불법, 질서와 무질서, 권리와 의무 등의 경계가 모호하게 된 미확정지대a zone of indistinction에 놓이게 되었다.

① 주민의 이주

1950년대까지 울산공업지구에 속한 주민들은 농업, 어업, 상업, (품이) 노동을 하면서 살았다. 주민 대다수는 가난하고 힘들게 살았지만 국가권력에 의해 삶과 터전이 전반적으로 통제받지 않았다. 공업지구 선정과 관련된 미국 DAY AND ZIMMERMANN 회사의 기술보고서에 의하면, "주민들의 직업은 농업이며, 특히 그들은 벼농사를 짓고 있다. 밭에는 채소와 과수가 재배되고 있다. 울산항만 지역에서 이루어지는 어업은 매년 많은 어획고를 올리고 있다. 농업과 어업 이외의 일은 유류저장소, 제당 공장, 한천 공장 등과 관련된 것이다."[22] 주민들의 가난하고 힘든 삶은 과거 공업지구 내에 살았던 사람들의 구술을 통해서도 확인할 수 있다.

---

21 울산남구문화원, 앞의 책, 155~156쪽.
22 위의 책, 37쪽.

납도에 150년간 조상대대로 살았다. 야산(구릉지) 골짜기에 논이 있고, 산 등성이에 과수원이 있었다. 마을은 대략 80호가 되었고, 10개 정도 과수원이 있었다. 일본인들이 납도에 과수원을 만들었는데, 여기서 아버지가 일을 했다. 해방 이후 일자리가 없을 때 여자들과 남자 일부는 과수원에 다니면서 일했고, 남자들은 석유회사 대리점 일, 삼양사 잡일 등을 하면서 살았다. 울산 대현면에 가면 일자리가 많다고 해서 외지인들이 많이 들어왔다.[23]

우리 마을은 태화강 가까이에 있어서 주민들이 조개, 파래, 고기잡이 등을 하면서 먹고 살았지. 여기에 염전이 상당히 성했어요. 우리 집은 염전을 했어요. 염전에서 소금을 생산하여 의성, 안동 등 경북지역에 가서 팔고, 쌀, 콩, 잡곡 같은 곡물을 교환해 왔다. 모래밭에서 대파도 많이 재배하였다. 대파는 지게에 지고 울산 시내에 가서 팔았다. 마을에는 품팔이로 살아간 사람들도 있었다. 다른 집에 일하러 가면 쌀 한 대 밖에 품을 안 주었어요. 당시는 쌀이 매우 귀한 때였다.[24]

주민들은 두 가지 형태로 집단 이주를 하였다. 첫 번째는 마을이 공장 부지로 편입됨에 따라 주민들은 공업지구 내부의 다른 지역 혹은 인접한 지역으로 이주한 경우이다. 이러한 집단이주는 공업지구 건설의 초기 단계에 개별공장이 부지를 확보하는 과정에 나타난 현상이며, 주민들은 대체로 집단 이주에 저항하지 않고 순응하였다. 1962년 정유공장이 부지 확보를 위해 고사동 주민을 부곡동으로 집단이주 시킨 사례와 1963년 영남화학 공장이 설

---

23 설○○, 구술, 2011.
24 정○○, 구술, 2011.

립됨에 따라 매암동 달방마을이 공업지구와 인접한 야음동 신화마을로 집단이주한 사례를 들 수 있다.

유공이 창립이 되면서 1962년 12월 고사동 주민을 철거를 시켰어요. 강제 철거가 아니고 철거비는 다 주었어. 그 때는 순한 양같이 정부가 시키는 대로 했어요. 어디에다 이주를 시켰는가 하면, 부곡에 미군들이 탄약을 쌓아 두기 위해 평평하게 터를 닦아 놓은 곳이 있었다. 거기에다 24인 천막을 지어 들어가 살았다. 12월 달에 철거를 시켜서니까 추워서 살 수가 없었지. 얼음이 꽁꽁 얼고, 논에 가서 물을 퍼가지고 와 사용하였다. 고생은 말도 못하지. 1964년도 천막촌 바로 아래 부곡마을로 다시 이사를 갔다. 당시 마을 자리는 산이었는데 울산시가 불도저로 터를 닦은 뒤 개인들이 추첨해서 집터를 정하고, 개인이 집을 지었다. 집은 보통 7평 혹은 7.5평으로 작았다.[25]

(영남화학 공장의 부지확보를 위해) 매암동 달방마을 사람들은 갑짝스럽게 어디로 철거한다는 소리를 들었지. 1963년 우리 동네가 철거되었다. 철거 할 때 주민들이 모여서 반대하거나 데모하는 그런 일은 없었지요. 마을 사람들은 '가라카면 가고, 오라카면 오고' 그랬습니다. 시에서 공단 가까운 야산 비탈을 계단식으로 만든 터에 집터를 마련해 주어 거기(야음동 신화마을)로 이사하였다. 달방에서 과수원 집은 보상을 많이 받아 시내로 이사 갔다. 집만 갖고 있는 사람들은 보상을 조금 받고, 전세나 무허가 집에 살던 사람들은 보상을 받지 못했다. 이 사람들은 전부 신화마을로 왔다. 신화 마을

---

25 유○○, 구술, 2011.

에 와서 하루 품팔이하면서 살았다. 달방에서도 하루 일당을 벌기 위해 일하러 나갔고, 여기서도 품팔이 하면서 살았기 때문에 생활에 차이가 거의 없다. 우리는 기술이 없기 때문에 닥치는 대로 일을 하면서 살았다.[26]

두 번째 형태의 집단이주는 공업지구의 공해문제를 해결하는 차원에서 이루어졌다. 울산공업지구에 중화학 공장이 입지하면서 해결하기 어려운 과제가 공장 인근에 살고 있는 주민들이 겪는 공해문제였다. "공장을 가동할 경우 유독 가스나 폐수를 배출할 수밖에 없었고, 이에 따른 주민들의 항의 소동이 자주 일어났다. 대부분의 공장들이 주민들과 보상 협의를 시도했지만 여러 가지 복합적인 이유로 인해 쉽게 타결이 되지 않았고, 과격한 집단행동이 간혹 발생하여 관계기관이 나서서 중재를 하는 등 악순환이 반복되었다. 정부는 이 난제를 원칙적으로 해결하기 위해 온산공단과 함께 울산지역 환경오염지구 주민 5,950세대, 2만 7,017명을 1986년부터 1988년까지 3년 동안에 걸쳐 이주시키기로 용단을 내렸다."[27] 울산시는 1986년 1단계로 여천동에 거주하는 1,341세대의 인구 5,763명을 이주시키고, 1987년 2단계로 매암동에 거주하는 1,690세대의 인구 8,638명을 이주시키기로 하였다. 1988년 3단계로 부곡, 황성, 용연, 용잠동 전역과 선암동 일부에 거주하는 2,919세대의 인구 12,616명을 이주시킬 계획이었다. 그리고 집단이주지는 울산시 삼호·태화·다운지구로 한국토지개발공사가 택지를 조성하기로 하였다.[28]

---

26 이○○, 구술, 2011.
27 울산시, 『울산시사』, 1987, 366~367쪽.
28 위의 책, 367쪽.

울산공업단지의 탈장소화와 갈등 213

울산시가 다운동을 공단주민들을 이주시키기 위한 지역으로 선정하여 태화강 부근에 택지개발을 1990년에 시작하여 1991년에 택지를 추첨으로 이주민에게 할당하였다. 택지를 받은 이주민들은 전매가 허용되었기 때문에 다른 사람들에게 팔고 다른 지역으로 이동해 산 사람들도 많다. 대체로 부유한 이주민들은 보상받은 택지를 팔고 시내 중심에 가서 살았다. 현재(2011년) 다운동에 사는 사람들 가운데 철거이주민의 비율은 10%정도다. 공단지역에서 철거되어 이주해 온 사람들 가운데 상당수가 생계형 구멍(소규모)가게를 열었지만 장사 경험이 부족한 탓에 대부분 실패하였다. 철거 이주민 가운데 소수는 일상생활로 자신들의 고향(용연, 용잠 등)에 가서 불법으로 어업을 계속하면서 살았던 사람들도 있었다.[29]

② 권력 실천과 주민 저항

도시계획, 토지수용과 보상, 이주, 공해 등 다양한 요인들에 의해 갈등이 발생하였다. 주민들의 불만이 집단적 저항 혹은 데모로 발전하는 경우는 공해문제가 대표적이었다. 개별회사의 부지확보와 개인 재산권 간에 벌어지는 갈등을 보면, 공업지구란 예외공간에서 주민이 탈정치적 인간으로 변화되는 모습을 구체적으로 이해할 수 있다.

공업지구에 편입되면 모든 것이 규제의 대상이 된다. 초기 얼마동안 지속되었는데, 개인 회사가 주민의 토지를 구입하기 전에 "여기까지는 우리 공장부지다"라고 지정하여 시에다 알려 주었지. (그렇게 지정된 토지는)

---

29 이○○, 구술, 2011.

주민들이 자기 땅을 팔고 싶어도 팔수 없다. 회사가 자신들의 공장부지 경계를 설정하여 시에 신고를 해 놓았기 때문이지. 공단 내의 토지는 대부분 그렇게 해 두었어. 그러다 보니 주민들이 마음대로 자신의 재산에 대한 권리를 행사할 수 없었다. 1964년 동양나이론이 공장을 짓기 위해 부지를 매입할 때, 우리 논과 밭은 다 팔렸지만 집은 팔리지 않아 그대로 지니고 있다가 88년도에 팔렸다. 집이 팔릴 때까지 거기서(납도) 계속 살았지. 우리 집도 처음부터 동양나이론이 공장부지로 지정한 구역 속에 포함되어 있었지만 나중에 매입 대상이 되었다. 회사가 지정된 공장부지 내의 땅과 집을 빠른 시일에 매입하면 주민들이 다른 곳으로 가서 논을 사든지 집을 사든지 할 수 있는데, 그렇게 하지 않으니까 꼼짝을 못 하지. 나중에 공장이 지정한 토지를 매입하려고 할 때 주민과 갈등이 생기지. 회사는 싼 가격에 자신이 지정한 토지의 매입을 원하고, 주민은 그렇게 할 수 없다고 해서 싸움이 벌어진다. 개별 회사는 자신이 지정한 공장 부지를 싼 가격에 사고 싶은데, 주인이 팔지 않으니까 시가 토지 수용권을 발동해서 매입해 줄 것을 요청한 거지. 토지 수용권이 발동된 것도 모르고 주민들은 버티고 있다가 어느 날 갑자기 회사로부터 법원에 공탁금을 걸어 두었으니 돈 찾아 가라는 통보를 받아. 공탁금은 법원에 맡겨 둔 돈을 찾아 가든지 말든지 하라는 강제권 발동이지. 당시 이런 갈등들이 많이 있었고, 주민들이 피해를 입었지.[30]

공업지구에 인접한 산의 경사지에 위치한 신화마을 주민들의 호소문[31]을 보면, 이주 후에도 가난한 생활은 지속되었고, 최소한의 인간적 삶을 살

---

[30] 설○○, 구술, 2011.
[31] 1990년 5월 신화마을에 거주하는 주민 일동이 남구 구청장에게 보낸 호소문이다.

수 있는 거주 환경을 조성해 줄 것을 행정기관에 호소하고 있다.

　저희 마을은 울산시 남구 야음1동 산 55번지에 위치하고 있는 '신화부락' 주민입니다. 본 마을은 1965년 6월경 당시 최병한 시장님 재직시 영남화학 및 삼양사 철거 이주단지입니다. 현재 저의 마을은 여러 형태의 주택이 형성되어 있습니다. 공영주택 30가구, 시영주택 29가구, 자비주택 82가구, 통합 141가구에 주민이 약 2,100명이 살고 있습니다. 저의 부락이 자연녹지 및 공원녹지로서 신축은 물론 "개축" 허가도 못하게 되어 있습니다. 구청장님, 저의 동민들은 건축에 전문적인 지식은 갖고 있지 않습니다. 하지만 25년 전에 블록과 흙을 쌓아 스레트 및 기와로 지은 집이 오래가면 얼마나 오랫동안 지탱할 수 있겠습니까. 벽은 흐물어져 가고 스레트는 해마다 여름 태풍 때면 날아가 버려 덮을 스레트가 모자라 타 지역까지 가서 구해오는 소동을 빚어야 합니다. 구청장님, 10년이면 강산도 변한다는 옛 속담도 있습니다. 25년이란 세월이 흘러도 변한게 하나 없는 우리 마을 141가구 약 2,100명 주민들도 건물분 재산세를 내고 있는 울산시의 시민 들입니다. 구청장님께서 외면하시면 누가 우리 주민들을 보살펴 주시겠습니까. 부디, 구청장님께서 바쁜 업무 중에라도 직접 한 번 우리 마을을 시찰해 주시고 신축이 불가능 하다면 "개축"이라도 할 수 있도록 선처를 해 주시길 부탁 말씀 올립니다.

　다음 해(1991.3) 신화마을의 주민은 울산시장에게 「주거 환경개선 진정서」를 보냈지만 반응이 없었다. 지난 해 호소문보다 구체적인 내용과 적극적 행동의지가 표시되어 있다. "마을이 국유지로서 재산권 행사를 할 수 없고, 자연녹지(근린공원)지역이라 건물의 증·개축이 제한되어 있고, 각종 문화생활에 소외되어 있다." 요구사항은 "현재 주민이 살고 있는 지역만이라도 자연녹지(근린공원)에서 주거지역으로 일부 해제 혹은 이것이 어려우면 시장 직권으로 증·개축의 허용"이었다. 또한 "건물의 증·개축, 보수 등으로 행정기관과 주민 간에 잦은 마찰로 인해 불만과 대립의 불씨가 싹트고 있으며, 정부 및 시정에 대하여 비협조적이며 전체주민(460세대)이 상부기관에 단체행동을 할 것으로 예상된다"고 적혀 있다.

중화학 공장들이 제품을 생산하는 과정에서 유독성 물질을 배출하며, 이는 대기와 수질을 심하게 오염시켰을 뿐만 아니라 주민 건강과 생업활동에도 피해를 주었다. 1960년대 후반 울산시는 화학·석유 공장에서 나오는 오염물질이 농작물에 피해를 주고 있음을 인정하였다. "1967년 영남화학의 복합비료제조과정에서 발생되는 아황산개스 등 각종 유해물질에 의해서 배, 사과 등의 과수와 기타 작물의 피해는 16,555.3천원이었고, (…중략…) 1969년 영남화학, 한국석유의 가스 피해는 과수 217,234관과 미곡 704석의 감수로 48,113.1천원이었다. 금년에도 상당면적의 과수피해가 예상되고 있으며 지난 3년간의 농작물 피해총액은 107,215.7천원에 달하고 있다."[32] 중화학 공장의 오염물질은 울산시 전역에 영향을 주었는데, 이는 삼산평야의 농작물 피해와 토지이용의 변화를 통해 잘 알 수 있다.

1960년대 중반 이후 삼산평야에는 농작물 피해가 나타나기 시작했다. 이 지역에서의 농업 수확량의 감소는 주변 석유화학공장에서 내뿜는 아황산

---

32 울산시, 앞의 글, 128쪽.

가스, 불화수소 등 대기오염물질에서 비롯된 것이었다. 1979년부터는 농업 피해의 원인이 울산공단의 유독성 가스 때문이라는 것이 공식적으로 밝혀짐으로써 54개 공장들이 분담하여 배상하게 되었다. 결국 환경 악화로 더 이상 농사를 지을 수 없는 땅이 된 이 지역은 1990년대 들어 대규모 아파트 단지로 탈바꿈하여 농작물이 아닌 인간을 새로운 피해 당사자로 만들고 있다.[33]

"재산, 지식, 권력이 없는 주민들은 자신들의 억울한 사정을 어느 누구에게도 하소연할 데가 없다. 사법부에 소송을 제기하여도 거의 모두가 행정부의 승소로 끝나고, 주민들은 심한 좌절감과 허탈감 속에서 그들의 건강을 서서히 잃어갔다."[34] 1990년대 초반 석유화학공단의 공해문제의 심각성은 아래의 구술에 잘 나타나 있다.

남하동은 동해화력발전소가 들어오기 전에는 바닷가에 사람들이 모여 사는 마을이었다. 그러나 동해화력발전소가 들어 온 뒤 아황산가스와 쇳가루 등의 공해로 바닷가의 자연환경은 망가지고, 주민들은 공해 때문에 살기가 매우 힘들어 졌다. 4~5월에 새바람(혹은 동풍)이 불면 아황산가스 냄새가 심하게 나고, 쇳가루가 날아와 하룻밤 사이에 마루에 쌓일 정도로 심하였다. 이 때문에 한전에 들어가 항의하는 데모도 했다. 데모와 관련된 웃지 않을 일화가 있다. 마을 사람들이 한전을 상대로 데모를 하니까, 한전

33 한상진, 「울산공단 환경문제의 구조와 전망」, 『환경과 생명』 11호, 환경과 생명, 1996, 30
    ~41쪽.
34 이창걸, 「공단주변 주민의 공해피해에 관한 연구—울산, 포항, 여천 공업단지를 중심으로」,
    『1996년 한국사회학회 전기사회학대회 발표문 요약집』, 한국사회학회, 1996, 254쪽.

이 경찰에 신고를 하여 경찰이 데모 현장에 왔어. 그런데 경찰들이 데모 진압은 고사하고, 아황산가스 때문에 눈을 뜨지 못하고 산으로 기어 올라가는 진풍경이 펼쳐졌다.[35]

국가권력은 여러 가지 이유로 로컬을 포섭한 뒤 통제함에 따라 갈등과 저항이 다양한 사례들, 대규모 공단조성, 유독성 폐기물 시설의 입지, 군사보호 구역의 설정, 개발제한 구역의 설정 등에서 나타나고 있다. 국가권력의 작동에 의해 발생한 갈등과 저항은 사회적 비용, 불안, 체제변화 등을 초래하기도 한다. 문제의 중요성에도 불구하고 이론과 경험적 사례를 체계적으로 결부시킨 연구는 많지 않다.

1962년 울산의 특정 지역이 국가권력에 의해 공업지구로 지정되면서 지역 주민과 삶의 터전은 급격하게 변화하였다. 이러한 공단의 지정은 국가권력의 의도에 결정된 예외상태로 볼 수 있다. 공업지구에 속한 주민은 법에 의해 포섭된 뒤 배제된 상태가 되면서 법이 보장하는 권리를 행사하지 못하게 되었을 뿐만 아니라 국가권력과 자본이 원하는 것을 이행해야만 되었다. 그리고 주민 삶의 터전은 사회적·문화적·역사적 의미를 갖는 구체적 장소에서 국가권력과 자본의 논리가 일반적으로 관철되는 추상적 공간으로 탈바꿈하게 되었다. 공업지구에 속한 주민들이 국가권력에 의해 포섭되어 배제된 상태에 대해 저항은 1960~1980년대 억압적 시대 상황을 감안할 때 뚜렷하게 나타나지 않았다. 그러나 집단 이주나 공해문제 등에 관해서는 주민들이 직·간접적으로 저항하였다.

---

35 이○○, 구술, 2011.

참고문헌

울산, 1 : 50,000 지형도, 1963.
울산, 1 : 25,000 지형도, 1986.
울산, 1 : 25,000 지형도, 2008.
울산남구문화원, 『울산남구지명사』, 2009.
울산시, 『울산시사』, 1987.

김철인, 「장생포 가는 길」, 『울산문화』 8호, 울산시, 1992.
서경석, 「2010년의 민주주의와 법의 지배」, 『시민인문학』 42호, 민주주의법학연구회, 2010.
울산시, 「우리시의 공해현황과 그 대책」, 『도시문제』 제5권 제2호, 도시문제연구회, 1970.
이민주·한삼건, 「울산 공업단지 개발과정에 관한 연구—일제강점기 후반부터 1970 년대까지」, 『대한건축학회 학술발표대회 논문집』 28(1), 대한건축학회, 2008.
이창걸, 「공단주변 주민의 공해피해에 관한 연구—울산, 포항, 여천 공업단지를 중심 으로」, 『1996년 한국사회학회 전기사회학대회 발표문 요약집』, 한국사회학회, 1996.
이철웅, 「울산의 소금 소고小考」, 『울산문화』 3호, 울산시, 1987.
한상진, 「울산공단 환경문제의 구조와 전망」, 『환경과 생명』 11, 환경과생명, 1996.
홍철기, 「아감벤의 예외상태 비판—『호모 사케르』와 『예외상태』」, 『오늘의 문예비 평』 60호, 오늘의문예비평, 2006.

미국 DAY AND ZIMMERMANN 회사, 『울산공업센타—건설을 위한 기술평가보고서』, 울산개발계획본부 기술용역단, 1963.

Raulff, U., "An Interview with Giorgio," Agamben, *German Law Journal*, Vol.5, No.5, 2004.

Schmitt, C., Trans. Schwab, G., *Political Theology-Four Chapters on the Concept of Sovereignty*, The University of Chicago Press, 2005.

재개발사업을 둘러싼 산동네 주민들의 경험과 타자화*

부산 안창마을을 중심으로

공윤경

1. 타자의 공간, 산동네

최근 우리나라는 경제 위기와 실업 증가 등 급속한 구조적 변화를 겪고 있으며 이에 정부는 신자유주의적 경제정책을 펼치고 있다. 그 결과 단기적으로는 대량 실업사태, 장기적으로는 불안정 고용과 임시노동의 증가, 불평등의 심화를 초래하고 있다. 이로 인해 노동시장은 양극화되고 빈곤은 더욱 심해지며 또 다른 새로운 빈민들이 생겨나고 있다. 이들의 주거지 또한 소멸되지 않고 오히려 지리적, 공간적으로 집중되고 있다. 이러한 빈민들에게 경제적 측면뿐만 아니라 사회, 정치, 문화적 측면에서 소외, 박탈, 배제가 이

---

* 이 글은 『문화역사지리』 제23권 제2호(2011)에 수록된 논문 「행정구역과 재개발사업을 둘러싼 도시빈민지역 주민들의 인식─부산 안창마을을 중심으로」를 본 단행본의 취지에 맞추어 수정, 보완한 것이다.

루어지고 있으며 특히 주거부문의 재개발사업도 예외는 아니다.[1]

주거환경이 불량한 주거지역을 정비, 개선하기 위하여 1980년대부터 시행된 재개발사업은 토지의 고밀이용이라는 현실적, 경제적 가치를 우선하여 그 지역의 지형적 특성이나 역사, 문화를 무시한 채 전국 어느 곳에서나 볼 수 있는 똑같은 모습을 만들어왔다. 특히 무허가 불량주택지를 주 대상으로 하는 주택재개발사업은 도시빈민의 주거환경 개선과 도시기능의 회복이라는 목표를 내세웠지만 실제로는 도시빈민의 희생과 도시기능의 약화를 가져왔다.

이 과정에서 기존 공동체의 파괴, 공동체의식 결여, 원주민의 낮은 재정착률, 새로운 빈민주거지 형성 등 여러 종류의 문제점을 드러냈다. 특히 사업과정에서 도시빈민들을 배제시키고 그들의 참여기회를 박탈하는 등 도시빈민들에 대한 대책이 미흡하였다. 또한 토지소유자(조합), 무허가주택세대, 세입자, 시행사, 시공업체, 공공기관 등 이해집단간의 의견조정이 원활하게 이루어지지 않아 많은 갈등이 발생하기도 하였다.

우리나라 그 중에서도 특히 부산의 경우 해방, 전쟁, 산업화 등 시간의 흐름에 따라 많은 인구가 도심에 집중되었다. 피란민, 철거민, 이농민, 실업자 등의 빈민들은 살 곳을 찾아 국·사유지 가리지 않고 무허가주택을 지어 생활하였다. 특히 부산의 지형은 좁고 긴 선형으로서 바다와 산에 접하고 있

---

[1] 주거문제와 사회적 배제는 상호 밀접한 관계가 있어 원인이 되기도 하고 결과로 나타나기도 한다. 부적절한 주거는 고용, 의료, 교육, 사회서비스의 이용 등에 부정적인 영향을 미쳐 사회적 배제를 발생시킬 수 있다. 또한 경제적 자원의 결핍, 고용기회의 박탈 등의 사회적 배제는 적절한 주거의 획득을 어렵게 하여 부적절한 주거에 거주할 수밖에 없도록 만든다. 남원석·전홍규, 「사회적 배제와 주거문제」, 『상황과 복지』 19, 한국사회복지학연구회, 2004, 90쪽.

어 택지가 부족하였기 때문에 빈민들은 도심과 가깝지만 기반시설이 갖춰지지 않은 산기슭 경사지에 주거지를 형성할 수밖에 없었다.[2] 이렇게 만들어진 산동네는 무질서한 불량주택지의 성격을 띠고 있으며 40~50년이 지난 현재 노화되어 주거환경적인 측면에서 많은 문제를 유발하고 있다.

부산의 산동네 중 가장 높은 곳에 위치한 안창마을은 부산의 대표적인 도시빈민 주거지이다. 안창마을은 두 개의 행정구역으로 나뉘어져 있으며 재개발구역으로 지정되어 재개발조합이 설립되었다는 것이 다른 도시빈민 무허가주거지와 구별되는 점이다.[3] 이런 독특한 요인들이 마을과 그곳에 살고 있는 주민들의 의식에 영향을 미치고 있을 것으로 여겨진다.

이에 이 글은 부산의 산동네 안창마을을 대상으로 역사, 문화, 환경, 공간 등 다양한 측면에서 마을의 현황과 문제점을 살펴보고 사회적 배제 중에서 주거영역에 주목하여 행정구역의 분리, 토지 불하, 재개발사업 등의 요인들이 무허가주거지와 주민들의 의식에 미치는 영향을 조사하고자 한다. 마을의 변화 양상과 이 과정에서 발생하는 주민들의 의식을 파악하기 위하여 현지조사와 주민들과의 면담방법을 이용한다.

---

2 부산 산동네의 생성과 변천과정에 대해서는 공윤경, 「부산 산동네의 도시경관과 장소성에 관한 고찰」, 『한국도시지리학회지』 13(2), 한국도시지리학회, 2010, 132~135쪽 참조.
3 동구의 주택재개발사업 6개 중에서 좌천1, 2구역은 정비기본계획 고시(2005.9.21)만 되었을 뿐 추진위원회는 구성되지 않았으며 초량1, 2, 3구역은 정비구역 지정(고시일 2008.7.23; 2008.4.9; 2008.4.9)까지 되어있는 단계이다. 안창마을을 대상으로 하는 범일1구역은 조합설립 인가(2009.6.17)를 받아 동구의 주택재개발구역 중에서 유일하게 조합이 설립된 곳이다. 부산광역시 동구, 『2010 구정백서』, 2011, 254~270쪽.

2. 사회적 배제와 재개발사업

1) 빈곤과 사회적 배제

흔히 빈곤한 사람들을 지칭하는 용어로 영세민, 빈민, 저소득층, 빈곤층 등이 사용되고 있다. 이들은 소득계층구조에서 하위를 점하는 계층집단을 뜻하며 사회구조적 산물로서 역사적 의미를 가지고 있다. 이는 빈곤의 문제를 개인의 나태와 부도덕에서 비롯된 것이 아니라 사회구조의 희생물이자 구조적 배제에 의해 생겨난 것으로 보기 때문이다.[4] 그래서 가치 있는 deserving 빈민과 가치 없는undeserving 빈민,[5] 노동하는 빈민과 노동하지 않는 빈민을 구분하여 통제, 처벌하던 이전의 정책에서 제도와 구조의 개선을 통하여 이들을 지원하고 통합하는 정책으로 변화하고 있다. 특히 1990년대 이후 세계화와 정보화의 물결로 상징된 사회경제적 구조의 변화에 따라 빈곤의 개념은 단순히 물질적, 경제적 결핍이 아니라 심리적, 사회적 영역으로 확대되었으며 이에 '사회적 배제'라는 새로운 용어가 등장하였다.

사회적 배제라는 것은 빈곤과는 달리 일정한 기본적 권리를 부인당하는 것으로 한 사회의 시민으로서 당연히 누려야 할 권리를 누리지 못하는 것이라 할 수 있다.[6] 즉, 사회적 배제란 사회참여가 부적절하고 사회적 보호, 사

---

4   정원오, 「빈곤의 담론」, 이영환 편, 『통합과 배제의 사회정책과 담론』, 성공회대 사회문화연구소, 함께읽는책, 2003, 333~349쪽.
5   가치 있는 빈민deserving poor과 가치 없는 빈민undeserving poor은 영국의 사회복지제도에서 사용된 용어로서 이때의 가치는 지원 가치를 의미한다. 무계획적인 자선활동을 지양하고 영국 구빈법의 원칙에 따라 엄격한 심사를 거쳐 지원(구제)할만한 가치가 있는 빈민, 지원가치가 없는 빈민으로 자선의 대상을 구분하자는 취지에서 나온 것이다.
6   하성규 · 서종녀, 「공공임대주택과 사회적 배제에 관한 연구」, 『주택연구』 14(3), 한국주

회통합, 권력이 없는 것을 의미한다. 그래서 사회적 배제는 사회적 활동에 어느 정도 참여할 수 있느냐 또는 자신들과 관련된 결정에 영향을 미치는 힘이 어느 정도 있느냐로 살펴볼 수 있다.

또한 사회적 배제는 자원의 재배분보다는 인간 사이의 관계에 더 초점을 두고 있으며 근본적으로 배제를 발생시키는 것은 사회적 접촉의 결핍이거나 혹은 부정이다.[7] 다시 말하면, 사회적 배제는 빈곤한 사람들과 그 외 나머지 구성원들 간의 사회적 관계의 조합과 관련된 것으로서 빈곤하지 않는 사람들이 빈곤에 대해 반응reaction한다는 점에서 개념적 특성이 있다. 따라서 사회적 배제는 사회적 관계망의 붕괴에 관한 것이며 사회적 배제의 증가는 전체 사회조직의 붕괴로 이어질 수 있다.

사회적 배제를 여러 가지 관점에서 살펴보면, 경제적 관점에서는 고용기회의 배제에 따른 노동시장에서의 기회의 박탈, 가난에 따른 학력 저하와 미취업에 관심을 두고 있다. 그래서 초기에 빈곤과 사회적 배제를 동일시하기도 하였다. 정치적으로는 의사결정에 대한 참여의 배제, 정치적 표현기회의 박탈로서, 지역사회의 현안에 대한 의사결정과정에서 참여기회를 박탈당하는 것이 주된 것이다. 그리고 문화적 관점에서의 사회적 배제는 서로 다른 언어, 종교, 국적 등으로 문화적 공동체에 함께 하지 못하고 차별을 받는 것이다.[8] 따라서 사회적 배제라는 것은 다양한 분야에서의 불평등, 박탈, 소외, 결핍, 차별로 인해 인간의 기본적인 권리를 침해, 제약당하고 있는 것

택학회, 2006, 162쪽.
7 정원오, 앞의 글, 342~344쪽.
8 정금호, 「영국 사회주택의 사회적 배제 연구」, 『대한건축학회지회연합회 논문집』 12(1), 대한건축학회지회연합회, 2010, 88쪽.

으로 특정한 상태라기보다 과정으로 보아야 한다.[9]

사회적 배제에 관한 연구는 여성, 장애인, 근로빈곤층, 비정규직, 외국인 근로자, 북한이탈주민 등 대상별로 그리고 소득, 노동, 의료, 교육, 주거 등 영역별로 다양하게 분화되는 경향을 보이고 있다. 특히 사회적 배제는 공간적 측면에서 더욱 명확히 관찰되기 때문에 공공(영구)임대주택 등을 중심으로 주거지 특성, 계층적 특성, 복지서비스 등 사회적 배제를 야기하는 요인,[10] 이웃 또는 사회적 관계[11]에 관한 연구가 수행되었다.

2) 재개발사업과 갈등

재개발사업은 합리적, 효율적으로 토지를 이용하고 도시기능을 회복하여 도시환경을 변화시키는 도시정비사업 중의 하나이다. 그리고 물리적 시설의 불량, 노후화를 개선하고 다양한 공공시설과 서비스를 배치·공급하여 주민들의 삶의 질을 향상시키고자 하는 목적을 담고 있다. 재개발사업이 진행됨에 따라 긍정적인 효과도 적지 않았으나 부동산 투기, 세입자 강제 철거, 공공임대주택의 부족, 주변지역과의 부조화, 공공시설 미흡, 원주민

---

9 정원오, 앞의 글, 343쪽; 김안나 등, 『사회통합을 위한 사회적 배제계층 지원방안 연구─ 사회적 배제의 역동성 및 다차원성 분석을 중심으로』, 한국보건사회연구원, 2008, 49쪽.
10 서종균, 「영구임대주택, 분리와 배제의 공간」, 『도시와 빈곤』 29, 한국도시연구소, 1997, 5 ~19쪽; 서수정·김주진·정경일, 「국민임대주택과 주거복지─임대주택단지의 사회통합적 계획을 위한 사회적 배제 실태 조사연구」, 『공간과 사회』 22, 한국공간환경학회, 2004, 24 ~57쪽; 홍인옥, 「영구임대주택 주민들의 사회적 배제 해결 및 사회통합 방안」, 『도시와 빈곤』 76, 한국도시연구소, 2005, 32~60쪽.
11 이보혜, 「영구임대주택 거주자의 사회적 관계망 연구─사회적 배제의 관점에서」, 서울대 석사논문, 2006; 하성규·서종녀, 앞의 글, 159~181쪽.

의 재입주율 저조, 공동체의 붕괴 등 많은 문제점과 부작용을 만들고 있다. 특히 재개발사업은 토지 및 건물 소유자, 세입자, 시행자, 공공기관 등 서로 다른 목적을 가진 다양한 집단과 복잡한 이해관계가 내재해 있고 제각기 서로 다른 이해관계가 대립됨으로써 갈등이 발생하고 있다.

사회는 각기 다른 가치관, 이해, 관심을 가진 또는 상이한 지위와 계층에 있는 다양한 개인 및 집단으로 구성되어 있다. 이들은 사회적으로 희소한 자원을 획득하기 위해 권력과 권위의 배분을 둘러싸고 대립하며 갈등하고 있다.[12] 심리학에서 갈등은 개인이 서로 양립될 수 없는 가치 중에서 어느한 쪽을 선택해야하는 경우에 대두되는 것으로서 가치관, 신념, 규범에 대한 차이, 충돌 등이다. 사회학적 측면에서의 갈등은 특정 개인과 다른 개인 또는 집단 간에 생기는 비양립성과 관련된 갈등이다. 집단이나 조직 간의 의사결정과 관련된 토론이나 논쟁, 가치에 대한 투쟁 그리고 권력이나 희소 자원에 대한 권리 주장 등을 사회적 갈등으로 볼 수 있다.[13] 재개발의 갈등 원천은 심리적인 것이기 보다는 대부분 사회적인 것으로, 재개발을 통한 재산상의 이익이나 손실이 그 직접적인 원인일 것이다.

국내에서는 1990년대 중반부터 주택재개발·재건축사업의 갈등요인과 해결방안에 대한 연구가 진행되고 있다.[14] 그리고 갈등요인 중에서 특히 소

---

12 하성규, 「도시재개발에 있어서 갈등요인의 분석과 해결방안」, 『한국지방자치학회보』 10(2), 한국지방자치학회, 1998, 194쪽.

13 유청일, 「갈등에 관한 이론적 연구―기업조직의 구성원을 중심으로」, 경희대 석사논문, 1992, 10~11쪽.

14 하성규, 앞의 글, 189~209쪽; 홍인옥·서종균, 「도심재개발사업의 갈등 해소 방안」, 『도시연구』 4, 한국도시연구소, 1998, 157~176쪽; 이상경·신우진·정창무, 「내용분석을 이용한 재건축 사업 관련 주체들간의 갈등에 관한 연구」, 『국토계획』 36(6), 대한국토·도시계획학회, 2001, 99~111쪽; 박환용·김호권, 「재건축·재개발사업의 갈등해소 및 사업투명화 연구」, 『주택연구』 15(1), 한국주택학회, 2007, 127~148쪽.

유자간 또는 사업주체간 등의 갈등에 초점을 둔 연구들도 있다.[15] 하지만 국외 연구들은 우리나라의 경우와 달리 주거단지에 대한 재개발보다는 좀 더 넓은 지역단위의 복합재생과 이를 둘러싼 갈등에 관한 연구들이 주로 수행되었다. 재개발 또는 재생정책 방향,[16] 토지 수용방식[17]으로 인한 갈등 그리고 관계자 또는 관계기관의 협력관계[18] 등에 관한 연구들을 찾아볼 수 있다.

15 오인택, 「재건축사업 시행과정에서의 문제점과 개선방안 연구」, 서울대 석사논문, 1997; 박정준, 「아파트 재건축사업의 시행주체간 갈등분석과 해소방안에 관한 연구」, 건국대 석사논문, 2000; 김호철, 「정비사업전문관리업 제도의 재건축 분쟁해소 효과에 관한 연구」, 『도시행정학보』16(1), 한국도시행정학회, 2003, 125~138쪽; 최막중 · 김준형, 「재개발 과정에서의 소유자간 갈등에 관한 연구-재개발에 따른 경제적 부담을 중심으로」, 『환경논총』43, 서울대, 2005, 199~216쪽.

16 R. Kempen · J. Weesep, "Gentrification and the urban poor-urban restructuring and housing policy in Utrecht", *Urban Studies*, Vol.31, No.7, 1994, pp.1043~1056; C. Nagel, "Ethnic conflict and urban redevelopment in downtown Beirut", *Growth and Change*, Vol.31, 2000, pp.211~234; S. Cameron, "Gentrification, housing redifferentiation and urban regeneration-'Going for Growth' in Newcastle upon Tyne", *Urban Studies*, Vol.40, No.12, 2003, pp.2367~2382; R. Atkinson, "The evidence on the impact of gentrification-New lessons for the urban renaissance?", *Eropean Journal of Housing Policy*, Vol.4, No.1, 2004, pp.107~131.

17 S. Brownill, *Development London's docklands*, London : Paul Chapman Publishing, 1990; R. Imrie · H. Thomas, "Law, legal struggles and urban regeneration-Rethinking the relation-ship", *Urban Studies*, Vol.34, No.9, 1997, pp.1401~1418; B. Christophers, "Geographical knowledges and neoliberal tensions-compulsory land purchase in the context of contemporary urban redevelopment", *Environment & Planning A*, Vol.42, No.4, 2010, pp.856~873.

18 T. Brindley, "Community roles in urban regeneration-new partnerships on London's south bank", *City*, Vol.4, No.3, 2000, pp.363~377; Carley *et al.*, *Urban regeneration through partnership-A study in nine urban regions in England, Scotland and Wales*, Bristol / York : Policy press / JRF, 2000; M. Ball · P. J. Maginn, "Urban change and conflict-Evaluating the role of partnerships in urban regeneration in the UK", *Housing Studies*, Vol.20, No.1, 2005, pp.9~28; P. J. Maginn, "Towards more effective community participation in urban regeneration-the potential of collaborative planning and applied ethnography", *Qualitative Research*, Vol.7, No.1, 2007, pp.25~43; J. Lever, "Urban Regeneration Partnerships-A Figurational Critique of Governmentality Theory", *Sociology*, Vol.45, No.1, 2011, pp.86~101.

기존 선행연구들을 보면, 정책적으로 조성된 임대주택을 대상으로 이웃관계, 사회적 배제, 주거환경 만족도를 분석하거나 또는 재개발사업으로 인한 다양한 갈등을 조사한 연구들이 대부분이다. 사회적 배제와 재개발사업을 연계한 연구는 거의 찾아볼 수 없다. 특히 사례지역인 안창마을에 관한 연구들을 보면, 복지정책 수립을 위한 주민들의 생활실태와 의식구조,[19] 재생 또는 재개발을 위한 공간적 접근[20] 등이 부분적으로 수행되었음을 알 수 있다.

따라서 이 글에서는 주거부분에서의 사회적 배제에 초점을 두고, 한국전쟁 이후 산업화시기에 자연적으로 형성된 산동네를 중심으로 행정구역 분리, 토지 불하, 재개발사업 과정에서 나타나는 차별, 소외, 불평등, 갈등 등 주민들의 의식과 마을의 장소성,[21] 정체성의 변화를 살펴보려고 하는 것이다.

---

19 박병현, 「도시빈민의 생활실태파악과 복지대책수립에 관한 연구─부산시 동구 수정3, 4동과 범일6동을 중심으로」, 『한국사회복지학』 23, 한국사회복지학회, 1994, 75~116쪽.

20 김성엽, 「노후주거지에서의 공동체복합지원공간 공급방안 분석─부산시 안창마을, 돌산마을, 물만골을 사례로」, 경성대 석사논문, 2010; 박종화, 「부산 안창마을 테라스하우스 계획안」, 한양대 석사논문, 2010; 주익동, 「도시 고밀도 주거지의 거주자 행태와 물리적 환경 특성으로 본 주거 영역에 관한 연구─부산광역시 소재 안창마을 중심으로」, 인제대 석사논문, 2003.

21 장소place를 '인간의 체험을 통하여 이해하고 의미와 가치를 부여함으로서 형성되는 구체적인 활동의 공간spcae'이라고 정의할 때, 장소성은 이러한 장소의 본질 또는 장소가 지니는 의미이며 물리적 환경에 대한 개인이나 집단의 인식으로써 인간의 체험을 통해 발현된다. 장소에 대한 태도, 영향, 인지는 개인에 따라 차이가 있기 때문에 장소성 또한 공통성과 특수성을 동시에 내포하고 있으며 장소와 그 장소를 둘러싼 상황과의 상호작용의 결과로 생기게 된다. 이석환·황기원, 「장소와 장소성의 다의적 개념에 관한 연구」, 『국토계획』 32(5), 대한국토·도시계획학회, 1997, 174~181쪽; 임하경, 「장소애착 인지 및 결정요인 분석」, 부산대 석사논문, 2003, 6~18쪽; 차철욱·공윤경, 「한국전쟁 피난민들의 정착과 장소성─부산 당감동 월남 피난민마을을 중심으로」, 『석당논총』 47, 동아대 석당학술원, 2010, 283쪽.

3. 안창마을의 현실과 문제

1) 마을의 역사와 공간구조

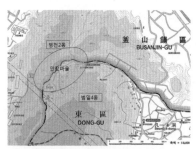

a. 마을의 위치

b. 마을의 주요시설

〈그림 1〉 안창마을의 위치 및 주요시설[23]

안창이라는 이름은 신발의 '안창'이라는 뜻처럼 마을의 가장 안쪽을 의미한다. 안창마을은 수정산 아래를 가로질러 부산진시장, 자성대 앞을 지나 북항으로 흘러가는 호계천(범내)의 발원지로서, 사람이 살기 전에는 산림이 우거지고 커다란 바위가 많고 계곡에 물도 많았던 곳이었다. 호계천을 중심으로 좌우로 나뉘진 분지형을 이루고 있는데 현재 하천을 기준으로 동구 범일4동, 부산진구 범천2동으로 구분되어 있다.[22] 지하수가 풍부하여 지하 10m 정도만 뚫어도 물이 나왔으나 2001년 수정터널이 생긴 후 지하수는 나오지 않는다. 그리고 도심과 비교하여 기온차가 3℃ 정도 나기 때문에 여름에는 도심보다 시원하고 겨울에는 도심에

---

22 동구의 경우, 1970년 7월 범일4동이 범일4동과 범일6동으로 분리되었다가 2008년 1월 다시 범일4동으로 통합되었다.

23 출처 - 그림 a : 부산시 동구청 홈페이지(http://www. bsdonggu.go.kr/rbs2/modules/freeForm/view.php?rbsIdx=UR_1_302); 그림 b : 안전행정부 도로명주소 안내시스템(http://www. juso.go.kr/gismap-org/MapIndex.htm).

비가 올 때 마을에는 눈이 내린다(하○○, 남, 66세).[24]

'도심 속 오지' 안창마을은 1950년 전쟁 이전까지는 사람들이 거의 살지 않았으나 전쟁을 겪으면서 마을 입구에 10여 가구의 피란민들이 모여 살기 시작하였다(하○○, 남, 66세). 하지만 마을 입구인 통일교 회관 아래쪽에 피란민들이 살았을 뿐 안창마을에서 집단적인 주거지를 형성할 정도는 아니었다. 1960년대 중반까지 안창마을은 아랫동네 아이들의 놀이터이자 학생들이 소풍 오는 곳이었다(채○○, 남, 57세). 그러나 그 후 살 곳이 없고 생활이 어려웠던 가난한 사람들이 모여들어 농사를 짓거나 돼지, 닭을 키우며 살게 되었고 삼화고무(주)가 들어서면서 실업자들과 김해, 양산 등에서 이농민들까지 유입되어 본격적으로 마을이 만들어졌다.[25] 특히 완도 등 전라도에서 많은 사람들이 들어와 신발공장으로 일하러 다니기도 했다(A씨, 여).

1970년대 마을의 주택은 흙벽돌로 만든 부실한 슬레이트집이 대부분이었으며 그 수는 50세대 이하였다. 주택을 제외하고는 거의 밭이거나 산이었으며 주거환경과 기반시설은 아주 열악했다. 당시에는 리어카가 다닐 수 있는 길조차 없었으며 겨우 논두렁 정도의 길이 전부였으나 1980년대 버스 한 대가 통행할 수 있는 좁은 내부도로가 만들어졌다(A씨, 여). 1980년 중반 전기가 공급되기 전까지 호롱불로 생활하였으며 1980년 말 상수도시설이 설치되었다.[26]

---

24 하○○(남, 66세)는 안창마을에서 29년째 살고 있으며 20년 넘게 동구 범일4동 23통 통장 업무를 수행하였다. 통장으로 근무하면서 마을도로 신설, 공공미술 프로젝트 등 마을을 위한 활동을 많이 해 왔기 때문에 마을의 사정을 누구보다 잘 알고 있었다.

25 우리나라 신발산업은 6·25전쟁 전후 피란민, 이농민 등 풍부한 노동력을 바탕으로 태동하기 시작해 1970년대 본격적인 꽃을 피웠다. 삼화고무(주)는 1950년 중반 부산 범천동 일대에서 김지태 회장이 창업해 최고 근무인원이 1만 명을 넘을 정도로 부산신발의 대표적인 간판기업이었다. 『매일경제신문』, 2002.11.7; 2009.11.15.

전기가 들어오고 도로가 만들어지자 안창마을로 더 많은 사람들이 모여 들었다. 1980년 초 주민들 대부분은 건설노동자나 신발공장 노동자였으며 대략 200가구 정도가 살았다. 그리고 원래 무허가주택지에는 시설투자를 할 수 없으나 동구 주민들의 노력으로 2000년대 중반 도로 주변의 건물들을 일부 철거하여, 범일삼거리에서 안창마을 마을버스 종점으로 이어지는 총 길이 960m의 진입도로(안창길)를 왕복2차선 폭 12m로 확장하였다.[27] 도로 가 넓어지고 교통이 편리해지면서 차량소통도 많고 주차문제도 다소 해결 될 수 있었다.

그리고 마을의 일부만 개인소유일 뿐 대부분의 토지는 산림청, 부산도시 공사 소유였기 때문에 셋방살이를 하거나 또 살 곳이 없었던 사람들은 땅값 을 내지 않고 이곳에 무허가로 집을 짓고 살 수 있었다. 그래서 부산시의 불 법무허가주택 철거정책으로 고통을 당했으며 마을 주민들은 철거당하면 밤새 또 짓는 생활을 반복하였다. 이처럼 안창마을은 비록 산에 인접해 있 지만 도심 가까이 위치하고 있었기 때문에 경제적으로 어려워 살 곳을 마련 하지 못했던 도시빈민들을 위한 주거지로 안성맞춤이었다.

이어서 마을의 지형적, 공간적 특성을 살펴보면, 마을의 전체 면적은 168,903㎡이며 대부분이 자연녹지지역이다. 이 중에서 부산진구 범천2동 쪽에 속한 면적은 95,649㎡, 동구 범일4동 쪽 면적은 73,254㎡이다. 토지비 율을 보면 국·공유지가 32%, 부산도시공사가 23%, 사유지가 45%이다. 지

26 『경향신문』, 1987.9.26.
27 도로 공사비가 부족하여 공사가 진행되지 못하고 있었는데 안창마을 출신인 고 김선일 사망사건을 계기로 정부의 특별교부세가 제공되어 진입도로 확장사업이 본격적으로 추 진될 수 있었다. 『부산일보』, 2004.7.29.

형적으로 수정산 북측 해발 160~240m
에 위치하고 있으며 경사도는 10~40%
이다.[28] 인구는 2008년 기준으로 동구
범일4동 1,492명(458세대), 부산진구 범
천2동 965명(412세대)으로 전체 870여
가구가 살고 있다.

안창마을은 공간적 맥락에서 도심
과 가까운 거리에 있다는 점, 산 중턱
이상의 높은 경사지에 위치하고 있다
는 점, 바다로의 조망이 되지 않는다는
점, 도심에서는 마을의 모습이 드러나
지 않는다는 점 등이 특징이며[29] 불편
한 교통조건, 열악한 도시기반시설, 사
업성이 확보되지 않는 입지적 특성 등
으로 재개발의 압력에서 벗어나 있었
다. 입지적으로는 도심과 근접하지만
오히려 도심에서는 주거지역이 보이
지 않는 까닭에 이 마을이 현 상태로
존재할 수 있었던 것이다.

a. 마을 전경

b. 동의대에서 바라본 A view

c. 마을 입구에서 바라본 B view

〈그림 2〉 안창마을 전경[30]

---

28 재개발대상 지역의 총면적은 149,109㎡이며 이중 사유지가 66,749㎡, 부산도시공사 소
   유를 포함한 국·공유지는 82,360㎡이다. 부산광역시 동구, 앞의 책, 269~270쪽.
29 김성엽, 앞의 글, 10쪽.
30 출처 : 네이버 지도(http://map.naver.com).

마을 진입로에 5층 정도의 연립주택이나 2층 양옥집이 있긴 하지만 수정산 아래에 있는 주택들 대부분은 슬레이트, 블록으로 만들어진 단층집들이다. 각 세대의 대지는 10~20평 정도로 좁은 편이며 그래서 상대적으로 녹지공간이 부족하다. 도로의 폭이 좁고 경사가 급해 차량의 출입이 불가능한 곳이 많기 때문에 주민들 특히 노인들의 통행에 어려움이 많으며 이사, 화재, 오물 수거, 응급환자 등의 처리가 힘들어 불편과 피해를 초래하기도 한다.

현재 마을 중앙의 내부도로(안창길)를 따라 상업시설들이 선형으로 배치되어 있다. 안창길 주변에는 작은 마트, 상점들이 있으며 특히 오리고기집이 많다. 안창마을을 대표하는 음식문화로 자리 잡은 오리고기집은 1980년대 후반 범천2동에서 처음 시작되었다. 다른 지역보다 가격이 저렴하였기 때문에 사업은 더욱 번창하여 도로를 따라 범일4동 지역에도 들어섰으며 현재 40여 곳이 운영되고 있다. 하지만 세무서에 영업신고만 했을 뿐 대부분의 건물은 여전히 무허가이다. 그리고 2007년 '안雁 창窓 고庫' 프로젝트를 시작으로 2008년, 2009년까지 3회에 걸쳐 진행된 공공미술 프로젝트로 인하여 도로 주변의 주거환경은 비교적 개선된 느낌을 준다. 평일에는 한가하고 조용한 마을이지만 주말에는 벽화와 오리고기집을 찾는 외지인들로 도로 주변이 혼잡할 지경이다.

공공공간open space으로는 쌈지공원(파고라, 화단 등), 마을 놀이터, 벽화 주변, 공터, 상업시설 주변, 버스 회차지, 안창고 앞 그리고 노거수 주변이나 텃밭 등이 있다.[31] 마을버스 종점 주변과 버스 회차지에서는 주민들의 담소, 어린이들의 놀이 등이 이루어지며 특히 버스 회차지는 광장 구실을 하

---

31 위의 글, 59~60쪽.

a. 파고라

b. 벽화 주변

c. 놀이터

d. 안창고

〈그림 3〉 마을 내 공공공간

기도 한다. 그리고 벽화를 중심으로 어린이들의 놀이, 외부인들의 관람 등
의 행위가 일어난다. 또한 안창길과 골목의 갈림길에 위치한 쌈지공원, 노
거수 주변, 공터에서는 주민들 특히 노인들의 담소와 휴게활동이 빈번하다.
그리고 상업시설 주변에는 주민들의 만남과 함께 외부인의 왕래가 잦으며
특히 오리고기집 주변은 주차와 휴식공간으로 이용된다.

복지시설로는 1991년 개관한 동구 종합사회복지관이 마을 입구에 위치

하고 있으며 어린이집, 어린이도서관, 목욕탕, 노인정 등이 복합적으로 운영되고 있다. 여기서 유일하게 주민복지서비스가 지원되고 있으나 행정구역의 분리로 인해 지원을 받지 못하는 곳도 있다. 김○○(여, 76세)은 복지관 2층에 있는 경로당이 너무 멀어 가기 힘들고 마을 내에는 모일 장소가 없어[32] 날씨가 좋으면 도로 주변에 모인다고 한다. 그래서 마을 내에 경로당이 생기길 희망하고 있었다.

마을 뒤편에는 동의대학교 기숙사 건물이 있다. 마을보다 높은 고지대에 커다란 건물이 위치해 있기 때문에 조망을 해치고 도시경관 측면에서도 좋지 않다. 하지만 마을 주민들은 마을 반대편인 구포에서 불어오는 바람을 막아주며 그 건물 덕분에 2003년 태풍 매미 때도 큰 피해를 입지 않아 그 건물이 효자라고 한다(하○○, 남, 66세). 살고 있는 마을 주민들이 아니고서는 절대 알 수 없는 것이며 외부인과 내부인의 시각에 큰 차이가 있음을 보여주는 것이다.

2) 마을의 현실과 문제

안창마을은 많은 문제들을 내포하고 있는데 물리적 측면에서 보면, 마을에는 무허가주택 및 주택노후화, 도심과 가깝다고는 하지만 불편한 교통시설, 주차장 부족, 인구감소와 고령화, 빈집 증가와 그에 따른 범죄의 위험 등

---

32 일본인 묘지와 화장장이 있었던 아미동 산19번지와 아주 다른 모습이다. 아미동에는 미등록된 4개의 경로당을 포함하여 총 13개의 경로당이 있다. 비슷한 환경인데 이렇게 차이가 나는 이유는 모임을 위한 마을 주민들의 적극성이 다르기 때문일 것이다. 차철욱·공윤경·차윤정, 「아미동 산동네의 형성과 문화변화」, 『문화역사지리』 22(1), 한국문화역사지리학회, 2010, 10쪽.

의 문제가 있다. 이런 요인들은 무엇이 먼저인지를 떠나서 여러 가지 요인들이 서로 복잡하게 얽히면서 발생하고 있다.

무허가이면서 주택들은 낡았으며 도로는 비좁고, 경제적으로 여유가 있어 자동차를 소유하고 있어도 주차장이 부족하다. 이런 환경에서 탈출하고 싶은 젊은이들은 떠나고 빈집들이 생겨난다. 그 빈집에는 또 다시 새로운 빈민들이 들어오고 그래도 남는 빈집들은 범죄에 이용될 위험을 안고 있으며 쓰레기 투기장이 되기도 한다. 또한 마을은 재개발지역으로 묶여있어 주거환경, 도시기반시설의 개선조차 어렵다. 그래서 주택과 골목길은 수리를 못해 더욱 낡아가며 이런 상황이 연속적으로 이어지고 있다. 마을 실정에 맞지 않는 정책에 저항하며 개선하기 위해 노력하기보다는 포기하고 탈출도 할 수 없어 마지못해 살고 있는 것이다. 마을에 산다는 것에 자긍심을 가진 선택형 주민보다는 어쩔 수 없어서 사는 숙명형 주민들만 늘어난다.[33]

그리고 가구형태나 가족의 생애주기, 연령, 직업 등 인구사회학적 측면에서 격차가 크며 이와 관련하여 주민들의 의식도 다양한 모습을 보인다. 고령의 노인들과 생활보호대상자들은 정부의 생계비 지원에 의지한 채 살고 있기 때문에 정부에 대한 의존도가 높고 문제나 불만을 드러내는 것을 겁낸다. 또 다른 주민들은 정부의 정책에 예민하게 반응하여 불만을 드러내거나 항의하기도 하지만 먹고살 만하거나 여유가 있는 주민들은 별다른 관심을 보이지 않는다.

---

33 지역의 발전은 정주주민과 교류주민이 함께 만들어가는 것이다. 정주주민은 선택형 주민과 숙명형 주민이 구분할 수 있는데 전자는 그곳에서 산다는 것에 자긍심을 가진 사람이며 후자는 어쩔 수 없이 그곳에 사는 사람으로 경제적 여력만 있다면 그곳을 탈출하려는 사람이다. 그래서 숙명형 주민이 많은 지역은 그만큼 발전 가능성이 없다. 강형기, 『지역창생학』, 생각의 나무, 2010, 61~62쪽.

이런 주민들의 의식은 마을을 위한 조직구성이나 주민들의 참여에도 영향을 미치고 있다. 안창마을은 공동의 문제를 해결하기 위해 공식적인 조직을 구성하려는 노력이 미약하여 마을을 아우르는 조직체가 활성화되지 않고 있다. 도로 주변에 오리고기집이 많기 때문에 동구, 부산진구 구분 없이 상인들끼리의 모임이 있을 것도 같은데 전혀 없다. 다만 동구 지역에서는 반상회가 아니라 통상회(통계)가 있어 한 달에 한번 전달사항을 전하고 마을의 중요사항을 의논하며 친목계처럼 1년에 1∼2차례 야유회를 가기도 한다(채 ○○, 남, 57세; 하○○, 남, 66세).[34]

이처럼 정치적, 사회적 조직체나 활동에 대한 주민들의 참여도가 낮은 것은 고령의 독거노인들, 장애인, 영세민들 등 주민구성상의 문제 그리고 안창마을만의 문제 즉, 동구와 부산진구로 나눠진 행정구역 분리 등이 그 주요 원인일 것이다. 이런 복합적인 요인들 때문에 많은 주민들은 마을의 공동 활동이나 행사에 참여할 의사나 의욕을 잃어버리고 마을에 대해 무관심과 회의적인 태도를 보이고 있는 것이다.

마을 내 조직 구성이나 모임 유지가 어렵고 주민활동 역시 활성화되지 못하는 요인은 여러 가지가 있을 수 있다.[35] 첫째는 주민들의 경제적 빈곤이다. 공식적인 주민활동에 참여할 때 생기는 금전적인 부담이 주민들의 자발적인 참여를 억제한다. 둘째, 대체로 빈곤하지만 그래도 주민들 간에 격차가 있다는 것이다. 소득격차에 따른 주민들 사이의 차이와 분리는 여가활동에서의 차별로 이어진다. 또한 이것은 주민들 사이의 이해와 소통을 어렵게

---

34 통상회에 참가하는 세대는 과반수가 안 되며 23통상회의 경우 회원 수는 50여 명 정도 된다.
35 유병덕, 「도시빈민의 사회문화적 특성―청주시 S영구임대아파트의 사례를 중심으로」, 『도시연구』 9, 한국도시연구소, 2004, 58∼75쪽.

하고 전체적인 공감대 형성을 저해한다. 궁극적으로 주민들 상호 간의 불신과 단절의 주요한 요인으로 작용하고 있다. 셋째, 마을 지도자들의 열의 부족이다. 산동네와 같은 대부분의 빈민마을에서 주민들의 조직과 활동은 대체로 열성적인 몇몇 주민들에 의해 주도되는 경향이 강한데 안창마을에는 열의나 노력을 가진 주민이 거의 없다.

이런 상황 가운데서도 주민들은 나름대로 원만한 이웃관계를 이루고 있다. 특히 동구 지역의 도로 주변 주민들은 이웃끼리 서로 관심을 가지고 도우며 살고 있음을 볼 수 있었다.[36] 하○○(남, 66세)에 따르면 안창마을은 옛날 시골동네와 마찬가지로 거의 모든 사람들이 알고 지내며 서로 안부를 묻고 인사를 나눈다고 한다. 조은·조옥라의 연구에서 지적했듯이,[37] 안창마을 주민들은 어려운 사람끼리 함께 모여 사는 것에 대해 정신적 안정감을 느끼며 그들이 처한 사회경제적 취약성이 오히려 마을 내에서 심리적 동질의식을 만든 것이라고 본다. 즉, 이해관계가 같고 생활수준도 비슷한 주민들은 이처럼 이웃사촌처럼 지내고 있는 것이다.

이와 반대로 이웃관계가 원만하지 못하다고 느끼는 주민도 있다. 부산진구 지역 골목 안쪽에 살고 있는 B씨(여, 70대 후반)는 이웃 주민들, 주거지에 대해 모두 부정적으로 인식하고 있는데 '이웃사람들이 안 좋다', '사람 살 곳이 못 된다'라고 말한다. 주거지에 대한 부정이나 회피, 이웃주민들을 통한 부정적인 자기인식과 같은 문제들은 도시빈민 밀집지역에 상존해 있던 문

---

[36] 김○○(여, 76세)은 다른 할머니들과 함께 도로가에 깔개를 깔고 앉아 얘기를 나누며 지나가는 사람들과 안부를 전한다. 그리고 함께 음식을 나눠 먹기도 한다. 한○○(여, 76세)의 가게에서는 동네 주민 3~4명이 모여 얘기를 나눈다.
[37] 조은·조옥라, 『도시빈민의 삶과 공간-사당동 재개발지역 현장연구』, 서울대 출판부, 1992, 143쪽.

제로서 생활정도의 차이가 많고 생계에 도움을 주고받을 필요가 없는 주민들은 이웃(사회)관계 자체가 의미 없다고 여긴다. 여러 가지 원인들이 있겠지만 소비문화와 경제수준에 따른 상대적 빈곤과 박탈감, 새로운 빈민들과의 부조화, 그리고 토지 불하와 재개발정책에 따른 상대적 열등감 등이 복합적으로 작용하기 때문이라고 본다.

4. 갈등과 배제 그리고 타자화

1) 행정구역 분리

안창마을은 도심과 가까우면서 도심과 격리된 공간적 특성으로 지금까지 형성 당시의 모습이 대부분 남아 있으며, 대지와 건축물에 대한 적법성이 인정되지 않는 곳이 많은 무허가밀집지역이면서 노후불량주거지이다. 앞에서 지적한 것과 같이 마을은 고지대에 위치해 있는데다 도로와 상하수도 등 각종 기반시설이 열악하고 주택도 심하게 낡아 재정비가 시급하다. 하지만 행정구역이 갈라져 주민 의견수렴과 합의 도출이 어렵기 때문에 재개발의 필요성에도 불구하고 진척을 보지 못하고 있다. 2007년 안창마을 주민들을 대상으로 행정구역 조정에 관한 의견조사를 실시하였으나 대다수 주민들이 현재 자신이 속한 자치구로 행정구역이 조정되기를 바라는 것으로 나타나 행정통합은 끝내 이루어지지 않았다.[38]

---

[38] 2007년 7월 안창마을 전체 가구 중 752가구가 참여한 부산시의 조사에서 44.6%가 행정구역 조정의 필요성을 인정했고 24.6%는 필요성을 느끼지 않는다고 응답했다. 그리고

먼저, 행정구역의 분리와 토지 불하에 대한 마을 주민들의 의식을 살펴보려 한다. 마을의 주거환경을 보면 환경개선에 대한 동구와 부산진구의 행정지원이 많이 다르다는 것을 알 수 있다. 호계천을 경계로 부산진구 쪽 골목 안의 주택상태는 동구 지역보다 훨씬 노후, 불량한 슬레이트집들이 많으며 골목길과 작은 개울인 호계천 주변도 정비가 안 된 상태로 방치되어 상대적으로 더 열악한 주거환경임을 확인할 수 있다. 그러나 동구 지역은 상황이 다르다. 마을 내부도로(안창길) 주변은 공공미술 프로젝트로 인해 비교적 잘 정비되어 있으며 골목 안의 주택들과 길은 최근에 수선한 것처럼 깨끗하고 정비가 잘 되어 있다. 하○○(남, 66세)는 동구의 세수입이 좋기 때문에 지원을 잘해 주는 편이며 특히 안창마을 범일4동 23통은 동구 중에서도 생활보호대상자가 가장 많지만 이들을 위한 복지서비스가 잘 되어 있다고 한다. 그리고 수도, 전기 특히 마을 내부도로(안창길)도 동구에서 개설하였기 때문에 부산진구 쪽 사람들은 혜택만 보고 있는 것이라고 주장한다. 그래서 하○○(남, 66세)는 마을의 동구 지역에 살고 있음을 자랑스럽게 여기고 있었다.[39] 도로 주변에서 가게를 하는 한○○(여, 76세)은 이와 상반되는 의견을 나타냈는데, 부산진구 쪽 주민들의 생활이 동구보다 낮기 때문에 복지지원이 다른 것이며 오히려 부산진구의 재정이 동구보다 더 튼튼하여 불우이웃돕기, 복지서비스가 더 잘 되어 있다고 한다.

조정이 이뤄질 경우 동구 쪽 주민 72.8%, 부산진구 주민 61.6%가 현재 속한 자치구로의 조정을 선택했다. 『연합뉴스』, 2007. 1. 15. 하지만 하○○(남, 66세)에 의하면 대부분의 주민들은 행정통합에 찬성하지만 행정통합이 되지 않는 이유는 구의원들의 알력으로 구의회에서 통과되지 않기 때문이라고 한다.

39 하○○(남, 66세)에 의하면 부산진구는 안창마을을 애물단지로 여기고 있다고 한다. 왜냐하면 들어오는 세수입은 별로 없는데 투자는 해야 되기 때문이다.

그리고 1990년대 중반 부산도시공사 토지와 부산진구 지역의 개인 사유지를 불하하였는데 동구는 부산도시공사 소유가 많고 부산진구는 상대적으로 사유지가 많은 편이었다. 하○○(남, 66세)는 부산도시공사 토지가 동구 지역에 많았기 때문에 동구 사람들이 더 많이 불하를 받았고 그래서 토지소유 비율이 부산진구보다 높다고 말한다. 그러나 한○○(여, 76세)에 따르면 부산진구는 산(사유지) 주인이 싸게 내 놓아 동구보다 토지 불하가격이 저렴했으며 그래서 많은 부산진구 쪽 사람들이 동구보다 싼 가격에 불하를 받았다고 증언한다. 그리고 동구의 경우 마을 안쪽은 평당 불하가격이 50만 원이었던 것에 비해 도로 주변은 평당 120만 원[40]으로 아주 비쌌기 때문에 불하를 신청하지 못했다고 한다. 하지만 이때 불하를 신청한 모든 주민들이 불하금(토지 매입비)을 내고 토지를 자신의 소유로 만든 것은 아니다. 아직까지 불하금을 갚지 못한 세대들도 있기 때문이다.[41] 그리고 김○○(여, 76세), B씨(여, 70대 후반)와 같이 호계천 인근에 사는 주민들은 하천부지라 불하를 신청하지 못하였다.

이처럼 일부 주민들만 토지를 소유하고 있을 뿐 여전히 건물의 90% 이상은 무허가이며 1998년부터 부과된 토지세(불법점용료)를 내지 못하는 주민들도 다수 있다. 한○○(여, 76세)은 매년 토지세를 내고 있는데 1년에 50만 원이 하던 것이 지금은 100만 원이라고 한다. 한 마을 안에서 불하가격이 다른 것에 대해 그리고 매년 부과되는 비싼 토지세에 대해 불만을 토로하였다.

---

[40] 재개발지정 이후 부동산회사에서 도로 주변의 토지를 구매한 가격은 불하가격 포함하여 420만 원이었다. 하○○, 남, 66세.
[41] 전체 870세대 가운데 토지를 불하받은 30% 가량을 제외한 600여 세대는 토지를 무단점용하고 있거나 불하 후 분할 납부하기로 한 토지 매입비를 제대로 내지 못하고 있다.『국제신문』, 2008. 1. 11.

이처럼 행정구역 분리에 따르는 문제로 말미암아 주민들은 끊임없이 마을의 부산진구 지역과 동구 지역을 비교하고 있었다. 즉, 자치구의 역할과 행정서비스의 차별에 대해 다른 지역과 비교하면서 만족스러워하며 자부심을 가지기도 하지만 때로는 부러워하며 선망과 질시를 함께 느끼는 것이다. 특히 직접적으로 주민들 개개인의 삶에 영향을 미치는 주거환경 개선에 관한 사항이나 토지 불하, 토지세(불법점용료) 등 경제적인 사항들에 대한 차별은 하나의 마을에서 함께 삶을 공유하고 살아가는 주민들에게 민감한 문제일 수밖에 없다.

마을에 살고 있는 어린이들이 부산진구 범천2동, 동구 범일4동 관계없이 모두 동구 소재의 범일초등학교에 다니고 있다는 점, 대부분의 마을 기반시설이 동구의 주도로 이루어졌다는 점, 재개발사업을 동구에서 관할하고 있다는 점 그리고 어린이도서관, 경로당, 이미용실, 목욕탕 등의 편의시설이 동구 종합사회복지관에 있다는 점 등을 보면 동구가 부산진구보다 안창마을에 대해 보다 적극적인 지원을 하고 있음을 알 수 있다. 재개발사업이든 주거환경개선사업이든 마을의 발전과 주민들의 단합을 위해 안창마을은 동구로 통합되어 모든 행정지원이 일원화되는 것이 바람직할 것이다.

2) 재개발사업

여기서는 현재 진행 중인 재개발사업과 관련하여 발생되고 있는 소외, 갈등, 배제 등 주민들의 의식에 대해 살펴보고자 한다. 안창마을의 주택재개발사업은 2005년 9월 『2010 부산시 도시 및 주거환경정비 기본계획』에 고시되었으며⁴² 2006년 8월 재개발조합 추진위원회가 승인되었다. 그리고 정비계획수립을 위한 용역, 주민설명회, 주민공람 공고, 최종보고회 등을 거쳐 2008년 8월 정비구역으로 지정되었으며 2009년 6월 조합설립인가를 마쳤다.⁴³

재개발사업 계획안을 보면 안창마을 고유의 모습은 찾아볼 수 없다. 환경적, 경관적 잠재력과 가치를 가진 자연 그대로의 경사지를 이용하기 보다는 오히려 지반을 굴착한다는 계획까지 포함하고 있다. 계획대로 진행된다면 무분별한 절토와 성토로 마을 고유의 자연환경은 파괴되고 말 것이며 전국, 부산 어느 곳에서나 볼 수 있는 획일적이고 비개성적이며 평범한 아파트단지가 만들어질 것이다. 지역의 특성을 반영하고 주민의 의견에 기초하기보다는 경제적 효율성과 재개발사업 추진의 신속성 등에 초점을 맞추었기 때문이다. 따라서 마을의 모든 것을 없애고 새로운 것으로 채우는 전면 철거 방식의 재개발사업은 40~50년 동안 이어온 안창마을의 역사, 문화, 장소성 그리고 자연환경조차 살리지 못할 것이다.

재개발사업 고시와 계획안을 만드는 과정에서 주민들은 소외되고 배제되었다. 부산시와 관할 구인 동구는 구역지정, 사업방식 등에 대해 주민들의 견해나 의견을 묻지 않았다. 재개발구역을 지정하고 사업계획을 결정하는 권한은 공공기관이 가지고 있기 때문이다. 또한 설계용역업체를 통하여 계획안을 작성할 때 역시 주민들의 의견은 반영되지 않았다. 주민들의 주거

---

42 이 때 동구 '범일-재개발-1'과 부산진구 '범천-유형유보-1'로 지정되었던 것이 최근 동구 관할사업인 '범일-재개발-1'로 변경 · 통합되었다. 부산광역시, 『2020 부산광역시 도시 및 주거환경정비 기본계획』, 2011, 131 · 138쪽.

43 부산광역시 동구, 앞의 책, 269~270쪽.

지에 대한 재개발계획인데 정작 자신들은 배제된 채 공공기관에 의해, 공무원과 설계용역업체에 의해 진행된 것이다. 일부 참석자의 반대 때문에 실제로 2008년 1월 개최된 주민설명회는 제대로 진행되지 못한 채 끝이 나기도 했다.[44] 이와 같은 문제는 재개발에 대한 제도, 정책의 문제로 안창마을뿐만 아니라 거의 모든 빈민주거지 재개발사업에서 공통적으로 일어나고 있는 현상이다. 토지나 주택을 소유하지 못한 빈민들은, 특히 정치적인 측면에서, 사회적 배제를 겪고 있는 것이다. 즉, 의사결정과정에서의 참여기회를 박탈당하고 배제된 채 기본적인 주거환경조차 제대로 누리지 못하는 삶을 살고 있다.

그리고 재개발조합 설립인가를 위해서는 해당 지역 토지 및 건물 소유자(토지 등 소유자)의 동의율 75%를 넘어야 한다. 하지만 안창마을에서 조합구성자격을 지닌 토지 등 소유자는 전체 870세대 중 83세대 정도에 불과하기 때문에 실제로 재개발조합을 구성하는 과정에서 토지소유자 83명의 75%인 63명의 동의만으로 조합이 설립되었으며 대부분의 주민들은 이 과정에서 소외되었던 것이다. 토지 등 소유자가 전체 주민들 중 10% 정도밖에 안 된다는 것 그래서 그 수의 75%만이 동의하면 조합설립이 된다는 것은 일반적인 재개발사업에서는 아주 드문 일이라고 할 수 있다. 75% 이상의 동의를 얻도록 되어 있는 현행법 규정은 주민의 대표성을 확보하라는 취지로 만들어진 것이지만 안창마을에는 오히려 독소조항이 되고 있다.[45] 이는 안창마을과 같은 무허가주택 밀집지역을 재개발할 때 반드시 발생하는 문제로서,

---

44 『CBS노컷뉴스』, 2008.1.11.
45 『CBS노컷뉴스』, 2008.1.11.

주민을 위한 규정이 오히려 해가 되어 대다수의 주민들이 조합설립에도 참여하지 못하는 상황이 발생하는 것이다. 따라서 마을의 재개발사업이 소수의 토지 등 소유자들에 의해 진행될 수밖에 없었다.

그러나 안창마을의 대다수를 차지하고 있는 무허가주택 세대는 조합구성에 참여할 수는 없지만 분양대상은 될 수 있다. 1989년 3월 29일 이전부터 살고 있던 무허가주택 세대들은 조합설립인가를 위한 동의율 75% 산정대상에서는 제외되지만 일단 조합이 결성되고 조합 정관이 인정하면 아파트를 분양받거나 현금 청산에 참가하는 등 조합원의 자격과 권리, 의무를 가질 수 있기 때문이다.[46] 하지만 실제로 10평 안팎의 무허가주택 주민들이 조합원이 되어 분양권을 받더라도 입주하여 재정착하기에는 경제적으로 어려움이 많으며 또한 보상을 받는다고 하더라도 평수가 작기 때문에 미미한 수준이 될 수밖에 없다. 따라서 재개발사업이 진행되면 무허가주택 세대들은 적은 보상금을 받고 결국 다른 지역으로 떠나야 하는 사태가 발생할지도 모른다. 이와 같은 일은 토지나 건축물을 소유한 주민들 중에서도 일어날 수 있다. 토지를 소유하고 있더라도 평수가 작거나 경제적으로 여유가 없는 주민들은 재개발 이후 증가된 면적과 그로 인해 상승된 가격을 감당하기 어려울 것이며 결국 소유권을 잃고 임대주택 입주권이나 보상금을 선택해야하는 상황에 놓이게 될 수도 있기 때문이다.

주택재개발사업에서 정비구역 내의 토지 및 건축물 소유자로서 분양을 포기한 자 또는 정비구역 안에 거주하는 세입자가 입주를 희망할 때 임대아파트에 들어갈 수 있다.[47] 하지만 안창마을의 경우 현재 계획안대로 재개발

---

46 '부산시 도시 및 주거환경정비법' 조례 제2조 제1항.

사업이 진행된다면 조성되는 1,600여 세대 가운데 임대아파트는 10% 정도에 불과하다.[48] 만약 제도적, 경제적 조건이 충족된다고 하더라도 일부 주민들만이 임대아파트에 입주할 수 있게 되는 것이다. 그러므로 주민들 대다수가 비좁은 무허가주택에 살고 있고 특히 독거노인들은 전세나 월세로 살기 때문에 마을 주민들의 재정착 가능성은 더욱 낮아질 수밖에 없다. 이를 해결하기 위해서는 구체적인 실시계획을 세울 때 임대아파트의 비율을 다시 조정해야만 한다. 이 문제는 무허가주택 세대들과 시행사(또는 시공업체) 간에 큰 갈등을 일으킬 수 있는 요인이 될 것이다. 임대아파트의 비율을 늘리면 수익성이 떨어져 사업성이 없기 때문이다.

조합이 설립되어 인가를 받았지만 시공업체 선정 등에서는 난항이 이어지고 있어 사업진행은 더디다. 부산에는 2008년 기준으로 1만가구가 넘는 미분양아파트가 있고 또한 부동산 경기침체로 시공업체들이 사업성이 좋은 곳으로 평가되는 지역조차 착공과 분양을 미루고 있는 상태이다. 이런 요인들로 인해 시공업체들은 고지대이며 기반시설이 열악한 안창마을 재개발사업에 참여하지 않고 있는 것이다.

안창마을 재개발에서 내세우는 '도시기능 회복'이나 '주거환경 개선'은 무엇을, 누구를 위한 것일까. 여유가 있는 사람들과 젊은 사람들은 어떻게든 마을이 재개발되기를 원한다. 하○○(남, 66세)는 어려운 형편의 사람들 때문에 재개발을 못한다는 것은 마을 발전을 위해서도 말이 안 된다고 한다.

---

47 '도시 및 주거환경정비법' 시행령 '별표3' 임대주택의 공급조건 등(제54조 제2항 관련).
48 용역 최종안에 따르면, 동의대 기숙사 인접지역에는 164세대(전체의 10.2%) 규모의 임대아파트 단지가 조성된다. 임대아파트의 30% 이상은 40㎡ 이하의 초소형 주택으로 지어질 예정이다. 『중앙일보』, 2008.2.29.

한○○(여, 76세) 역시 마을이 철거되고 고층아파트가 들어서길 원하는데 마을이 살아남고 발전하기 위해서는 그렇게 되어야 한다고 말한다. 반면에 B씨와 김○○(여, 76세)처럼 무허가주택에 사는 사람들, 세입자들, 홀로 사는 노인들은 낡은 집을 고쳐서 그냥 살기를 바라고 있다.

5. 공생의 공간, 안창마을

이 글은 도시빈민들의 무허가주거지인 안창마을을 대상으로 마을의 공간구조, 주변 환경, 역사적 경험 등을 조사하고 행정구역의 분리, 토지 불하, 재개발사업 등 주거영역에 대한 도시빈민들의 사회적 배제에 주목하여 이에 대한 마을의 변화와 주민들의 의식을 살펴보았다.

시간의 흐름에 따라 그리고 다양한 외부요인과의 관계 속에서 마을의 성격뿐만 아니라 마을에 살고 있는 주민들의 의식 또한 변하고 있음을 확인할 수 있었다. 즉, 안창마을의 장소성과 정체성은 장기간 지속되기도 하지만 고정된 것이 아니라 사회적 관계와 주변 환경에 영향을 받고 있었으며 특히 제도·정책적으로 또는 자본의 힘으로 행해지는 행정구역 분리, 토지 불하, 재개발사업 등은 주민들의 삶과 의식 변화에 직접적 그리고 부정적인 요인으로 작용하고 있었다.

연구결과를 간단히 요약하면 다음과 같다. 먼저 마을의 변화과정을 보면, 안창마을은 과거에는 바위가 많고 물이 좋은 계곡이었으나 빈민들이 모여들면서 동구·부산진구로 나눠져 산기슭 경사지에 형성된 산동네, 무허가 빈민주거지가 되었다. 최근에는 오리고기집과 공공미술 프로젝트로 인하여 벽화마을로 유명한 곳이 되었으며 재개발조합까지 설립된 주택재개발 구역이면서 '산복도로 르네상스 프로젝트' 재생계획에 포함되어 있다.[49] 다음으로 주민들의 의식을 조사한 결과를 보면, 동구, 부산진구로 구분되어 있기 때문에 행정지원, 주거환경개선, 토지 불하금, 토지세(불법점용료) 등에서 차별을 받는 것에 대해 주민들은 상대 지역과 비교하면서 자랑스럽게 여기기도 하고 부러워하기도 하며 한편으로 불만을 나타내기도 하였다. 그리고 재개발사업과정에서 특히 무허가세대 주민들의 참여는 배제되고 의견은 반영되지 않고 있었으며 그래서 이들은 더욱 상대적인 박탈감을 느끼고 삶터를 잃을지도 모른다는 불안감에 싸여 있음을 알 수 있었다.

안창마을은 더 이상 이전과 같은 '도심 속의 오지'로 고립되어 살아갈 수 없다. 안창마을의 발전과 주민들의 안정된 삶을 위하여 다음과 같은 사항들이 고려되어야 한다. 첫째는 행정구역에 관한 것으로 마을은 동구로 통합되어 모든 행정과 복지지원이 일원화되어야 할 것이다. 둘째, 전면 철거에 의한 재개발사업은 지양되어야 한다. 공간, 역사, 문화 등 마을 원형을 보존하면서, 주민들과 공공기관 간의 원활한 소통과 교류를 통하여 재생을 시도하는 것이 바람직하다. 셋째는 주민들의 의식에 관한 것으로서, 마을에 팽배해져 있는 무관심, 열등감, 회의적 태도를 개선하려는 노력이 필요하다. 마지막으로 안창마을 주민들의 주거영역에 대한 사회적 배제는 근본적으로 제도·정책으로 인해 배제를 당하는 것이며 개인적으로 해결할 수 없는 사회적 성격을 가지고 있기 때문에 공공기관의 적극적인 역할이 요구된다.

---

49 최근 부산시는 '사람중심 창조도시 부산'이라는 정책을 내세우면서 지역 고유의 자원을 활용하여 지역을 개발하기 위한 도시재생사업으로 '산복도로 르네상스 프로젝트'를 제시하였다. 마스터플랜에 의하면 안창마을은 엄광산권역 재생계획 중에서 범일·범천구역에 포함되어 있다. 하지만 『2020 부산광역시 도시 및 주거환경정비 기본계획』에서는 여전히 '범일-재개발-1' 주택재개발구역으로 지정되어 있는 상태이다.

참고문헌

『경향신문』(http://www.khan.co.kr), 1987.9.26.

『국제신문』(http://www.kookje.co.kr), 2008.1.11.

『매일경제신문』(http://www.mk.co.kr), 2002.11.7; 2009.11.15.

『부산일보』(http://www.busan.com), 2004.7.29.

『연합뉴스』(http://www.yonhapnews.co.kr), 2007.1.15.

『중앙일보』(http://www.joongang.co.kr), 2008.2.29.

『CBS노컷뉴스』(http://www.nocutnews.co.kr), 2008.1.11.

부산광역시, 『2020 부산광역시 도시 및 주거환경정비 기본계획』, 2011.

부산광역시 동구, 『2010 구정백서』, 2011.

공윤경, 「부산 산동네의 도시경관과 장소성에 관한 고찰」, 『한국도시지리학회지』 13(2), 한국도시지리학회, 2010.

김성엽, 「노후주거지에서의 공동체복합지원공간 공급방안 분석－부산시 안창마을, 돌산마을, 물만골을 사례로」, 경성대 석사논문, 2010.

김안나·노대명·김미숙·신호성·김태완, 『사회통합을 위한 사회적 배제계층 지원방안 연구－사회적 배제의 역동성 및 다차원성 분석을 중심으로』, 한국보건사회연구원, 2008.

김호철, 「정비사업전문관리업 제도의 재건축 분쟁해소 효과에 관한 연구」, 『도시행정학보』 16(1), 한국도시행정학회, 2003.

남원석·전홍규, 「사회적 배제와 주거문제」, 『상황과 복지』 19, 한국사회복지학연구회, 2004.

박병현, 「도시빈민의 생활실태파악과 복지대책수립에 관한 연구－부산시 동구 수정 3, 4동과 범일6동을 중심으로」, 『한국사회복지학』 23, 한국사회복지학회, 1994.

박정준, 「아파트 재건축사업의 시행주체간 갈등분석과 해소방안에 관한 연구」, 건국대 석사논문, 2000.

박종화, 「부산 안창마을 테라스하우스 계획안」, 한양대 석사논문, 2010.

박환용·김호권, 「재건축·재개발사업의 갈등해소 및 사업투명화 연구」, 『주택연구』15(1), 한국주택학회, 2007.

서수정·김주진·정경일, 「국민임대주택과 주거복지−임대주택단지의 사회통합적 계획을 위한 사회적 배제 실태 조사연구」, 『공간과 사회』22, 한국공간환경학회, 2004.

서종균, 「영구임대주택, 분리와 배제의 공간」, 『도시와 빈곤』29, 한국도시연구소, 1997.

오인택, 「재건축사업 시행과정에서의 문제점과 개선방안 연구」, 서울대 석사논문, 1997.

유병덕, 「도시빈민의 사회문화적 특성−청주시 S영구임대아파트의 사례를 중심으로」, 『도시연구』9, 한국도시연구소, 2004.

유청일, 「갈등에 관한 이론적 연구−기업조직의 구성원을 중심으로」, 경희대 석사논문, 1992.

이보혜, 「영구임대주택 거주자의 사회적 관계망 연구−사회적 배제의 관점에서」, 서울대 석사논문, 2006.

이상경·신우진·정창무, 「내용분석을 이용한 재건축 사업 관련 주체들간의 갈등에 관한 연구」, 『국토계획』36(6), 대한국토·도시계획학회, 2001.

이석환·황기원, 「장소와 장소성의 다의적 개념에 관한 연구」, 『국토계획』32(5), 대한국토·도시계획학회, 1997.

임하경, 「장소애착 인지 및 결정요인 분석」, 부산대 석사논문, 2003.

정금호, 「영국 사회주택의 사회적 배제 연구」, 『대한건축학회지회연합회 논문집』12(1), 대한건축학회지회연합회, 2010.

정원오, 「빈곤의 담론」, 이영환 편, 『통합과 배제의 사회정책과 담론』, 성공회대 사회문화연구소, 함께읽는책, 2003.

주익동, 「도시 고밀도 주거지의 거주자 행태와 물리적 환경 특성으로 본 주거 영역에 관한 연구−부산광역시 소재 안창마을 중심으로」, 인제대 석사논문, 2003.

차철욱·공윤경, 「한국전쟁 피난민들의 정착과 장소성−부산 당감동 월남 피난민마을을 중심으로」, 『석당논총』47, 동아대 석당학술원, 2010.

_____·차윤정, 「아미동 산동네의 형성과 문화변화」, 『문화역사지리』22(1), 한국문화역사지리학회, 2010.

최막중·김준형, 「재개발 과정에서의 소유자간 갈등에 관한 연구−재개발에 따른 경제적 부담을 중심으로」, 『환경논총』43, 서울대, 2005.

하성규, 「도시재개발에 있어서 갈등요인의 분석과 해결방안」, 『한국지방자치학회
　　　보』 10(2), 한국지방자치학회, 1998.

_____ · 서종녀, 「공공임대주택과 사회적 배제에 관한 연구」, 『주택연구』 14(3), 한
　　　국주택학회, 2006.

홍인옥, 「영구임대주택 주민들의 사회적 배제 해결 및 사회통합 방안」, 『도시와 빈
　　　곤』 76, 한국도시연구소, 2005.

_____ · 서종균, 「도심재개발사업의 갈등 해소 방안」, 『도시연구』 4, 한국도시연구
　　　소, 1998.

강형기, 『지역창생학』, 생각의 나무, 2010.

조은 · 조옥라, 『도시빈민의 삶과 공간—사당동 재개발지역 현장연구』, 서울대 출판
　　　부, 1992.

Atkinson, R., "The evidence on the impact of gentrification-New lessons for the urban
　　　renaissance?", *Eropean Journal of Housing Policy*, Vol.4, No.1, 2004.

Ball, M. · Maginn, P. J., "Urban change and conflict-Evaluating the role of partnerships in
　　　urban regeneration in the UK", *Housing Studies*, Vol.20, No.1, 2005.

Brindley, T., "Community roles in urban regeneration-new partnerships on London's
　　　south bank", *City*, Vol.4, No.3, 2000.

Cameron, S., "Gentrification, housing redifferentiation and urban regeneration-'Going for
　　　Growth' in Newcastle upon Tyne", *Urban Studies*, Vol.40, No.12, 2003.

Christophers, B., "Geographical knowledges and neoliberal tensions-compulsory land
　　　purchase in the context of contemporary urban redevelopment", *Environment &
　　　Planning A*, Vol.42, No.4, 2010.

Imrie, R. · Thomas, H., "Law, legal struggles and urban regeneration-Rethinking the
　　　relationship", *Urban Studies*, Vol.34, No.9, 1997.

Kempen, R. · Weesep, J., "Gentrification and the urban poor-urban restructuring and
　　　housing policy in Utrecht", *Urban Studies*, Vol.31, No.7, 1994.

Lever, J., "Urban Regeneration Partnerships-A Figurational Critique of Governmentality
　　　Theory", *Sociology*, Vol.45, No.1, 2011.

Maginn, P. J., "Towards more effective community participation in urban regeneration-the potential of collaborative planning and applied ethnography", *Qualitative Research*, Vol.7, No.1, 2007.

Nagel, C., "Ethnic conflict and urban redevelopment in downtown Beirut", *Growth and Change*, Vol.31, 2000.

Brownill, S., *Development London's docklands*, London : Paul Chapman Publishing, 1990.

Carley, M. · Hasting, A. · Kirk, K. · Young, R., *Urban regeneration through partnership-A study in nine urban regions in England, Scotland and Wales*, Bristol / York : Policy press / JRF, 2000.

문화콘텐츠산업의 전유와
안동 문화정체성의 재구성*

조관연

1. 전 지구화와 문화 전유

동유럽 사회주의 국가들의 붕괴 이후 전 지구화와 정보통신기술의 비약적인 발달 그리고 문화의 산업화는 전 세계의 거의 모든 지역에서 커다란 문화변동을 초래했다. 한국도 1997년 외환위기를 거치면서 정치, 경제, 사회 그리고 문화 부문에서 큰 변화를 겪었다. 경제적 선진국과의 경쟁에서 뒤처진다고 평가된 국내의 다양한 제도와 의식을 '국제적 표준'에 맞도록 개혁하려고 하였을 뿐만 아니라 변화한 국제환경 속에서 살아남기 위해 새로운 미래 성장 동력을 발굴하려고 했다. 이 같은 변화 노력은 강력한 중앙정

---

*   이 글은 『한국지역지리학회지』 제17권 제5호(2011)에 수록된 논문 「문화콘텐츠산업의 전략적 수용과 안동 문화정체성의 재구성」을 본 단행본의 취지에 맞추어 수정·보완한 것이다.

부의 주도로 추진되었는데, 영국의 창조산업을 본보기로 해서 문화콘텐츠 산업이 탄생하였다. 지방자치제도는 1995년부터 전국적으로 시행되었지만, 아직 지역 사회에 제대로 뿌리를 내리지 못한 상태였다. 중앙정부에 비해 재정과 제도 측면에서 취약한 지방정부는 이런 중앙정부의 정책에 영향을 받아서 치열한 국내외 경쟁에서 살아남기 위해 다양한 자구책을 모색하였다. 각 지방정부는 자구책을 모색하는 과정에서 국제적인 모델뿐만 아니라 중앙정부의 정책을 주요하게 참고하였는데, 이들 모델과 정책을 단순히 참고하거나 또는 수동적으로 수용하는데 그치지 않고 지역 경제를 활성화하기 위해 자신들에게 주어진 조건과 환경 속에서 이를 적극적으로 수용하였다.

문화인류학에서 전 지구화 시대에 벌어진 한국의 이런 현상을 해석하는 시각에는 여러 가지가 있다. 코탁의 견해는 문화접변acculturation의 시각을 잘 보여주고 있다. 그는 문화접변을 상이한 문화를 가진 집단들이 지속적으로 직접 접촉할 때 문화적 특색들의 교환이 발생하는 현상이라고 정의하면서, 둘 중의 한 집단 또는 두 집단 모두에게서 이전의 문화적 패턴은 바뀌게 되지만, 집단은 변별적으로 유지된다고 주장하였다.[1] 문화접변에 대한 대부분의 연구는 소수집단이 경험하는 교류의 양상과 적응에 중점을 두고 있다. 이와 달리 문화 전유cultural appropriation의 시각은 특정한 문화적 요소의 수용 맥락과 형식 그리고 내용뿐만 아니라 그 근저에 깔린 수용주체의 전략적 이용 측면에 주목한다. 문화 전유에 대한 논의는 문화 간에 존재하는 정치적, 경제적, 사회적, 그리고 군사적 측면에서 주도와 종속의 권력관계를

---

[1] Kottak, Conrad Phillip, *Windows on Humanity*, New York : McGraw, 2005, p.209.

전제로 한다. 종속적 위치에 있는 문화집단은 주도적 집단의 몇몇 특정한 문화 요소들을 수용하는데, 이때 주도적 집단의 문화적 맥락 속에서 존재하던 원래적 의미들이 상당 부분 탈각되고, 상이한 의미가 이를 대체한다. 이 때문에 문화 전유를 문화의 도둑질cultural theft이라고 폄하하는 연구자들도 있지만, 조지 립시츠는 문화 전유를 "전략적 반본질주의strategic anti-essentialism"라고 정의했는데, 이는 자신 또는 자신이 속한 집단의 밖에 존재하는 문화적 형태를 계산적으로 이용하고 있기 때문이다.[2] 이런 맥락에서 문화 전유는 종종 주도적인 또는 지배적인 사회에 대한 저항으로 간주될 수 있다.

크리켓을 통해 영국에 대비되는 인도의 국가적 정체성이 구축되어 가는 과정을 총체적인 시각에서 분석한 사례는 문화 전유의 전형을 보여준다. 영국 빅토리아시대의 엘리트 이념을 가르치기 위한 수단으로 크리켓이 인도에 전해졌는데, 인도인에게 확산되는 과정에서 영국에서 있었던 크리켓의 원래적 도덕 이념들은 점차 증발되었다. 이렇게 크리켓이 토착화되는 데는 자국어로 된 매체들이 특히 중요한 역할을 했는데, 이들은 크리켓에서 영국적 맥락을 탈각시키고, 다양한 인도의 종족들을 하나로 묶어주는 상상의 공동체 의식을 만들고 이를 확산하는 수단으로 크리켓을 이용하였다. 이를 통해 과거 종주국의 스포츠였던 크리켓은 질적인 토착화 과정을 통해 – 인도에서 '크리켓민족주의'라는 조어가 탄생했을 정도로 – 탈식민화되었을 뿐만 아니라 인도를 대표하는 국민스포츠가 되었다. 아파두라이는 민족성 또는 집단정체성은 다양한 주체들이 상호관계를 통해 공동의 상상을 공유하게 됨

---

2 Lipsitz, George, *The Possessive Investment in Whiteness-How White People Profit from Identity Politics*, Philadelphia : Temple University Press, 2006, p.56.

으로써 나타나는 집단의 성격이며, 이의 핵심은 "차이를 의식적이며 상상에 입각한 방식으로 주조하고 동원해 내는 것"으로 파악하고 있다. 또한 문화의 전 지구화는 문화의 동질화와 같은 개념이 아니며, 문화는 어느 한 쪽이 일방적 방향으로만 강요되는 것이 아니라 복합적이며, 중층적이고, 탈구적 disjunctive이다. 그는 이러한 탈구적 방식을 바라보는 틀로 에스노스케이프 ethnoscape, 미디어스케이프mediascape, 테크노스케이프technoscape, 파이낸스스케이프financescape, 이데오스케이프ideoscape의 다섯 가지 스케이프를 제시하고 있는데, 각 스케이프는 단일하게 발생하는 것이 아니라 상호 개입하는 복합적인 운동을 보여준다고 말한다. 그렇기에 하나의 운동은 다른 운동을 완전히 포섭하며 진행하지 않고, 다양한 담론의 변형을 주며, 다른 종류의 것으로 연합된다고 보고 있다. 따라서 전 지구화 시대의 문화정체성 문제는 기존의 사회학이 만들어 준 인식론적 그물망으로는 포착하지 못했던 미시적인 요소들의 내재적인 운동에 대한 이해를 통해서만 해결될 수 있다고 주장하고 있다.[3]

외환위기 사태 이후 중앙정부에 의해 급하게 탄생한 문화콘텐츠산업은 한국인의 삶의 형태와 질을 크게 변화시켰을 뿐만 아니라 문화를 바라보는 시각과 지역 정체성 변화에도 적지 않은 영향을 끼쳤다. 하지만 이에 대한 연구 성과들이 별달리 없기 때문에 현시점에서 이 문제를 학술적인 차원에서 분석하는 것이 중요하다고 생각한다. 이를 통해 외환위기 사태 이후 한국의 문화정책을 되돌아보고, 좀 더 나은 개선책을 모색해 볼 수 있기 때문

---

3 아르준 아파두라이, 『고삐 풀린 현대성』, 현실문화연구, 2004, 30쪽(Apadurai, Arjun, *Modernity At Large-Cultural Dimensions of Globalization*, Minneapolis : University of Minnesota, 1996).

이다. 이 글은 이와 같은 문제의식에서 작성하게 되었다. 중앙정부의 강력한 의지에 의해서 영국의 창조산업에서 아이디어를 얻어서 탄생한 문화콘텐츠산업은 한국형 문화콘텐츠를 개발해서 전 세계로 수출하는 것을 목표로 하고 있다. 이런 이유에서 문화콘텐츠산업을 종합적으로 이해하기 위해서는 일국적 차원에서 분석하는 것만으로는 불충분하다. 초국가적 시각과 분석 틀이 필요한데, 앞서 소개한 문화 전유의 시각과 틀을 참조해서 이 문제를 분석해 볼 것이다. 다양한 스케이프들이 상호 개입하고 복합적으로 운동하는 전 지구적 환경 속에서 경제적 위기에 처한 한국 중앙정부는 영국의 창조산업과 세계도시 담론을 어떤 방식으로 수용하고 재조합하였는지 그리고 주변적 위치로 전락한 안동의 중층적인 문화전통이 이로 말미암아 어떻게 재발견되었으며, 이로 인해 지역의 문화정체성들이 어떤 과정을 거쳐 어떻게 재구성되고 있는지를 현지조사와 문헌조사를 통해 얻은 정보들을 통해 분석하고자 한다.

2. 창조산업의 수용

일제 강점으로부터 해방된 서울은 한국의 수도일 뿐만 아니라 거의 모든 부문에서 중심이 되었지만, 과도한 수도권 집중화는 지역불균등 발전이라는 심각한 문제를 일으켰다. 지방자치가 1995년 시행되면서 이 문제가 개선될 것으로 기대되었지만, 1997년의 외환위기와 국가 경쟁력 강화라는 담론은 이런 기대를 무산시켰다. 국가 경쟁력을 강화하고, 미래성장 동력을 발굴하여야 한다는 당위성은 세계도시와 문화산업, 특히 창조산업Creative

Industry의 수용을 쉽게 하였다.[4]

프리드만의 평가에 의하면 1980년대 중반 서울은 마닐라나 방콕과 같이 '준주변도시들'의 '이차적' 지위에 머물고 있었는데, 이런 상황은 외환위기 사태까지 큰 변화가 없었다.[5] 외환위기가 닥치자 한국정부는 국제화 수준이 매우 낮은 상태라는 사실을 절감하게 되었고, 국가경쟁력을 다시 회복하기 위해서는 '글로벌 스탠다드'에 맞도록 국가와 사회의 제도를 개혁하고 국민의 의식 수준을 고양해야 한다고 판단하고, 이를 개선하기 위한 다양한 노력을 한다. 정부는 기업연구소의 도움을 받아서 도시별로 경쟁 우위에 있는 산업군과 지역 특성을 고려한 성장 잠재력이 큰 유망산업군으로 분류해서 '21세기 한국의 산업지도'를 발표한다.[6] 이에 의하면 중앙정부는 서울을 중심으로 생산자서비스를 중점적으로 육성시키려는 전략을 취했다. 수도권 중심부인 서울에는 생산자서비스업이 집중되고, 그 주변 수도권에는 지식기반제조업이, 비수도권에는 일반 제조업이 자리 잡는 산업분포가 형성되었다. 이런 성장전략 때문에 서울과 수도권으로의 집중화는 가속되었는데, 특히 서울을 세계도시로 육성하기 위해 많은 재원이 투입되었다. 이 때문에 서울로의 경제자본과 문화자본 그리고 고급 인력의 집중이 가속화되었다. 아시아의 주요 국가들은 이미 1990년대 세계도시의 의미와 필요성을 깨닫고, 각 국가의 주요도시를 세계도시로 육성하기 위해 많은 노력을 하였다. 두바이, 북경, 홍콩, 싱가포르, 오사카, 상하이, 쿠알라룸푸르, 방콕 등과

---

4 「한심한 '서울시 경쟁력'」, 『매일경제』, 1997.1.11, 5면.
5 Friedmann, J., "The World City Hypothesis", *Development and Change* 17, 1986, p.72.
6 문화관광부, 『2001 문화정책백서』, 2001a; 삼성경제연구소, 「한국 문화산업 발전을 위한 긴급제언」, 『CEO Information』제361호, 2002.

같은 도시들이 세계도시가 되기 위해 치열한 경쟁은 벌였지만, 국가의 전폭적인 지원을 받은 서울은 2010년의 세계도시 순위에서 10위권에 진입하는 성과를 거두었다.[7]

외환위기 이후 한국 사회를 지배한 또 다른 주요 담론 중의 하나는 영국의 창조산업이었다. 1997년 등장한 토니 블레어 정부는 제3의 길에 기반을 둔 새로운 행정개혁을 하였는데, 주요 내용 중의 하나는 예술문화 정책을 통해 사회의 창의적 힘을 끌어내는 것이다. '문화, 미디어, 스포츠성 Department for Culture, Media and Sport, 略 : DCMS'의 스미스 장관은 1997년 TF팀을 구성해 창조산업에 대한 개념을 정리하고, 정량화 작업을 마무리했다. 1998년과 2001년에 발간된 보고서는 광의의 예술문화 산업을 분류하고, 사회의 풍부한 창조능력을 끌어내기 위한 진흥정책을 담고 있다. 이 보고서에서 창조산업은 "개인의 창조성, 기술, 재능을 원천으로 지적재산권의 활용을 통해 부와 고용을 창조할 가능성을 가진 산업"으로 정의하고 있는데, 이 안에는 음악, 무대예술, 영상, 영화, 디자이너 패션, 디자인, 공예, 미술품, 골동품시장, 건축, 텔레비전, 라디오, 출판, 광고, 게임 소프트 및 컴퓨터 소프트웨어 관련 산업 등이 포함되어 있다.[8] 이 산업은 1997~2000년까지 ‒ 비즈니스서비스업 다음으로 높은 ‒ 연평균 실질 성장률 13%를 달성하였으며, 추가로 53만 명의 일자리가 창출되었다.[9] 창조산업의 성공은 '영국병'을 극복하는데 큰 도움을 주었는데, 이로부터 창조산업 또는 창의성과 관련된 다양한 담론들이 생겨났다. 코이Coy는 새로운 창조경제의 출현을 예고

7 서울시정개발연구원,『세계 대도시 비교 연구』ii, 2003.
8 DCMS, *Creative Industries-Mapping Documents*, 1998.
9 DCMS, *Creative Industries-Mapping Documents*, 2001.

하면서 창조성이 혁신의 자리를 대체할 것이라고 주장했다.[10] 이를 시발점으로 창조경제,[11] 창조계층,[12] 창조도시,[13] 창조산업[14] 등의 용어가 영국과 미국을 비롯한 선진국에서 화두로 떠오르고, 이에 대한 연구가 본격적으로 시작되었다.

외환위기를 겪은 한국정부는 이차산업 중심의 한국 경제를 선진화할 수 있는 새로운 성장 동력을 찾고 있었는데, 영국의 창조산업은 한국정부에게 특히 중요한 연구모델이었다. 김대중 대통령은 1998년 광복절 기념식에서 외환위기의 극복을 선언하면서 - 영국의 창조산업을 염두에 두고 - '창조적 지식기반국가의 건설'을 주창하였는데,[15] 이는 한국이 세계경제에서 주변부로 전락할지도 모른다는 위기감에서 나온 것이었다. 이후 정부연구기관과 기업연구소뿐만 아니라 매스미디어들은 보고서와 기사들을 통해 창조산업을 소개하면서, 한국적 창조산업에 대한 다양한 제안을 제시하였다. 당시 한국정부는 미래성장 동력으로 정보통신기술을 집중적으로 육성하기로 하였는데, 정보통신기술과 문화가 새롭게 융합되는 새로운 분야를 문화콘텐츠산업으로 명명했다. 한국정부에 의해 최초로 범주화되고 명명된 문화콘텐츠산업은 한국형 창조산업인 것이다. 이후 이의 상업적 성공 가능성

---

10 Coy, P., "The Creative Economy", *Business Week*, August 28, 2000.

11 Howkins, J., *The Creative Economy-How People Make Money from Ideas,* London : Penguin Book Ltd., 2002.

12 Florida, R., *The Rise of the Creative Class-And How It's Transforming Work, Leisure, Community and Everyday Life,* New York : Basic Books, 2002.

13 Landry, C., *The Creative City-A Toolkit for Urban Innovators,* London : Earthscan, 2000; Frank, S. · Verhagen, E., *Creativity and the City-How the Creative Economy Changes the City,* Amsterdam : NAI Publishers, 2005.

14 Caves, R., *Creative Industry-Contacts between Art and Commerce,* Cambridge : Harvard University Press, 2004; Hartley, J., *Creative Industries,* MA. : Blackwell, 2005.

15 「김대중 대통령 두뇌강국 보고대회 연설문」, 『매일경제』, 1998.12.3, 3면.

을 조사한 연구서들이 발간되었는데, 이에 의하면 세계적으로 진행될 국제 경쟁력의 재편에서 문화콘텐츠산업의 시장규모는 2001년 8,500억 달러에서 2005년에는 1조 4천억 달러(1,820조 원)로 급성장할 것으로 전망하였다.[16] 또한, 문화콘텐츠산업은 타 산업보다 부가가치가 높아서 21세기 디지털 경제를 선도할 핵심산업으로 부상할 것으로 전망하였다. 하지만 문화콘텐츠산업을 육성하기 위해서는 투자부족, 업체 및 시장 규모의 영세성, 하청구조에의 종속 등의 걸림돌을 해결하는 것이 중요했다.[17] 하지만 당시 아시아권에서 불기 시작한 '한류'와 몇몇 디지털콘텐츠의 세계시장 진출 사례 등에서 볼 수 있듯이 문화콘텐츠산업은 지적 전통기반과 문화적 창의력이 풍부한 한국인에게 적합한 분야이며, 이를 통해 획기적인 고성장도 기대할 수 있다고 보고서는 주장했다.[18] 이 결과에 힘을 얻은 정부는 ─ 영국정부가 국가적인 차원에서 창조산업을 육성한 것처럼 ─ 문화콘텐츠 산업을 집중적으로 육성해서 한국을 세계 5대 문화콘텐츠 강국으로 만들기로 결정한다. 정부는 2001년 8월 22일 재단법인 한국문화콘텐츠진흥원을 발족시킨 뒤, 2002년 10월에는 이 기관을 문화산업진흥기본법에 따라서 특수법인으로 개편하였다.

문화콘텐츠진흥원의 다양한 업무 중에서 지역 전통문화의 재구조화에 가장 큰 영향을 끼친 것은 콘텐츠개발본부가 추진한 '문화원형 디지털화 사업'이다. 이 사업은 경제적 활로를 찾기 위해 많은 나라가 문화산업에서 경

---

16 삼성경제연구소,『Issue Paper─콘텐트비즈니스의 새 흐름과 대응전략』, 2002a, 7쪽.

17 문화관광부,『문화콘텐츠산업 발전정책, 문화산업육성정책방향 워크샵 자료』, 2001b, 2~15쪽.

18 문화관광부,『2001 문화정책백서』, 2001a, 8쪽.

쟁하는 상황에서 한국만의 차별화된 문화산업 모델을 모색하는 과정에서 탄생했다. 영국의 창조산업처럼 한국의 문화콘텐츠산업이 고부가가치를 거두기 위해서는 – 당시 한국에서 유행하던 '지역적인 것이 세계적이다'라는 말처럼 – 자국의 (전통)문화가 콘텐츠 속에 녹아들어 있어야 한다고 정책입안자들은 생각했고, '문화원형 디지털화 사업'이 강력하게 추진되었다.[19] 이 사업은 2002년부터 시작되어 현재까지 지속되고 있는데, 목적은 한국의 문화원형을 주제별로 디지털 콘텐츠화해서 문화산업에 필요한 창작 소재를 제공하고자 하는 것이다. 현재까지 200여 개 이상의 과제가 3~5억 원의 지원을 받아 애니메이션, 음악, 출판, 전자책, 만화, 캐릭터, 게임, 방송영상, 영화, 모바일·인터넷 등에서 활용 가능한 창작소재들을 개발하였다. 정부의 대폭적인 지원으로 인해 당시 거의 주목을 받지 못하던 다양한 기층–또는 전통문화의 의미와 중요성이 재발견되었고, 많은 연구자와 개발자들도 이 분야에 관심을 가지게 되었다. 이 덕분에 '문화콘텐츠 시나리오 소재 개발 분야', '문화콘텐츠 시각 및 청각 소재 개발 분야', '전통문화·민속자료 소재 콘텐츠 개발 분야' 등에서 다양한 한국 고유의 원천소스와 이야기들이 개발되었다.

3. 안동 문화정체성의 재구성

일차와 이차산업 기반이 취약한 안동은 오랜 기간 내륙 속의 오지였으며,

---

19 한국문화예술진흥원·한국문화콘텐츠진흥원, 『CT산업정책포럼 주제발표논문집』, 2002, 6쪽.

수도권과 몇몇 지방거점 중심의 개발정책 때문에 지역경제는 심각한 어려움에 처해있었다. 하지만 전 세계적으로 문화산업이 성장하고, 한국에서도 전통문화를 중시하는 문화콘텐츠 산업이 진흥되면서, 새로운 경제적 활로를 모색하고, 안동시와 주민은 자신들의 역사와 전통문화도 재발견할 수 있는 계기를 맞게 된다.

1) 2000년대 안동 지역 현황

안동시의 총면적은 1,519.81㎢(382,936필지)인데, 서울시 면적보다 약 2.5배나 넓으며, 전국 기초 자치단체 중에서 가장 넓다. 하지만 면적 대부분이 비교적 험준한 산악이며, 풍산 평야를 제외한다면 평지면적은 적다. 안동시에는 대규모 일자리를 제공하는 산업시설도 거의 없다. 당시 관광객들이 유명한 도산서원과 하회마을을 방문하기는 하였지만, 그 숫자는 상대적으로 많지 않았고, 지역경제는 관광으로부터 큰 혜택을 받지는 못했다.

1990년대 말 현지조사에서 만났던 대학과 일부 유림 유력가문 출신 사람들은 한때 경상북도의 중심도시였던 안동이 이렇게 퇴락한 이유를 자랑스러운 항일투쟁과 사회주의운동에서 찾았고, 안동사람들이 고루하게 유교에만 집착하지 않고 항상 외부의 상황 변화에 가장 능동적으로 대처했음을 자랑스러워했다. 이들은 또한 안동은 불교나 유교, 기독교 그리고 사회주의와 같은 외부 문물을 적극적이고 능동적으로 수용하였으며, 또한 이를 상황에 맞도록 주체적으로 해석했을 뿐만 아니라 이를 행동으로 실천한 사람들이 사는 곳이라고 설명했다. 안동은 한국에서 가장 많은 독립 운동가를 배출한 도시이며, 이 때문에 일본 식민세력의 가혹한 각종 탄압을 받을 수밖에 없었다고 했다. 이들 주장에 의하면 안동은 항상 개방적이고 역동적인 전통을 가지고 있는 도시였다. 하지만 유교를 안동의 진짜 정신이라고 간주하는 다른 일군의 사람들은 안동이 한국사회의 대전통[20]을 일군 유학의 중심지일 뿐만 아니라 그 소중한 정신적 가치가 아직도 전 세계적으로 유일하게 살아 숨 쉬고 있는 장소라고 생각하고 있었다. 하지만 많은 외지인은 안동을 개방성과 역동성이 살아 숨 쉬는 장소 또는 소중한 정신적 가치를 가지고 있는 도시라고 더 이상 생각하고 있지는 않았다. 대부분 한국 사람에게 유교는 애증 관계 속에서 인식되고 있는데, 대체적으로는 애愛보다는 증憎이 강했다. 따라서 많은 외지인은 안동을 조선시대에 온갖 영욕을 만들어 낸 유교의 잔재들이 아직도 뿌리 깊게 남아 있는 '지체되고', '고루한' 도시 정도로 생각하고 있었다.

안동의 문화적 가치는 1999년 영국 엘리자베스 여왕이 방문하면서 부분적으로 다시 재발견된다. 외국문화에 대해 관심이 많은 여왕은 짧은 한국방문 일정에도 하회마을과 봉정사를 방문했다. 풍산 류씨의 600년 된 동성마을인 하회마을에서는 가장 '전통적인' 유교식 생일잔치 상을 받았으며, 한국에서 가장 오래된 목조건물이 있는 봉정사에서는 문인 스님으로부터 인생의 경구가 담긴 족자를 선물로 받았으며, 탈춤을 구경했다. 여왕은 안동에서 가장 '한국적인' 건축물과 민속 문화뿐만 아니라 불교전통 그리고 빼어난

---

20 한 문화집단 또는 지역 내에는 여러 개의 다양한 문화전통들이 중층적으로 혼재하고 있다. 이 문화전통들 사이에는 위계질서가 존재하는데, 이 글에서는 한 사회 내에서 주도적인 지위를 차지하고 있는 것을 대전통 그리고 소수적 또는 주변적 지위를 차지하고 있는 것을 소전통이라고 사용한다.

경관을 보고 감탄하였는데, 이 사실은 미디어를 타고 전 세계로 알려졌다. 그동안 대부분 한국인에 의해 백안시되던 안동의 중층적인 문화전통이 '진정한' 문화선진국의 여왕에 의해 이제야 제대로 인정을 받게 되었다고 안동 시민은 느끼기 시작한 것이다.

안동 기층문화를 대표하는 하회탈춤은 여왕의 방문 이전부터 한국의 자랑스러운 예술로 인정받고 있었지만, 일부 보수적인 사람들은 이것을 '아랫것들의 난장판'이라고 부정적으로 인식하고 있었기 때문에 지역에서의 영향력은 제한적이었다. 하지만 지역 경제 활성화를 중시하던 지방정부는 1997년부터 하회탈춤을 기반으로 '국제탈춤페스티벌'을 개최하였는데, 처음부터 유명한 외국의 탈춤들이 이 축제에 대폭 포함함으로써 지역의 국제성과 개방성을 표방하였다. 이 같은 시도의 이면에는 풍부한 이국적인 볼거리가 축제의 성공 가능성을 높일 것이라는 실리적인 이유뿐만 아니라 외지인의 머릿속에 아직도 강하게 남아 있는 안동의 고루한 이미지를 탈피하고자 하는 의도도 있었다. 이런 국제성과 개방성 덕분에 실제로 많은 사람이 이 축제를 관람하기 위해 안동을 방문하였을 뿐만 아니라 2000년에는 문화관광부로부터 전국축제종합평가에서 최우수축제들 중의 하나로 평가받는다. 여왕의 방문과 탈춤축제의 성공은 안동의 전통문화와 그 유산의 의미와 역할에 대해 새롭게 평가하는 계기가 되었다. 문화관광을 통해 지역경제가 활성화될 수 있을 것이라는 희망은 2002년 중앙고속도로가 완전히 개통되면서 더 커졌다. 왜냐하면, 이전에 거의 5시간이나 걸리던 서울과 안동 간의 교통 시간이 거의 절반으로 줄어들었기 때문이다. 이와 같은 상황에서 안동의 전통문화는 문화콘텐츠산업에 의해 재발견된다.

2) 문화콘텐츠산업과 문화전통의 재발견

전 지구화의 환경 속에서 한국적인 문화상품을 만들어서 외국으로 수출하는 것을 목표로 하는 '문화원형 디지털화 사업'은 사업 당 3~5억 원을 지원해 주었는데, 이 액수는 외환위기로 어려움에 처한 소규모 기업이나 이제막 창업한 IT업체에는 한동안 안정적으로 회사를 운영할 수 있는 큰돈이었다. 문화산업 관련 기업들은 학계와 연계해서 이 사업을 수주하기 위해 많은 노력을 기울였는데, 사업수주에서 가장 큰 관건은 매력적인 소재발굴이었다. 이런 맥락에서 다양한 문화전통이 아직도 풍부하게 남아 있는 안동은 특히 주목의 대상이 되었다.

2002년 처음 실행한 문화원형 디지털화 사업에 응모한 기업 대부분은 서울에 기반을 두고 있었는데, 이는 세계도시 전략 때문에 문화콘텐츠의 기획, 생산, 유통과 관련된 모든 인력과 기반시설이 서울에 집적되어 있었기 때문이었다. 당시 대부분의 문화콘텐츠 관련 전문가는 안동에서는 이 사업을 수주할만한 능력을 갖춘 업체가 없다고 예상했는데, 안동대학교 교수들이 주축이 되어 설립한 (주)여금은 과제수주에 성공한다. 이 회사가 수주한 '옛집' 프로젝트의 목표는 안동에 아직도 많이 남아 있는 전통 한옥을 기반으로 사이버 세트를 개발하는 것이었다. 당시 안동에서 한옥들은 대부분 유지보수가 힘들고 살기도 불편했기 때문에 대부분 방치되고 있었는데, 이 프로젝트는 한옥이 재평가되는 하나의 계기를 마련했다. 이 업체는 다음 해에도 치열한 경쟁을 뚫고 봉정사와 영주 부석사를 기반으로 한 '사찰 건축 디지털세트, 절집', 2004년에는 '조선 궁중 과학기술관—천문' 프로젝트를 수주하였다. 변방의 작은 지역 업체인 (주)여금은 이를 통해 일약 문화콘텐츠산업계의 유망주로 부상하게 되었다. 서울에 소재하는 IT업체들도 안동의 다양한 전통문화를 기반으로 해서 많은 프로젝트를 수주하였는데, '전통건축과 장소', '한국의 탈, 탈춤', '한국전통 문화공간인 정원과 정자', '전통놀이', '한국의 고유복식', '한민족 전투원형', '조선시대 식문화 원형', '한국대표이미지 국보하회탈' 등이 그것이다.[21] 안동은 문화콘텐츠산업을 통해 자신의 문화적 자산, 특히 선비문화 또는 양반문화만이 아니라 민속, 무속 그리고 불교와 같은 소전통 역시 문화산업의 소중한 자산이 될 수 있음을 깨닫게 된 것이다.

안동 지방정부는 문화원형사업을 통해 새로운 경제적 활로를 발견하였을 뿐만 아니라 이 산업이 가져다줄 유발효과도 깨닫게 되었다. 지역을 홍보할 수 있으며, 관광과 서비스업도 활성화할 수 있으며, 이로부터 다양한 일자리가 창출되어서 지역경제도 활기를 되찾아 지역의 화려했던 영화를 다시 찾을 가능성을 문화콘텐츠에서 발견한 것이다. 안동시장의 적극적인 주도 아래 지방정부와 일부 지역 지식인은 2003년부터 중앙에서 추진하는 사업들을 수동적으로 수주하는 단계를 넘어서서 적극적이고 주체적으로 자신들의 문화유산을 문화산업화하는 프로젝트를 추진하기 시작한다. 중앙정부와 경상북도로부터 재원을 지원받기 위해 문화콘텐츠 산업 육성 방안에 대한 제안서를 발표하는데, 이 제안서에서는 안동이 자신들의 문화전통에 대해 되찾은 자신감을 발견할 수 있다.

한국 문화콘텐츠산업의 선도자는 전통문화원형의 리소스를 찾아 안동

---

21 http://www.culturecontent.com/index.asp(검색일 : 2011.8.30).

으로 오게 될 것이다. (…중략…) 안동은 스스로의 의지와 능력이 있든 없든 세계적 경쟁력을 얻으려는 한국 문화콘텐츠산업계가 반드시 거쳐야 하는 플랫폼일 수밖에 없다. (…중략…) 문화원형의 디지털 리소스화와 디지털 콘텐츠기획력은 안동만이 할 수 있고 따라서 가장 경쟁력 있는 문화콘텐츠 특화분야이다.[22]

이 제안서는 안동을 캐릭터, 애니메이션 그리고 게임산업을 위한 ① 전통문화원형 자원을 디지털 자원으로 바꾸어 그 자체를 문화상품으로 제공하는 일, ② 더 진전된 부가가치를 창출하는 '기획된 이야기' 문화상품을 제공하는 일로 특화할 것을 제안하고 있다. 이 같은 전략은 영국의 셰필드와 부천시를 모델로 해서 작성된 것인데, 제안서는 ① 선택과 집중, ② 지역민의 문화역량 향상, ③ 산학관민 공동협력체제, ④ 집적지의 구축, ⑤ 전문인력의 확보와 양성을 주요 추진 항목으로 제시했다. 이 제안서는 곧바로 문화산업지구 지정과 클러스터 조성사업으로 이어지지는 않지만, 전통문화 디지털박물관의 설립으로 이어졌다.

중앙정부의 지원으로 시작된 문화원형사업은 양반문화 또는 선비문화에 대해 강한 자부심을 느끼고 있는 안동의 정체성을 확대했다. 문화산업의 논리에서 시작된 이 사업에서 양반문화는 한국 전통문화 중에서 단지 하나일 뿐이었다. 또한, 유교는 중국으로부터 수용한 것이기 때문에 한국의 문화원형이라고 간주하기 어려웠다. 하지만, 안동의 다양한 민속이나 무속전통은 한국적인 것이며, 문화산업의 소재로는 매우 매력적이었다. 문화산업을 통

---

22 안동시, 『안동시 문화콘텐츠산업 육성방안』, 2003, I~II쪽.

해 지역경제를 발전시켜야 하는 지방정부 담당자와 진보적인 지역 지식인들
은 변화된 이런 시선과 가치를 받아들여서 지역 발전방안을 제시하고 있다.

"안동이 깃춘 것은 대한민국 어느 지역과 비교해 보아도 가장 풍부한 문
화유산의 집적지라고 할 수 있다. 한마디로 '한국 속의 또 하나의 한국'이요,
'한국 전통문화로 들어가는 플랫폼'이 바로 안동이다. 삼국시대로부터 현재
까지 각 시대마다 유·무형의 문화유산이 비교적 원형대로 잘 보존되고 있
을 뿐 아니라, 내용 면에서도 무속문화, 불교문화, 유교문화가 지역적 변형
태로 다양한 모습을 가지고 조화를 이루며 남아 있는 곳이다. 특히 동아시
아 문화의 지반이라 할 수 있는 유교문화는 중국이나 일본에 비해서도 그
질과 양면에서 가장 보존이 잘 되고 있는 곳으로 정평이 나있다. 불교문화
에 있어서도 한국불교의 중심축을 이루고 있는 화엄종의 본산지로서 다른
불교문화지역에서는 시대에 따른 착종이 있지만 안동지역의 불교문화는
통일신라시대의 초기모델(봉정사와 전탑 문화 등은 독자성을 가짐)을 가지고
있는 독특한 불교유산의 보유지이다. 또 우리문화의 저변에 놓여 있는 무속
문화와 그것의 시대적 변형으로서 민속적 생활문화도 어느 지역보다 다양
하고 풍부하다."[23]

문화콘텐츠 산업을 통해 발견된 문화정체성은 조선시대 양반문화를 넘
어서서 무교, 민속, 불교 등의 소전통까지로 확대되었는데, 여기에는 이것
을 지역 발전의 새로운 원동력으로 삼고자 하는 의도가 담겨 있다. 하지만
아직도 안동에는 과거의 화려했던 유교전통을 금과옥조처럼 여기는 가문
과 사람들이 적지 않게 살고 있는데, 이들은 경제논리에 따라서 자랑스러운

---

23 위의 책, 23쪽.

대전통인 유교 또는 선비문화가 무속이나 민속 등과 같은 반열에 놓이는 것에 대해 그다지 반가워하지 않았다.

3) 유학전통의 재부상

유교를 기반으로 하는 선비문화 또는 양반문화를 안동의 진정한 정신으로 생각하는 사람들에게 문화산업의 논리에 의해 소전통들이 안동을 대표하는 아이콘으로 등장하는 현상을 열악한 지역경제 상황 때문에 공개적으로 비판하기는 힘들었지만, 이에 대한 불만은 커져갔다. 안동에서 문화콘텐츠산업으로의 전환은 민선시장에 의해 관의 주도로 시작되었지만, 시장은 이 지역의 선비문화를 중시하는 사람이기도 했다. 따라서 그에게는 문화콘텐츠산업을 통해 지역의 새로운 활로를 찾는 것만큼이나 지역의 자랑스러운 대전통을 올바르게 재정립하는 것도 중요하였다. 이 같은 맥락에서 '한국정신문화의 수도 안동Andong, the Capital of the Korean Spirit' 담론은 만들어지고 전국적으로 확산된다.

김휘동 안동시장(재임 : 2002.7~2010.6)은 취임 후 열린 시청 확대간부회의에서 도덕이 살아 숨 쉬는 "국민정신문화의 본 고장"이라는 시정방침을 하달하였는데, 이 시기는 문화콘텐츠산업 덕분에 안동의 소전통이 재조명되고, 이를 진흥하려는 정책이 적극적으로 모색되던 때와 일치한다. 시장의 하달에도 불구하고 지역 공무원들은 거의 1년 동안 별달리 진척된 성과를 내놓지 못했다. 시장의 거듭된 독려와 지시 의해 2003년 중순 '한국정신문화의 수도'라는 슬로건이 만들어졌고, 담당 공무원은 학계, 유림단체, 시민

단체와의 공식 또는 비공식 만남을 통해 이에 대해 다양한 의견을 수렴했다. 지역민들의 반응이 상당히 호의적임을 깨닫고는, 학계의 도움을 받아 2003년 말 "한국정신문화의 수도"의 취지문과 7가지 성립요건을 수립한다.

서울은 우리나라의 모든 분야를 대표하는 거대한 도시로서 21세기 디지털 혁명을 통해 급속하게 지식기반 사회로 진입하기 위한 노력을 기울이고 있습니다. 그러나 지식기반사회를 이끄는 것은 기술을 활용할 줄 아는 지식과 인간성 실현이라는 정신적 가치임은 시대를 지나며 더욱 입증되고 있습니다. 그리고 역사를 보더라도 새 시대를 준비하는 가치는 반드시 정치나 행정의 중심에서 이루어진 것이 아닙니다. 오히려 통일신라나 고려의 화엄사상, 조선시대 성리학, 일제 강점기 독립운동의 중심은 모두 수도가 아닌 변두리였던 안동이었습니다. 이에 안동은 아래와 같은 전통을 이어받아 21세기 새로운 정신을 찾고 우리 삶에 충실히 융화시키는 한국정신문화의 수도의 역할을 다하고자 합니다.[24]

취지문에서는 동도서기론東道西器論을 연상시키는 논리로 안동의 의미와 사회적 역할을 재정립하고 있다. 생산자서비스와 IT 기술로 세계도시를 지향하고 있는 서울과 인간성 실현이라는 정신적 가치를 추구하는 정신문화 수도인 안동을 대비시키고 있는데, 여기에서 안동은 예전의 고루한 유학 중심도시가 아니라 문화적 중층성과 역동성을 가지고 있는 도시로 제시되고 있다. 안동은 한국의 정신적 수도가 되기 위한 7가지 요건을 갖추고 있는데,

---

[24] http://www.andong.go.kr/open.content/ko/organization/introduction(검색일 : 2011.8.30).

이는 다음과 같다. 우선 유교문화의 원형을 고스란히 간직한 추로지향鄒魯 之鄉의 도시이며, 국내 유일의 지역학인 안동학安東學이 존재하는 곳이고, 선비정신을 올곧게 이어가고 있는 장소이며, 가장 많은 독립 운동가를 배출한 독립운동의 성지이고, 전통과 예절이 살아 숨 쉬는 인보협동隣保協同의 고장이고, 한국의 대표 축제인 국제탈춤페스티벌이 확고하게 자리 잡은 도시이고, 마지막으로 과거 지식정보를 집대성, 미래비전을 설계하는 한국국학진흥원이 있는 도시이다. 이상의 요건들은 취지문의 내용과는 달리 유학이 전면에 부각되고 문화콘텐츠산업이 중시하던 문화적 다양성과 중층성은 약화되고 있다.

안동의 정신문화 수도 담론은 대전통인 유학을 중심으로 안동의 정체성을 다시 정립하겠다는 선언이며, 그동안 소외된 느낌을 가졌던 유학 중심의 지역유력 가문이나 인사들의 자존감을 공식적으로 인정하는 선언이기도 하다. 영국 여왕의 방문이나 문화산업으로 안동의 문화적 다양성과 역동성이 재발견되었다면, 정신문화 수도 담론은 선비문화를 중심으로 한 유학전통에 방점을 찍고 있는 것이다. 지방정부의 문화콘텐츠 육성사업으로 인해 의도하지 않게 촉발된 지역정체성 문제는 명분과 실리 그리고 주도권을 둘러싼 미묘한 긴장관계를 야기했다. 산업적 이해관계에서 시작된 문화콘텐츠산업 분야는 안동의 문화적 역동성과 다양성 그리고 조화성을 강조했지만, 정신수도 담론에서는 세계에서 유일하게 안동에서만 살아 숨 쉬는 유학이 부각되고 있는 것이다. 2004년부터 시 소재 모든 공공건물에 "한국정신문화의 수도 안동"이라는 현판이 게시되기 시작하였고, 2006년 7월에는 고유 브랜드로서 특허청에 특허 등록되었다. 이후 이 슬로건을 기반으로 다양한 강연회들이 안동을 중심으로 점차 전국적으로 확산되면서 열렸다.

시장 개인의 야망과 비전에 의해 시작되었고, 지역의 유력 가문들의 지원 하에 추진된 정신문화 수도 담론은 오랫동안 주변인으로 살아왔던 안동시민에게 자긍심을 불러일으켰다. 또한, 이 담론은 지역 사회에서 이제는 절대 다수는 아니지만, 아직도 무시할 수 없는 대전통 기반 가문들의 존재와 가치를 공식적으로 인정하고, 도시 발전을 위해 이들의 적극적인 참여를 동원하는 역할도 담당하였다. 또한 정신문화 수도 슬로건이 전국적으로 확산되고, 자연스럽게 인정되기 시작하면서, 도시의 위세와 지위도 강화되었다. 이런 변화는 다른 지역들과 제한된 재원을 둘러싸고 벌이는 경쟁에서 특히 효과적이었다. 안동시는 2006년에는 안동영상미디어센터, 2009년에는 경북 문화콘텐츠지원센터를 유치하는데 성공하였을 뿐만 아니라, 오랫동안 염원해 왔던 문화산업진흥지구로도 지정받는다. 또한 2008년 6월에는 경북 도청이 안동과 예천 경계지역으로 이전하기로 결정되는데,[25] 기존의 문화 콘텐츠 육성 성과와 정신문화 수도 슬로건은 이에 중요한 역할을 하였다.

안동의 성공은 이에 그치지 않고 계속되고 있다. 2011년에는 그동안 공들여 추진해 온 3대 문화권 사업이 결정되면서 안동이 진짜 정신문화 수도로 도약하기 위한 발판이 마련되었다. 세계유교선비문화공원이 도산면 일원에 100만m²(30만 평) 규모로 들어서게 된 것이다. 이 공원 건립을 위해 2015년까지 총 2,450억 원이 투입될 예정인데, 이 안에는 세계유교문화박물관과 세계유교문화 컨벤션센터가 들어설 예정이다. 이와 연계해 '유림문학유토

---

25 조선시대 안동은 지금의 광역자치단체격인 대도호부 3회, 도호부 4회, 관찰부의 역할을 수행해오다가 1896년 13개도로 행정구역이 개편되면서 지방 중소도시로 전락하게 되었다. 도청 이전 후보지 조사는 1995년부터 시작되었는데, 정치적 논리와 지역들 간의 이해관계가 대립하면서 2008년에야 결정되었다.

피아' 사업에 512억 원, 2013년도 '전통 빛타래 길쌈마을 조성' 사업에 147억 원, 2014년도 '선성현 문화단지 조성' 사업에 626억 원이 연차적으로 투입되고, 이 모든 사업은 2018년에 완료될 예정이다. 사업이 완료되면 안동은 세계적인 유교문화 도시로 거듭날 좋은 기반을 갖추게 될 것이다. 많은 안동 주민은 안동이 세계의 다른 어떤 도시들보다 '유교문화원형'을 더 많이 간직하고 있기 때문에 명실상부한 세계정신문화의 수도로 거듭날 것이며, 지역 경제도 확연히 개선될 것으로 확신하고 있다. 실제로 이 같은 변화 덕분에 안동의 인구는 이미 증가세로 돌아섰으며, 경북지역에서 드물게 지역 경기가 좋아지고 있다.

4) 중층적 문화정체성의 전시장

안동시가 주체적으로 자신들의 문화자원을 디지털화해서 지식정보사회에서 새로운 경제적 활로를 찾기 위한 노력은 전통문화 콘텐츠박물관을 통해 가시적인 성과를 선보였다. 전통문화 콘텐츠박물관을 건립하기 위한 노력은 2003년 말부터 시작되었지만, 2005년에야 국비와 도비 81억 원을 지원을 받아 착공할 수 있었고, 2007년에 완공되었다.[26] 안동의 주요 문화유산들이 밀집해 있는 시내 중심가에 자리 잡은 이 박물관은 1층 한옥이며, 지하에는 전시실이 있다. 안동에는 약 20여 개의 소규모박물관이 있었지만, 낙

---

[26] 2007년 9월 1일에 개관하였으며, 규모는 부지는 5,957㎡, 시설규모는 1,698㎡이다, 전시 공간이 작지만 많은 디지털콘텐츠가 있기 때문에 전체 관람 시간은 60~90분 정도 소요되며, 최대수용인원은 약 180명이다.

후한 시설과 전시방식 그리고 보잘것없는 전시유물들 때문에 지역주민과 관광객 모두에게 외면을 받고 있었다. 문화원형사업에서 볼 수 있듯이 사람들은 대부분 안동의 유교뿐만 아니라 민속이나 불교 등의 '작고', '일상적인' 이야기에 관심이 많았다. 이 박물관은 첨단디지털 기술과 전통문화의 만남을 통해 체험과 지식 그리고 정보를 제공하는 것을 목표로 설계되었는데, 국내에서는 최초이고, 전 세계적으로는 세 번째인 '유물 없는 박물관'이다.[27] 기존 박물관 전시방식이 제대로 전달하지 못하던 내면의 가치관, 생활양식, 원리를 보고 느끼며 체험할 수 있는 것을 목표로 이 박물관은 기획되었다. 이 같이 새로운 전시 방식은 ― '국제탈춤 페스티벌'에서와 같이 ― 안동의 중요한 문화정체성 중의 하나인 진취성과 개방성과 관계를 맺고 있다.

이 박물관의 전시구성 변화는 안동 지역의 정체성을 둘러싸고 벌어지는 미묘한 갈등이 무엇이며, 이것이 어떻게 조정되고 있는지를 잘 보여준다. 2007년 개장할 당시 박물관에는 총 17개의 코너가 있었다. 안동 민요와 사투리를 들어볼 수 있는 '클릭! 옛 소리', 맛집에서 유적지에 대한 관광정보를 제공하는 '안동여행 내비게이션', 안동 음식과 복식의 유래를 설명하는 '맛 자랑 멋 자랑', 낙동강에 달걀불을 띄우며 놀던 놀이를 재현한 '월영교 달걀불놀이', 승경도 놀이를 이용해서 조선시대 어린이들이 서당에서 배운 내용을 배워보는 '장원급제놀이', 안동의 유적지의 옛날과 현재의 모습을 비교할 수 있는 '사이버 안동읍성', 안동에 소재하는 통일신라시기에 제작된 3기의 7층 전탑과 봉정사에 관한 문제를 풀어보는 '퀴즈 7층 전탑과 봉정사', 안동의 설화 다섯 가지를 애니메이션으로 구현한 '주니어 옛이야기 톡톡', 전통

---

27 이 박물관의 모델이 된 곳은 미국의 '뉴지엄Newsium'과 일본의 '시구레덴時雨殿 전시관'이다.

천체관측기구와 무기 등의 유물을 원격조정해 볼 수 있는 '가상유물체험', 종갓집에서 손님을 맞고, 제사를 치르는 절차와 예의를 보여주는 '봉제사접빈객', 안동에서 제작된 유교목판과 지도, 부적, 문양 등의 탁본 체험을 할 수 있는 '장판각과 목판체험', 안동의 전통마을과 서원을 감상할 수 있는 '스카이 안동', 노국공주와 공민왕의 이야기가 시뮬레이션 게임형식으로 구현한 '민속놀이 놋다리밟기', 하회탈춤을 가상 공간에서 출 수 있는 '하회탈춤 UCC. 얼쑤!', 관람후기를 문자메시지로 보낼 수 있는 '엄지족 댓글놀이', 낙동강 주변의 아름다운 경관을 보여주는 '낙동강700리, 안동물길70리' 그리고 고창전투를 4D로 재현한 '특수 영상관'이 그것이다.

박물관의 내장과 전시콘텐츠들은 일반인이 안동의 전통문화에 대해 가지고 있는 주된 관심이 무엇이며, 문화산업의 상품화 가능성이 있는 주제가 무엇인지 보여준다. 우선 이 박물관은 외형은 한옥의 형태로 지어졌지만, 건축자재는 콘크리트이다. 또한, 지하 전시실은 매우 현대적으로 구성되어 있어서 그 어떤 전통 건축 양식과의 연관성을 찾기 힘들다. 천장과 바닥은 푸르고 검은색으로 칠해져 있으며, 공간 안에는 콘텐츠를 보여주기 위한 모니터와 대형 스크린들이 있는데, 시설만 놓고 본다면 현대 예술품을 전시하는 공간처럼 꾸며졌다. 이런 디자인은 안동이 고루한 문화전통을 가진 도시가 아니라, 항상 진취적이었고 개방적이었다는 사실을 전달하고 있다. 전시콘텐츠를 살펴보면 고려 개국에 결정적인 역할을 한 고창전투를 4D로 재현한 '특수 영상관'에는 가장 많은 10억 원이 투입되었다. 이 코너는 안동의 역사적 유래와 선조들의 뛰어난 정세 판단 능력 그리고 차전놀이에 대해서 설명하고 있다. 당시 한국에서 거의 접하기 힘들었던 4D로 구현된 이 영상은 안동을 고루한 유학의 전통과 분리하면서 과거의 역동성을 강조하고 있다.

나머지 16개 코너에서도 유학전통은 상당히 억제되는 반면에, 민속과 불교와 관련된 콘텐츠는 상대적으로 비중 있게 전시되고 있다. 보수적인 지역민은 이런 전시콘텐츠에 대해 다양한 이유를 들면서 우회적으로 비판하고 있지만, 그 이면에는 자랑스러운 유학의 대전통이 '아랫것인' 민속이나 무속 또는 불교와 같이 취급받고 있을 뿐만 아니라, 유학의 정신적 진정성이 유희화 되고 있는 사실에 불쾌해하고 있는 것이다.

개장 이후 박물관 전시콘텐츠는 두 차례 보강된다. 15억 원 이상이 투입되면서 2009년 핵심콘텐츠 전시관이 새로 만들어지고, 그 안에는 7개의 코너가 추가된다. '하회마을과 느티나무', '나도 도편수', '봉정사의 사계절 이야기', '퇴계 선생과 함께하는 도산서원', '선비의 건축', '안동 옛집탐방', '강 따라 길 따라 안동문화유람' 등이 그것이다. 이전의 17개 코너는 '박물관 전시마당'으로 명명되면서 보통의 콘텐츠로 일반화되는 반면에, 새로운 전시관은 '핵심콘텐츠 전시관'으로 명명되면서 특수화된다. 이를 통해 전시실의 콘텐츠 사이에는 위계가 만들어진 것이다. 한국의 국보인 봉정사를 제외한다면 새 전시관은 유교의 대전통과 선비문화 그리고 이것이 탄생한 배경인 자연경관을 소개하는 내용으로 구성되어 있는데, 이를 재현하는 방식도 이전과는 달리 진지해졌다. 이를 통해 문화산업의 논리에 의해 재발견되면서 상대적으로 과도한 비중을 갖게 된 소전통의 콘텐츠들과 '정신문화 수도 안동'을 통해 다시 격상된 대전통 사이의 미묘한 위계와 재편이 시각적으로 드러나고 있다.

개장 이후 두 차례의 전시공간이 확장되면서 관람공간이 비좁아졌는데, 이 때문에 다른 박물관과는 달리 학생 단체관람은 거의 없는 편이다. 개장한 후 중앙일간지와 지역일간지에 박물관이 대대적으로 소개되었지만, 초기에는 일일 관람객 숫자가 십여 명 정도밖에 되지 않았다. 하지만 이제는 한 해에 4만 명 가까운 관람객이 찾는 안동에서 가장 성공한 박물관이 되었다. 이 박물관의 인기는 사이버 공간에서 더 높은데, 네이버에서만 400여 개 이상의 기사들이 검색되고 있다. 일일 박물관 홈페이지 방문자는 3,000명을 넘고 있는데, 이 정도의 방문객 숫자는 국립중앙박물관과 비슷하다. 관람객 대부분은 가족이나 학생들인데, 이들은 주로 3~4명씩 무리를 지어서 방문하고 있으며, 이들의 몰입도와 재방문율은 비교적 높은 편이다. 2009년 러시아 '민족학박물관' 관장이 이 박물관을 극찬한 사실이 일간지를 통해 알려지면서, 안동 문화유산과 첨단 디지털 기술이 융합된 이 박물관이 다시 조명을 받았다. 이 박물관의 혁신성은 많은 지자체들의 벤치마킹 대상이 되고 있다. 현재까지 300여 기관에서 견학을 왔고, 국립중앙박물관을 비롯한 20~30여 기관은 이와 비슷한 개념으로 전시관을 만들고 있다. 비록 다양한 주체들이 대전통인 유교문화와 민속, 무속 그리고 불교 등의 소전통의 중요성과 의미를 두고 차이점들을 보이고 있지만, 전통문화 콘텐츠박물관의 성공이 보여주듯이 유교를 중심에 두고 다른 소전통의 문화들이 함께 공존하는 현상이 정착되어가고 있다.

4. 문화의 전유와 정체성의 재구성

1997년 국제 외환위기를 거치면서 한국정부는 미래의 새로운 경제적 활로를 모색하였는데, 이런 맥락에서 – 영국 창조산업을 참조해서 – 문화콘텐츠산업이 선택되고 정부의 집중적인 지원을 받게 되었다. 한국의 고유한 문화전통을 기반으로 세계적인 문화산업을 육성하기 위해 시작된 문화콘텐츠 진흥정책에 의해 다양한 문화전통을 간직하고 있는 안동은 재발견되었다. 안동 지방정부와 지역의 파워엘리트들은 이 진흥정책이 침체된 안동의 지역경제를 활성화하는데 새로운 전기가 될 뿐만 아니라 지역의 고루한 이미지를 탈피하는데 도움을 준다고 판단하고 문화콘텐츠산업을 적극적으로 진흥한다. 하지만 안동 지역의 많은 문화전통들 중에서 어떤 것이 진정한 지역 전통문화인지에 대해서는 이들 사이에서 의견이 달랐다. 삼국시대에서 독립운동의 역사까지를 모두 포괄할 경우 안동의 전통은 항상 다양한 문화전통들의 서로 뒤섞이면서 역동적으로 전개되어 왔다. 때문에 지역의 일부 진보적인 지식인은 안동의 정신을 진취성, 중층성 그리고 복합성 등에서 찾았는데, 이는 문화콘텐츠 산업과 관광산업의 기대치와 잘 부합하였다. 이런 경향은 전통문화디지털박물관의 초기 콘텐츠 구성에서 잘 드러나고 있다. 하지만 안동의 진정한 정신을 유교에서 찾던 유림가문 출신의 일부 보수적인 사람에게 이런 이미지는 실망스러운 것이었다. 이들은 당시 사회에서 긍정적으로 재평가받기 시작하던 유교가 안동 전통문화의 적자이며, 이를 통해 척박해진 현대 사회를 혁신할 수 있을 뿐만 아니라 지역 경제도 활성화할 수 있다고 생각했다. 이로부터 정신문화 수도 담론이 만들어지고, 안동 지방정부는 이 담론을 확산시키기 위해 생산자서비스와 정보통신 진흥을 통해 세계도시 전략을 펼치고 있는 서울과 대립각을 세우기 위해 노력했다. 이런 일련의 노력들을 통해 안동은 자랑스러운 대전통인 유교의 유구한 역사를 간직한 한국의 정신문화 수도라는 이미지를 성공적으로 구축하였을 뿐만 아니라 유교문화콘텐츠를 통해 지역 경제를 활성화하는데도 상당한 성과를 거두었다.

지방정부와 유지들은 두 개의 서로 다른 지역의 문화적 정체성을 각기 다른 상황과 맥락에 따라 다르게 호출하고, 이것을 지역 발전을 위한 상징적 자산으로 활용하고 있는데, 지역민들은 이것을 당연하게 받아들이고 있다. 따라서 지역의 문화적 정체성을 둘러싼 서로 다른 주체들의 상이한 시선과 노력은 관광의 활성화를 통해 지역 경제를 되살리는데 각기 중요한 기여를 하고 있을 뿐만 아니라, 다른 지역들과의 제한된 자원을 둘러싼 경쟁에서 우월적 지위를 선점하고, 지역경제 활성화에 필수적인 주요기관과 시설을 유치하는데도 상호 보완적인 역할을 하고 있다. 이 같은 노력을 통해 안동은 경북의 중심도시뿐만 아니라 세계적인 도시로 거듭나는데 유리한 조건을 구축하고 있다.

　본 논문은 문화 전유의 시각에서 한국의 중앙정부에서 적극적으로 진흥한 세계도시와 문화콘텐츠산업이 어떤 맥락에서 탄생하였으며, 이것이 어떤 내적 운동성을 가지게 되었는지를 살펴보았다. 또한, 이것들이 지역의 전통 문화 재발견과 문화정체성 형성에 어떤 영향을 끼쳤는지도 살펴보았다. 전 지구화 현상 속에서 영국의 창조산업과 한국의 문화콘텐츠산업을 문화 전유의 시각에서 분석하는 것에는 몇 가지 문제가 있다. 한국중앙정부는 창조산업을 직접적으로 수용한 것이 아니라 창조산업으로부터 아이디어를 얻어서 문화콘텐츠산업을 탄생시켰으며, 또한 영국과 한국 또는 서울과 안동의 관계를 주도와 종속의 맥락에서 파악하기는 어려운 측면들이 많기 때문이다. 이 때문에 이 글의 주제는 문화접변의 시각에서 분석하는 것이 더 적합한 듯 보인다. 하지만 문화 전유의 시각 또는 분석 틀에서는 전 지구화 환경 속에서 문화집단들 속에 존재하는 다양한 주체들의 뒤엉킴 측면, 주체들 간의 불평등한 권력관계에 대한 측면, 다양한 주체들의 경쟁적이고 전략적인 수용 측면 또한 의미의 변용과 정치적, 경제적 그리고 문화적 함의와의 관계 측면을 종합적으로 살펴보는 데 필요한 도움을 얻을 수 있다고 판단해서 이를 취하였다. 이와 같이 시론적으로 시도한 글의 결과를 앞으로 이와 유사한 성격을 가진 다른 사례들에도 계속 적용해봄으로써 좀 더 완결되고 적합한 연구 틀을 만들어보고자 한다.

참고문헌

「"문화콘텐츠 시장 1조불 육박 애니메이션, 만화 DB화 주력" 한국문화콘텐츠진흥원
　　서병문 초대원장」, 『조선일보』, 2001.8.25.
「2020 미래로 가자. 미래는 문화다. 100억달러 문화수출국 되자」, 『조선일보』, 2002.4.6.
「21세기 정보화 포럼 9인 위원의 정보화 전망 : 정보화는 세계화의 핵심－100년 전 실
　　패 되풀이 말아야」, 『조선일보』, 1995.3.9.
「32억 투입 공동제작실 연다 문화콘텐츠진흥원. 올 8월 목동에 개설」, 『조선일보』,
　　2002.6.4.
「6개 전략산업 40만 육성」, 『조선일보』, 2001.11.16.
「국가컨설팅 '비전코리아' 발진」, 『매일경제』, 1997.3.13.
「김대통령 두뇌강국 보고대회 연설문」, 『매일경제』, 1998.12.3.
「도시경쟁력이 국가경쟁력」, 『매일경제』, 1994.11.14.
「도시별 경쟁력 분석 방안 제시」, 『매일경제』, 1997.11.1.
「비전코리아 부즈앨런보고서」, 『매일경제』, 1997.12.26.
「비전코리아 컨설팅 대표 비대위 자문 맡아」, 『매일경제』, 1998.1.5.
「비전코리아 … 21세기를 실천한다－프롤로그」, 『매일경제』, 1997.1.1.
「세계주요도시 경쟁력 비교 '자료 : 삼성경제연구소'」, 『매일경제』, 1997.1.1.
「전통문화콘텐츠센터 설립」, 『조선일보』, 2003.1.11.
「한심한 '서울시 경쟁력'」, 『매일경제』, 1997.1.11.
경상북도, 『경상북도 문화산업 육성방안(2000~2009)』, 1999.
＿＿＿＿, 『안동문화산업진흥지구 지정시청서』, 2009.
고정민, 『부천 문화산업 클러스터의 중장기 발전전략』, 삼성경제연구소, 2002.
구준모, 『문화산업과 클러스터정책』, 산업연구원, 2001.
김포시, 『캐릭터산업 성공사례, 제2회 지방자치단체 개혁박람회 보고서』, 2001.
문화관광부, 『2001 문화정책백서』, 2001a.
＿＿＿＿＿, 『문화콘텐츠산업 발전정책, 문화산업육성정책방향 워크샵 자료』, 2001b.
부천시, 『송내첨단문화산업단지 조성계획』, 2001.
산업연구원, 『문화산업과 도시발전』, 2001.
삼성경제연구소, 『Issue Paper－콘텐트비즈니스의 새 흐름과 대응전략』, 2002a.

_____, 『부천 문화산업클러스터의 중장기 발전전략』, 2002b.

_____ · 중앙일보사, 『산업 클러스터의 성공원리와 발전전략에 관한 심포지움 주제발표논문집』, 2002.

서울시정개발연구원, 『세계 대도시 비교 연구』 ii, 2003.

_____, 『서울 글로벌도시화 기본계획 연구용역』, 2008a.

_____, 『서울시 문화콘텐츠 산업클러스터 발전전략』, 2008b.

_____ · 노무라종합연구소 편, 『서울시 미래상 연구—세계도시 서울은 가능한가』, 2004.

안동시, 『안동시 문화콘텐츠산업 육성방안』, 2003.

_____, 『문화콘텐츠지원센터 건립 타당성 조사 및 문화산업 육성방안』, 2008.

_____, 『안동문화산업진흥지구 조성 타당성 조사』, 2009.

정보통신부, 『디지털콘텐츠산업발전 종합계획—Digital Contents Action Plan 2005』, 2001.

한국문화예술진흥원 · 한국문화콘텐츠진흥원, 『CT산업정책포럼 주제발표논문집』, 2002.

한국문화정책개발원 · 정보통신정책연구원, 『문화콘텐츠산업 진흥방안』, 2000.

한국지방행정연구원, 『지방문화산업 육성방안—문화산업지구 조성을 중심으로』, 2000.

Coy, P., "The Creative Economy", *Business Week*, August 28. 2000.

DCMS, *Creative Industries-Mapping Documents*, 1998.

DCMS, *Creative Industries-Mapping Documents*, 2001.

EDAW / Urban Culture, *Sheffield Cultural Industries Quarter-Strategic Vision & Development Study*, 1998.

http://www.andong.go.kr/open.content/ko/organization/introduction(검색일 : 2011.8.30)

김인, 「세계화시대 서울의 도시경영전략」, 『국토계획』 30(3), 대한국토 · 도시계획학회, 1995.

김현민 · 박지윤, 「세계도시성 지표 분류와 시사점에 관한 연구」, 『국토계획』 40(6), 대한국토 · 도시계획학회, 2005.

삼성경제연구소, 「한국 문화산업 발전을 위한 긴급제언」, 『CEO Information』 제 361

호, 2002.

이성복, 「세계화시대에 세계도시의 발전전략」(한국지방자치학회 하계학술발표회 및 제13회 한일 지방자치 국제세미나, 2004.8), 한국지방자치학회, 2004.

이재하, 「세계도시지역론과 그 지역정책적 함의」, 『대한지리학회지』 38(4), 대한지리학회, 2003.

구문모 외, 『문화산업의 발전방안』, 을유문화사, 2000.

문화경제학회, 『문화경제학 만나기』, 김영사, 2001.

아르준 아파두라이, 『고삐 풀린 현대성』, 현실문화연구, 2004(Apadurai, Arjun, *Modernity At Large-Cultural Dimensions of Globalization*, Minneapolis : University of Minnesota, 1996).

Feagan J. R. · Smith M. P., "Cities and the New International Division of Labour", in Smith M. P. · Feagan J. R.(eds.), *The Capitalist City*, Oxford : Blackwell , 1987.

Friedmann, J., "The World City Hypothesis", *Development and Change* 17, 1986.

Sassen, S., "On Concentration and Centrality in the Global City", P. L. Knox · P. J. Taylor(eds.), In *World Cities in a World System*, Cambridge : Cambridge University Press, 1995.

Caves, R., *Creative Industry-Contacts between Art and Commerce,* Cambridge : Harvard University Press, 2004.

Florida, R., *The Rise of the Creative Class-And How It's Transforming Work, Leisure, Community and Everyday Life,* New York : Basic Books,, 2002.

Frank, S. · Verhagen, E., *Creativity and the City-How the Creative Economy Changes the City,* Amsterdam : NAI Publishers, 2005.

Hartley, J., *Creative Industries,* MA. : Blackwell, 2005.

Howkins, J., *The Creative Economy-How People Make Money from Ideas,* London : Penguin Book Ltd., 2002.

Kottak, Conrad Phillip, *Windows on Humanity*, New York : McGraw, 2005.

Landry, C., *The Creative City-A Toolkit for Urban Innovators,* London : Earthscan, 2000.

Lipsitz, George, *The Possessive Investment in Whiteness-How White People Profit from Identity*

Politics, Philadelphia : Temple University Press, 2006.

Massey, Doreen, *World City,* Cambridge : Polity, 2007.

광저우廣州의 '13행13行' 기억과 장소성의 재구성*

이은자

1. 광저우의 13행 기억과 유적 개발

광둥廣東은 중국의 오령五嶺 이남을 지칭하는 링난嶺南 지역으로, 북방 중원의 정치·문화 중심에서 떨어져 있어, 역대로 '남만南蠻'으로 폄하되었다. 그러나 근대 이후 광저우廣州는 개혁과 혁명의 중심에 있었다. 근대의 시작을 알리는 아편전쟁이 발발한 곳, 캉유웨이康有爲·량치차오梁啓超로 대표되는 변법 운동의 거점, 혁명의 상징 쑨원孫文의 정치적 근거지, 덩샤오핑의 남순강화南巡講話로 유명한 개혁·개방의 첨병 도시, 화교의 고향 등 근현대 광저우를 표현하는 수식어는 아주 많다.

---

* 이 글은 『중국근현대사연구』 제57집(2013)에 수록된 논문 「광동 13행과 13행 商館의 재현」을 본 단행본의 취지에 맞게 수정, 보완한 것이다.

링난의 중심지 광저우는 한대漢代 이래 고대 해양 실크로드의 기점으로 저명한 상업도시였다. 해외 무역을 총괄 감독하는 시박사市舶司가 당대唐代 유일하게 광저우에 설립된 이래, 송대와 원대에는 그 제도가 항저우杭州, 닝보寧波 등으로 확산되었지만 광저우의 지위에는 변함이 없었다. 명대에는 회원역懷遠驛을 만들어 조공 무역의 중심지로, 청대에는 주강珠江 변에 13행 상관商館을 설치하여 중·서 무역의 특구로 삼았다. 당시 서양인은 광저우를 통해 중국으로 들어왔고, 그들이 접촉한 13행을 통해 중국을 이해하였다. 13행의 활동 중심지는 바로 외국인의 거류·무역 지역인 13행 상관이었다. 13행 상관은 아편전쟁 이전 80여 년간 광저우의 일구통상一口通商을 상징하는 이국적인 인문 경관이었다.

마천루가 즐비한 주강 북안北岸 시디얼마로西堤二馬路 37호號에 광저우문화공원廣州文化公園이 자리하고 있다. 문화공원 북쪽의 가도가 광둥십삼행로廣東十三行路이다. 그러나 광둥십삼행로와 문화공원이 13행 상관구였음을 아는 사람은 그렇게 많지 않다.

광둥 13행(혹은 광저우 13행)은 개항 이전 광저우에서 서구와의 대외 무역을 독점한 특허 상인 집단으로, 수출입 관세의 징수 업무 뿐 아니라, 외국 상인의 관리와 통제, 외국인과의 섭외 사무 등을 수행한 관상官商이었다. 13행은 청조가 '관官이 상인을 관리하고 상인이 외국인을 관리하는' 정책 속에 탄생하였기에, 청조의 간섭을 피할 수 없었다. 이런 점에서 13행은 탄생한 그날부터 청조의 흥망성쇠와 긴밀하게 연결될 수밖에 없었다.[1]

---

1 李國榮 편, 이화승 역, 『제국의 상점』 소나무, 2008, 118쪽(李國榮, 『帝國商行—清代廣州十三行紀略』, 廣州 : 廣東人民出版社, 2006).

광둥 13행에 대한 비판적 평가는 무엇보다 광둥 13행이 청조가 실행한 광저우 일구통상 시기 '폐관쇄국閉關鎖國'의 정치적 산물이라는 점에 초점을 맞추고 있다. 청조 당국을 대신하여 행정권·외교권을 갖고 있는 13행은 경제적으로 대외 무역을 독점한 집단이었다. 청조는 봉건적 외교와 통상 제도를 타파하기 위해 영국이 일으킨 아편전쟁에서 패하였는데, 이는 모두 '13행이 초래한 화근'이었다.[2] 아편전쟁 당시 아편 밀매자 뿐 아니라 서양인과 상업상 혹은 외교상 왕래하는 사람, 심지어 광저우의 상업 기구 곧 공행公行 소속 13행도 예외 없이 한간漢奸으로 규정되었다.[3] 13행이 아편을 밀수하였고, 최종적으로 아편전쟁의 원인을 제공하였다는 부정적 인식은 당시 뿐 아니라 그 이후에도 바뀌지 않았다.

그러나 13행은 청조의 아편 금령이 강화되면서 그들이 보증한 외국 상선이 아편을 적재하면 연대 책임을 져야 했다. 행상은 아편과 거리를 유지하면서 안전을 도모해야만 생존할 수 있었다. 물론 외국 상인과 밀접한 교류를 하는 행상이 아편 밀수와 아무런 관계가 없었다고 단언하기는 어렵지만, 13행이 아편 밀수에 동참했다는 기존의 평가는 바뀔 수밖에 없었다. 기본적으로 행상行商 은 아편전쟁에 대해 청조와 진퇴를 같이 하였다. 항전 시기에는 항전을 지지하였고, 전쟁 기간 중 화약和約 과정에서도 관여하였다. 전쟁 배상금 지불의 책임은 대부분 행상에게 전가되었다. 이미 행상의 대부분은

---

2 朱希祖, 『廣東十三行考』, 廣州 : 廣東人民出版社, 1999.

3 [美] 魏斐德, 王小荷 譯, 『大門口的陌生人』, 北京 : 中國社會科學出版社, 2002, 40~52쪽 (제2차 인쇄)(Frederic Wakeman, Jr, *Strangers at the Gate : Social Disorder in South China, 1839 ~1861,* The Regents of the University of California, 1966). 한간은 청조의 법규를 어기면서 외국 상인과 직접 아편 밀매를 담당했던 중국인이었다. 이 개념은 아편전쟁 기간 중 영국측에 협력하는 중국인 모두를 지칭하는 보다 넓은 의미로 사용되었다. 유장근, 「아편전쟁 시기의 「漢奸」에 대하여」, 『경남사학』 창간호, 경남사학회, 1984, 77~78쪽.

19세기 초에 들어서면서 위기를 겪었고 파산 행상도 적지 않았다. 남은 행상마저도 아편전쟁으로 심한 타격을 입었다.[4]

광저우대학廣州大學 교수 양홍례楊宏烈는 '십삼행상부문화유지개발연구十三行商埠文化遺址開發硏究' 보고서에서, 13행과 아편전쟁의 관계를 재검토할 것을 촉구하였다. "아편전쟁은 중국인에게 고난, 치욕의 역사이다. 이 치욕, 고난의 역사를 13행과 연관시킬 수는 있다. 13행은 아편전쟁에서 주로 긍정적 역할을 하였다. 어떤 행상은 스스로 항영抗英 운동에 참여하였다. 이들은 아편전쟁의 '죄인'이 아니라 오히려 최대의 피해자이고 희생양이다. 따라서 13행 역사 사건에 대한 잘못된 인식을 바로 잡고 13행 역사문화 유적을 보호, 개발하는데 사상적 장애와 정책적 편견의 극복이 필요하다."[5]

13행에 대한 긍정적 평가는 크게 두 가지 방면에서 진행되었다. 그 중 하나는, 13행이 서양문화를 학습하는 창구 역할을 했다는 점이다. 예컨대, 외국 상인과의 대화를 위해 '광둥 영어'를 개발하고, 서양의 회화를 흡수하여 '광채廣彩'와 수출용 그림(外銷畵)을 제작하였으며, 우두 접종술을 중국에 전파하는데 공헌했다고 지적하였다. 아편전쟁 기간 중 해방海防을 정돈하기 위해 구미의 선박과 수뢰를 모방 제작하였음을 들어, 행상이 『해국도지海國圖志』의 저자 웨이위안魏源의 유명한 '사이장기이제이師夷長技以制夷' 사상을 최초로 실천하였다는 적극적 평가도 적지 않다. 서양인 역시 13행을 통해서만 청조로 진입할 수 있었기 때문에, 13행은 서양인이 중국을 이해하는 창구이기도 했다.[6]

---

4 이은자, 「광동 13행과 개항의 기억」, 『사총』 76, 고려대 역사연구소, 2012, 176~179쪽.
5 楊宏烈 編, 『廣州泛十三行商埠文化遺址開發硏究』, 廣州 : 華南理工大學出版社, 2006, 10~11쪽.

다른 하나는, 13행이 광둥 상인 정신을 체현하고 있다는 점이다. 유명한 13행 반계관潘啓官의 후손으로 화난이공대학華南理工大學 교수 판강얼潘剛兒은, 광둥 13행이 청조 관리와 외국 상인 간 중재 역할을 하면서 고난의 경험을 하였고, 대외 무역에서 신용 경영을 실현하였으며, 중국과 외국 간 충돌 과정에서 민족 애국정신을 보여주었고, 사회 공익 사업과 문화 사업에 큰 공헌을 하였음을 지적하였다. 이러한 과정을 통해 13행은 청대淸代 광둥 상인 특유의 중·외中外 문화에 대한 포용성, 바다를 향하고 세계를 향하는 개방성, 개척성, 진취성 등을 형성할 수 있었다고 강조하였다.[7] 광저우대학廣州大學 교수 렁둥冷東은 더 나아가 중국이 세계를 향하는 과정(走向世界)에서 13행의 역사적 지위를 고찰하면서, 13행 문화는 중화문명에 글로벌한 시야를 제공하였고, 광둥 상인 정신의 핵심을 이룬다고 단언하였다.[8]

앞서도 서술했듯이, 광둥 13행에 대한 재인식은 13행과 아편전쟁의 관계를 재검토하면서 이루어졌다. 아편전쟁과 관련한 공식 기억은 린쩌쉬林則徐의 금연 운동, 인민의 항영 투쟁에 집중되어 있다. 여기서 아편전쟁 시기 다수의 민중, 더 나아가 한간의 존재는 제외되었다.

흥미로운 사실은, 13행의 재평가 역시 아편전쟁에 대한 공식 평가를 벗어나지 않는 범위에서 이루어지고 있다는 점이다. 우선, 13행이 청조의 '폐관閉關' 정책의 산물이기는 하지만 아편 밀매와는 무관하며, 오히려 아편전쟁의 피해자, 희생양임을 부각시켰다. 더 나아가 13행이 항전에 적극 참여하

---

6 이은자, 앞의 글, 2012, 179~181쪽.
7 潘剛兒 等 編, 『廣州十三行之一 : 潘同文(孚)行』, 廣州 : 華南理工大學出版社, 2006, 序一.
8 冷東, 「在中國走向世界的過程中考察廣州十三行的歷史地位」, 『廣州大學學報』(社會科學版) 第9卷 第8期, 廣州大學, 2010.

였고, '새로운 사상'의 맹아 곧, '사이장기이제이師夷長技以制夷' 사상을 최초로 실천한 애국적 열정을 가진 선구자였음을 강조하였다. 이 과정에서 13행은 서양인과 교류하고 아편을 밀매한 혐의를 받는 '한간'에서, 서양의 상기를 배워 서양을 물리치려고 했던 '애국자'로 극적인 변모를 하였다.

개혁·개방 이후 중국의 경제 발전과 대국화는 중국의 상인과 대외무역에 대한 관심을 고조시켰다. 상하이 자본주의, 상인買辦은 말할 것도 없거니와, 광둥 13행 역시 마찬가지이다. 2006년 중국 국영방송은 〈제국상행帝國商行〉9을 방영하여 큰 반향을 불러 일으켰다. 여기에는 중국제일역사당안관中國第一歷史檔案館 뿐 아니라, 광저우시당안국廣州市檔案局, 광저우시리완구인민정부廣州市荔灣區人民政府, 광저우시사회과학계연합회廣州市社會科學界聯合會 등 5개 단위가 연합하여 제작에 참여하였다. 다큐의 내용은 이후 책으로도 정리되어 출간되었다.10 〈제국상행〉 제작 발표회에서는 세계 무역사와 문화교류사에서 13행의 위상을 다음과 같이 정리하였다. 13행은 개방과 겸용의 자태로 무수한 외국 상선과 상인을 영송迎送하고, 해외 경제와 문화의 핵심을 흡수함으로써 '중상실무重商實務'의 링난 문화를 형성하였다.11

13행 광둥 상인은 링난 문화의 중상성重商性을 대표한다.12 링난 특히 광저우 주강 삼각주 일대는 상업이 비교적 발달한 지역으로 그 중심에 광저우가 있다. 아편전쟁 이전 중·서 무역의 특구로, 비록 개항 이후 대외무역 지

---

9 제1부는 제국의 남문南門을 열다, 제2부는 세계의 거부巨富, 제3부는 서양의 바람이 불어오다, 제4부는 제국 상행商行의 비가悲歌로 구성되었다.

10 李國榮, 『帝國商行—淸代廣州十三行紀略』, 廣州 : 廣東人民出版社, 2006(리궈룽 편, 이화승 역, 『제국의 상점』, 소나무, 2008).

11 「『帝國商行』首播『廣州十三行紀略』首發」(http://news.dayoo.com/guangzhou/gb/content/2006-04/07/content_2468626.htm).

12 李權時 等 主編, 『嶺南文化』(修訂本), 廣州 : 廣東人民出版社, 2010, 3~30쪽.

워를 상하이에 넘겨주었으나 개혁·개방의 최첨단 도시로 부활하였다. 이와 관련한 역사 유적은 거의 남아 있지 않기 때문에, 13행 유적 개발과 이용은 광저우의 로컬 정체성을 강화하는 데 중요한 의미를 갖는다. 한편으로 광둥 상인 정신은 중국이 강조하고 있는 중국 문명의 글로벌화와 일치하고 있다. 앞서 광저우대학 교수 렁둥이 중국이 세계를 향하는 과정(走向世界)에서 13행의 역사적 지위를 고찰해야 한다고 지적했듯이, 13행 유적은 중국의 내셔널리티 강화에도 훌륭한 자산이 될 수 있다. 현재 광저우에서 진행 중인 13행 유적 개발은 이러한 맥락에서 이해할 수 있다.[13]

광둥 13행에 대한 긍정적 평가는 13행 역사문화 자원을 보호, 개발해야 한다는 전문가의 제안과 건의로 이어졌다. 13행 역사문화 유적 개발은 황푸黃埔 고항古港 개발에서부터 시작되었다. 광저우시 하이주구海珠區 황푸촌黃埔村에 위치한 황푸고항은 주강 삼각주 부분에 해당되며 청대에는 주강의 남쪽 곧, 허난河南으로 불렸다. 항푸고항 개발은 2006년 중건된 스웨덴 고선古船 예테보리哥德堡, Gotheborg 호號의 광저우 방문을 기념하여 이루어졌다. 스웨덴 동인도회사 소유의 이 상선은 1745년 1월 중국의 자기, 비단, 다엽 등의 화물을 싣고 스웨덴 제1의 항구이자 제2의 도시 예테보리 도착을 얼마 남겨두지 않고 암초에 침몰하였다.

황푸고항 지구 곧, 황푸고항경관구黃埔古港景觀區에는 황푸고항의 패방牌坊과 석비石碑, 예테보리호의 광저우 방문 기념 조각상이 있다. 2006년 7월 예테보리 호의 광저우 방문 의식은 스페인 국왕과 왕후의 참여 하에 성대하

---

13 이에 대한 구체적 논의는 이은자, 「廣州의 개항 기억─내셔널리티와 로컬리티의 사이에서」, 『아시아문화연구』 29, 경원대 아시아무화연구소, 2013 참고.

게 거행되었다. 패방은 중국 정부가 예테보리호 방문을 기념하기 위해 만든 것인데 그 좌우에는 '사해운장봉포 오주상려회신주四海雲艢鳳浦 五洲商旅匯神州'라고 쓰여 있다. 사해에서 구름처럼 모여든 선박이 황푸에 이르고 전세계의 상인이 중국에 모여든다는 의미이다. 경관구의 핵심은 월해관粤海關의 원형을 복원한 월해제일관고건축粤海第一關古建築으로, 아편전쟁 이전 번영을 누리던 광저우, 세계를 향하는 광둥 상인의 이미지를 충분히 이해할 수 있게 해준다. 2011년 7월에는 13행 반계관(인척 潘仕成)의 정원 해산선관海山仙館(현재 荔枝灣公園) 내에 십삼행사료진열관十三行史料陳列館이 건립되었다.[14]

2. 13행 상관商館에서 광저우문화공원廣州文化公園으로

광저우에 들어온 외국 상인은 행상의 통제를 받았다. 13행 상관은 당시 광둥13행가廣東十三行街, 현재 광둥13행로廣東十三行路 이남에 위치하고 있으며, 주강을 면하고 있다. 상관은 행상 주로, 반가潘家(潘啓官)와 오가伍家(伍浩官)의 자산으로 외국 상인에게 임대해준 것이다. 외국인은 광저우에 오면 13행 상관구의 범위를 넘을 수 없었다. 청조는 상관을 설치함으로써 외국인의 거류·무역 범위를 제한하는 동시에 외국 상인을 통제하였다.

아편전쟁의 결과 맺어진 난징조약南京條約으로 서구와의 무역 독점권을 갖고 있던 광둥 13행의 독점적 지위는 사라졌다. 이로써 광저우를 포함하여 중국 연해 5개 항구에서 외국 상인은 광둥 13행을 거치지 않고 교역이 가능

---

14 황푸고항 기념관, 십삼행사료진열관에 관한 구체적 내용은 이은자, 앞의 글, 2012, 186～187쪽 참고.

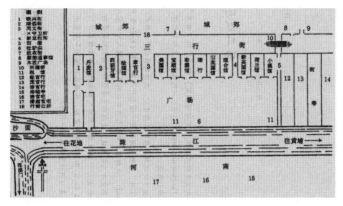

〈그림 1〉 광저우 13행 상관 평면도(1844년 이전)[16]

비고 : 범례 중 2. 靖遠街 3. 同文街는 착오이다. 2. 同文街 3. 靖遠街가 맞다.

하였고, 청조와의 교섭 업무 역시 행상이 아니라 자국 영사領事를 통해 진행할 수 있었다. 13행 상관의 범위를 넘어 외국 상인의 활동이 가능해졌음은 물론이다.

제1차 아편전쟁 이후 13행 상관은 1842년 12월에 화재가 발생하였으나 중건되었다.[15] 〈그림 1〉의 13행 상관 평면도는 아편전쟁 이후 13행 상관의 모습을 잘 보여주고 있다. 이 상관 평면도는 광저우 등지에서 20년 동안 활동한 미국인 헌터亨特, William C. Hunter가 그린 것인데, 그는 미국 기창양행旗昌洋行(Russell & Co) 직원으로 근무하다가 1844년 퇴직하였다.[17] 따라서 이 그림은 1844년 헌터 퇴직 전후의 13행 상관 모습을 반영하고 있다.

---

15 戴學稷, 「兩次鴉片戰爭期間廣東人民的反侵略鬪爭」, 『鴉片戰爭史論文專集』(北京 : 人民出版社, 1990), 240~241쪽; 章文欽, 「淸代西關十三行的幾次火災」, 『廣東十三行與早期中西關係』(廣州 : 廣東經濟出版社, 2009), 192~196쪽.

16 출전 : [美] 亨特, 章文欽 譯, 『舊中國雜記』(중역본), 廣州 : 廣東人民出版社, 2008(Hunter, William C., *Bits of old China*, 2nd ed., 1911), 附圖.

17 [美] 亨特, 沈正邦 譯, 『舊中國雜記』, 서문 참고.

그에 의하면, 서편에서 동편으로 덴마크관丹麥館, Danish Factory, 서반아관西班牙館, Spanish Factory, 프랑스관法國館, French Factory, 장관행章官行, Chunqua's Hong, 미국관美國館, American Factory, 보순관寶順館, Paou-shun Factory, 제국관帝國館, Imperial Factory, 스웨덴관瑞(典)行, Swedish Factory, 구영국관舊英國館, Old English Factory, 혼합관混合館, Chow-Chow Factory, 신영국관新英國館, New English Factory, 화란관荷蘭館, Dutch Factory, 소계관小溪館, Creek Factory 등 13 행 상관이 자리하고 있다. 또한 상관을 남북으로 종단하는 가도街道는 서편에서부터 동문가同文街, 정원가靖遠街, 신두란가新豆欄街이다. 13행 상관과 중국인 거주 지역을 구분하기 위해 13행 상관 북쪽으로 가도를 만들었는데, 이것이 광둥13행가廣東十三行街이다. 흥미로운 사실은 이 그림이 5만여 평방미터(㎡) 13행 상관구의 범위를 넘어 주강 이남의 허난河南과 황푸黃埔 가는 길을 보여주고 있다는 점이다.[18]

아편전쟁 초기 광저우의 대외 무역은 잠시 중단되었으나 영국군의 북상北上 이후 점차 회복되었다. 아편전쟁 이후 상하이, 홍콩이 주목을 받고 있음은 분명하지만, 여전히 광저우의 대외무역은 쇠퇴하지 않았다. "새로운 개항장이 새로운 시장을 창출하기는 했으나 광저우 무역의 쇠퇴를 조성한 것은 아니었다."[19] 무역이 회복되면서, 영국은 13행 지구의 남쪽 곧, 주강 이남의 허난, 황푸 등지에 관심을 가졌으나. 현지 인민의 반대로 무산되었다. 광저우성廣州城 개방도 이루어지지 못했다[20] 반면 5개 항구 중 상하이에서

---

18 曾昭璇 等,「廣州十三行商館區的歷史地理」,『廣州十三行滄桑』(廣州 : 廣東省地圖出版社, 2001), 17~18쪽.
19 [美] 馬士, 張匯文 等 譯,『中華帝國對外關係史』제1권, 上海 : 上海書店出版社, 2000 (Morse, Hosea Ballou, *The international relations of the Chinese empire*, 1910), 410쪽.
20 趙矢元,「第一次鴉片戰爭后廣東人民反對英國租地的鬪爭」,『鴉片戰爭史論文專集』, 296

가장 먼저 조계租界가 만들어졌다. 게다가 1850년 이후 광저우의 대외 무역 지위는 점차 상하이, 홍콩에 의해 대체되었다.[21] 1850년 광저우의 외국인은 362명이었으나, 1859년 172명으로 줄어들었다. 같은 시기 상하이의 외국인은 300명에서 408명으로 늘어났다.[22] 13행 지구는 더 이상 매력 있는 대외 무역 기지로서의 역할을 하지 못했다.

제2차 아편전쟁은 13행 상관의 위상에 결정적 역할을 하였다. 1856년 12월 제2차 아편전쟁기간 중 영국군은 13행 상관에 병력을 집중하였다. 미국인 모스馬士, Morse, Hosea Ballou의 기록에 의하면, "중국인은 영국의 무장 부대에 대항할 용기가 없어, 방어가 아직 철저하지 않은 상관을 공격하였다. 12월 14일 오후 11시 상관 뒤편 훼손된 중국인 가옥을 방화하였다. 당시 불길을 잡으려 하였으나 구영국관舊英國館 일부를 제외하고 상관 안의 모든 건축물이 15일 오후 5시경 전부 잿더미로 변했다."[23] 미국인 헌터 역시 13행 상관 종결사를 이렇게 묘사하였다. "내가 이처럼 구체적으로 묘사한 세계적으로 유명한 이 상관은, 후에 (영국군 사령관) 시모어 백작Admiral M. Seymour

〈그림 2〉 광저우 상관의 모습(작자 미상)[24]

~298쪽; 戴學稷, 앞의 글, 243쪽.
21 程浩, 「兩次鴉片戰爭對廣州港的影響」, 『羊城今古』, 第5期, 廣州市地方志辦公室. 1990.
22 王雲泉, 「廣州租界地區的來龍去脈」, 『廣州的洋行與租界』(廣州文史資料 第44輯, 廣州 : 廣東人民出版社, 1992), 23쪽.
23 [美] 馬士, 張匯文 等 譯, 앞의 책, 488쪽.

이 광저우성을 공격하면서 평지로 만들어버렸다. 마지막으로 이 지점을 보았을 때 내가 이 안에 거주한 지 35년 가까이 되었는데, 정말 아무 것도 판별할 수 없었다. 이 안은 완전히 폐허로 변해 심지어 돌덩이 하나도 찾을 수 없었다. 100년 이래 이 지방은 일찍이 광대한 중화제국의 유일한 외국인 거주 지역이었다."(〈그림 2〉 참고)[25]

제2차 아편전쟁으로 상관이 소실되고, 상관의 서편, 주강 이남의 사몐沙面에 조계가 건설된 뒤, 13행 상관구는 방치되었다. 광저우의 근대적 시정市政 건설은 양광총독兩廣總督 장즈동張之洞 재직 시기에 시작되었다. 장즈동은 사몐 조계와의 비교를 통해 시정 건설의 필요성을 역설하였다. 구체적으로 주강의 하도河道가 막히고 도로가 좁아 수환水患이 일어나고 상무商務가 부진함을 지적한 뒤, 현재의 상황을 방치하면 30년 뒤 우환을 감당할 수 없을 것이라고 하였다. 그는 주강을 정돈하기 위한 목적으로 주강 북안北岸에 동서 길이 총 1,800장丈의 장제長隄를 수축하고 근대식 도로(馬路)를 건설하되, 우선 비용의 문제를 고려하여 남관南關의 천자마두天子馬頭부터 시작하여 10단段으로 나누어 시공을 계속할 것을 제안하였다. 이후 청조의 재가를 받아 천자마두 제1단의 제안隄岸 120장과 관륜마두官輪馬頭를 완성하였다.[26] 이것은 청조가 건설한 최초의 근대식 도로이지만, 장지동의 이임移任으로 더 이상 만들어지지 못했다.[27]

---

24 潘剛兒 等 編著, 『廣州十三行之一 : 潘同文(孚)行』, 図, 7쪽.

25 [美] 亨特, 馮樹鐵 譯, 『廣州番鬼錄』, 廣州 : 廣東人民出版社, 2008(Hunter, William C., *The Fankwae at Canton*, 2nd ed., 1938), 37쪽.

26 「修築珠江隄岸摺」, 光緒 15年 7月 3日, 『張文襄公全集』 제1책(北京 : 中國書店, 1990 영인본), 卷 25, 奏議 25, 491~493쪽; 「珠江隄岸接續興修片」, 光緒 15年 10月 22日, 『張文襄公全集』 제1책, 卷 28, 奏議 28, 544~545쪽.

27 趙春晨, 「張之洞與廣東的近代化」, 『張之洞與廣東的近代化』(北京 : 中華書局, 1999), 221

본격적인 시정 건설은 20세기 초 중화민국 시기에 들어서면서 진행되었다. 근대 도시 건축은 전근대前近代 시기 성벽의 해체에서부터 시작되었다. 쑨원은 1917년 광둥군정부廣東軍政府를 조직한 뒤, 1918년 광저우에서 최초의 행정 기구인 시정공소市政公所를 설치하여 성벽 해체, 근대식 도로 건설을 진행하도록 했다. 1921년에는 쑨원의 아들로 난징南京 수도계획 위원장을 역임한 쑨커孫科가 광저우시 초대 시장에 취임하면서, 광저우시정부청廣州市政府廳을 조직하고, 도로 계획과 건설을 주관하였다. 이로써 현재 중산로中山路(당시 惠愛路)를 동서 주간선으로, 베이징로北京路(당시 永漢路)를 남북 주간선으로 하는 초보적인 근대 도로망이 갖추어졌다.[28]

중화민국 시기 13행 상관구는 상점, 가옥으로 개조되었다. 원래 13행 상관과 중국인 거주 지역을 구분하기 위해 13행 상관 북쪽에 만들어진 광둥13행가廣東十三行街는, 1926년 성벽을 허물고 근대식 도로를 건설하는 과정에서 광둥13행로廣東十三行路로 개칭되었다. 그러나 중일전쟁 기간에 이곳은 일본군의 폭격을 받아 폐허가 되었다.[29]

중화인민공화국 탄생 이후, 중국은 대내적으로 내전 이후 각지의 상업을 일으키고 공농업工農業 생산을 회복, 발전시키며, 금융과 운수를 활발하게 하고 농민의 구매력을 높임으로써 국가 재정 수입을 증대할 필요가 있었다. 대외적으로는 제국주의 경제 봉쇄에 대한 타결책을 모색해야 했다. 광저우 당국은 상징적으로 중국공산당의 광저우 입성(解放) 2주년 기념일 즉 1951

~234쪽.

28 楊萬秀 主編,『廣州通史』近代卷 下冊, 北京 : 中華書局, 2010, 735~741쪽.
29 章文欽,「起源于十三行的廣州街名」,『廣東十三行與早期中西關係』, 201~202쪽; 楊宏烈 編,『廣州泛十三行商埠文化遺址開發研究』, 廣州 : 華南理工大學出版社, 2006, 117쪽.

년 10월 14일에 화난토특산전람교류대회華南土特産展覽交流大會를 개최하기로 결정하였다. 광저우의 교류대회는 화둥華東, 중난中南의 뒤를 이은 제3의 대규모 대회였다.

광저우를 포함한 화난 지구의 토산, 특산물은 주로 홍콩, 마카오에 수출하였다. 그러나 1949년 이후 해외 출로가 막히고 국내 각지 토산물 시장의 소통이 어려워지자, 난국 돌파를 위해 광저우 당국은 교류대회를 개최하였다. 대회 장소는 일본군이 광저우를 점령하면서 폐허가 된 시디西堤 지구로 결정되었는데, 시하오西濠 입구에서 서쪽으로 전안로鎭安路까지, 북쪽으로 13행 상관구까지 약 4만 평방미터(m²)의 규모였다. 광저우의 교류대회 역시 톈진天津과 우한武漢에서 개최된 교류대회의 형식에 의거하여, 대회 장소에 임시 건물을 만들고 교류대회가 끝나면 철거하려고 하였다. 그러나 준비위원회 소속 건축위원회 위원 린커밍林克明은 영구적 전시관을 건설하여 전람회가 끝나고 난 뒤 시민의 활동 장소로 남기자고 제안하였다. 건의가 받아들여지자 그는 중산대학中山大學 건축학과 교수와 전문가에게 의뢰하여 1인에게 1곳의 전시관 설계를 의뢰하였다. 3개월도 되지 않아 대문루大門樓(현재 문화공원 정문)를 비롯하여 4만 평방미터(m²)에 12개의 형식이 다른 전시관이 만들어졌다.[30] 대문루를 비롯한 전시관은 이후 문화공원의 핵심 건축물이 되었다.

1951년 10월 14일 개막식에서 당시 광둥성 공작을 주관하던 예젠잉葉劍英 원수는 화난토특산전람교류대회를 제자題字하였다. 전람회가 끝나고 난 뒤

---

30 「工商界參加華南土特産展覽交流大會紀實」(梁穎 整理, 廣州市工商業聯合會 提供), 『廣州文史』 60집(中國人民協商會議廣州市委員會 編), 2002. 전문은 廣州文史 홈페이지 참고. http://www.gzzxws.gov.cn

다음 해인 1952년 3월 8일 교류대회 장소는 링난문물궁嶺文物宮으로 개명되었고, 1956년 1월 소련의 고리키문화공원과 유사하다는 연유로 광저우문화공원으로 재차 개조되었다. 이로써 중국에서 최초로 '문화'로 명명된 공원이 탄생하였다.[31]

3. 13행역사박물관 건립과 장소성의 재구성

1) 13행역사박물관 건립 계획과 그 의미

광둥 13행 문화 유적의 개발과 이용에 관한 구체적 활동은 2001년 12월 26일 광저우십삼행유지개발이용촉진위원회廣州十三行遺址開發利用促進委員會가 성립되면서 이루어졌다. 촉진회는 성省·시市·구區의 관련 부문, 국내외 전문학자와 13행 관련 인사가 참여했는데, 연구에 집중하면서 13행 유적지 개발 이용에 관한 중대한 결정, 계획 방안 등을 제출하였다.[32] (문화공원의 소재지) 리완구荔灣區 정부의 지지 하에 학계는 중국제일역사당안관中國第一歷史檔案館 소장 13행 관련 사료 문헌을 정리하였다. 동시에 광저우역사문화명승연구회廣州歷史文化名城研究會와 광저우리완구지방지편집위원회廣州荔灣區地方志編纂委員會가 기획·편집하여 『광저우십삼행창상』廣州十三行滄桑을 정식 출간하였는데, 이 책에 13행역사박물관 건립을 촉진하는 발문跋文

---

31 「凝聚一代人的集體文化記憶─廣州文化公園的故事」(來源 : 羊城晚報), 전문은 廣州文史 홈페이지 참고. http://www.gzzxws.gov.cn.
32 「廣州開發十三行遺址」, 『南方日報』, 2001.12.26.

이 포함되어 있다.[33] 13행역사박물관 건립 제안은 2001년 12월 촉진회 성립과 거의 동시에 이루어진 셈이다.

광저우시 문화국文化局이 13행 유적 개발 이용 계획에 구체적으로 관심을 갖게 된 시점은 2005년 말이다. 광저우 문화사업 발전에 대한 '십일오十一五'(2006~2010년) 규획規劃 중에 13행 유적지 설립에 관한 내용이 포함되는데, 이 과정에서 앞서 언급한 황푸고항 개발이 이루어졌고, 2011년 7월에는 십삼행사료진열관이 만들어졌다. 13행역사박물관 건립은 '십이오'(2011~2015) 규획[34]에 포함되어 있다. 13행역사박물관 건립에 관한 제안이 2001년부터 시작되었으므로 말하자면 10년 만에 현실화될 수 있는 여건을 갖추게 된 것이다.

13행역사박물관과 13행주제공원의 건립을 주장하는 대표적 학자인 양홍례楊宏烈 등에 의하면 13행주제공원의 의미는 다음과 같다. 13행주제공원은 역사문화적 모습을 갖춘 혁신적인 관광구로, 13행 상관 소재지의 문화공원을 13행주제공원의 주체로 삼아, 현재 문화공원의 무無문화, 무無주제 현상을 바꾸어야 한다. 또한 광둥십삼행로를 차량을 제한하는 보행가步行街의 상업·문화 거리로 부흥해야한다. 문화공원의 담장을 헐고 13행역사박물관을 건립하여 개방적이고, 대중적이고, 역사적이며 사통팔달한 시민광장 곧, 13행주제공원(혹은 13행문화광장)으로 만들어야 한다.[35] 아울러, 광둥십삼행로에 있는 의류도매시장(新中國大厦 등)을 이전한 뒤, 광둥십삼행로를

---

33 陳敬堂, 「籌建十三行歷史博物館芻議」(代跋), 『廣州十三行滄桑』, 2001.

34 중국에서는 1953년부터 5년마다 국가의 중단기 계획을 추진하였다. '십이오' 규획(2011~2015년)은 제12차 5개년 계획으로, 이에 의거하여 광저우시십이오규획廣州市十二五規劃이 만들어졌다.

35 楊宏烈 編, 앞의 책, 179~181쪽.

질 좋은 사조絲綢·도자陶瓷·다엽茶葉·삼이參茸(인삼과 녹용) 등 4대 수출 상품의 문화가文化街로 개조할 것을 제안하였다.³⁶

상관 유적지 개발 범위는 동쪽으로 런민난로人民南路, 서쪽으로 캉왕로康王路, 남쪽으로 주강, 북쪽으로 광둥십삼행로이다. 현재 광둥십삼행로에 있는 신중국대하新中國

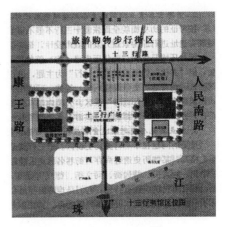

〈그림 3〉 13행 상관 지대 계획도³⁷

大廈를 포함하여 그 서쪽 일대가 13행 상관의 소재지이다. 문화공원 내 중심광장中心廣場, 한성漢城은 상관과 관련된 세구방稅口房, 기간旗杆, 낭도廊道, 성공회 교당, 미국 화원, 영국 화원 등의 소재지이다. 따라서 중심광장을 13행역사박물관으로 만들 수 있다. 주요 상관의 복원은 쉽지 않으므로, 적절한 지역을 선택하여 한 두 세트의 상관 건축을 복원하고, 문사자료전시관文史資料展示館, 기념품점 등을 만들어 평소에는 관광객에게 개방하고, 부정기적으로 학술 활동을 한다. 또한 13행 상관을 남북으로 종단하는 동문가同文街, 정원가靖遠街 등을 복원하여 보행가步行街로 만들 수 있다〈〈그림3〉 참고).³⁸

이처럼 13행주제공원의 건립에는 첫째, 문화공원에 13행역사박물관을 건립하고 일부 상관 건축을 복원한다. 둘째, 상관 북쪽의 광둥십삼행로를 13행

36 「廣州荔灣重建"十三行商圈" 重振輝煌"新中國"」, 『羊城晚報』, 2011. 11. 17.
37 출전 : 楊宏烈 編, 『廣州泛十三行商埠文化遺址開發研究』, 155쪽.
38 楊宏烈 編, 앞의 책, 154~161쪽.

관련 상업・문화가文化街로 개조한다는 내용이 포함되어 있다. 양훙례 등은 13행주제공원의 건립 의미에 대해, 시간적으로 일구통상, 아편전쟁, 화난토 특산전람교류대회, 광교회廣交會, 20세기 후반기의 개혁・개방 등과 연결되는 역사성을 갖추고 있음을 강조하였다.[39]

리완구 정부 역시 13행 유적 개발에 적극적이다. 『남방일보南方日報』는 2011년 7월 8일자 「13행역사박물관이 '십이오十二五' 기간에 이루어지길 바란다」는 제하의 기사에서 다음과 같이 지적하였다. 바이어탄白鵝潭 경제권(바이어탄은 사몐에 위치한다)이 쇠퇴 단계에 들어선 후 리완구 정부는 계속 다른 중점 상권을 모색하였는데, 이것이 곧 13행 상권이다. 문화공원은 13행 유적의 핵심구로, 13행 상권을 추진하는 관건 조성 지역이기도 하다.[40] 이에 따르면, 13행역사박물관 건립이 학계, 문화계의 염원일 뿐 아니라, 13행역사박물관 건립을 13행 상권 개발과 연계시킨다는 리완구의 계획와도 밀접한 관련이 있음을 알 수 있다.

보다 구체화된 계획은 『양성만보羊城晚報』 2011년 11월 17일자 기사에 보인다. 리완구는 13행 유적 개발이 13행 상권을 중건重建하고 찬란한 '신중국新中國'을 다시 진작하는데 중요한 의미가 있음을 강조하였다. '십이오' 기간에 13행 상권의 중건은 리완구의 뜨거운 쟁점이라고 하면서, 11월 14일 광저우에서 거행된 13행과 청대 중외관계 국제학술연토회廣州十三行與清代中外關係國際學術研討會를 자세히 소개하였다.

이 회의에서 리완구 구위상위區委常委이면서 선전부장宣傳部長인 리리李黎

---

39 위의 책, 112쪽.
40 「十三行博物館有望"十二五"落實規劃」, 『南方日報』, 2011.7.8.

는, 리완구는 2011년 7월 십삼행사료
진열관을 건립하였고, 미래에는 현재
광둥십삼행로의 기초 위에, 상샤주로
上下九路를 중추선으로 삼아 13행 문
화권을 조성할 것이라고 하였다. 광
둥십삼행로의 북쪽에 위치한 상샤주
로는 광저우의 대표적 상업 보행가步
行街이다.[41] 〈지도 1〉은 리완구 정부
가 제시한 13행 문화권의 규획 범위를
보여주고 있다. 그는 더 나아가 13행역
사박물관 건립 후 중국해관박물관中國海
關博物館, 광저우민간공예박물관廣州民
間工藝博物館, 광저우우정박물관廣州郵政
博物館, 광저우사조박물관廣州絲綢博物館
(=綿綸會館) 등 링난 문화 박물관군과 연

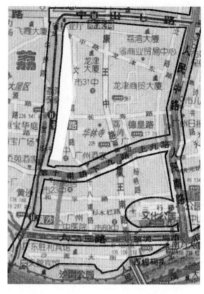

〈지도 1〉 광저우시 리완구(荔灣區) 정부가
제시한 13행 문화권 규획 범위
비고 : 13행 문화권 규획 범위는 廣東十三行
路, 上下九路(第十甫路, 下九路, 上九路 포함)
를 기본 축으로, 북으로 中山路, 남으로 六二
三路와 沙面 건축군, 동으로 人民南路, 서로
寶華路에 이른다.

결하여 해상 실크로드를 충분히 알리고, 중국근대사와 개혁·개방 최전방의
축소판·창구를 이루도록 할 것이라는 포부를 제시하였다.

　리완구 정부는 '십이오' 기간에 구성舊城의 개조를 이끄는 13행 상권 중건
에 초점을 맞추고, 문화공원의 관할권을 적극 활용하여 13행역사박물관을
건립하겠다는 전략을 갖고 있다. 리완구장 탕항하오唐航浩는 13행 개조(광
둥십삼행로 개조, 13행역사박물관 건립 등)의 성공 여부에 구도심(老城區 : 리완

---

41 「上下九 : 商業老街的平民情懷」, 전문은 廣州文史 홈페이지 참고. http://www.gzzxws.gov.cn

구는 광저우의 대표적 老城區이다)의 명운이 있다고 선언할 정도였다.[42]

여기서 리완구가 광저우의 문화를 주도하는(文化引領)발전 전략을 세워 13행 역사문화 자원을 보호·이용하고, 13행 상권의 중건 계획을 세우고 있다는 지적은 흥미롭다. 그 시작은 2011년 7월의 십삼행사료진열관 건립이고, 향후 13행역사박물관 조성을 통해 13행 문화권을 설정하며, 이후 주강 변의 박물관군과 연결하여 해상 실크로드의 시발지, 중국근대사와 개혁·개방 최전선의 창구로 삼겠다는 계획은, 13행 유적 개발이 갖는 현재적 의미를 잘 설명하고 있다. 그러나 역사, 문화계 인사는 한편으로는 리완구의 계획이 단지 13행 유적지를 '시디西상업구'(西隄는 현재 沿江西路)라는 다소 모호한 개념으로 이해하고 있음을 지적하기도 하였다.[43] 13행역사박물관 건립을 상권 개발 차원에서 활용하려는 리완구 정부와의 현실적 입장차를 짐작할 수 있다.

13행주제공원 건립을 주장하는 학계 문화계 인사는 현재의 광둥십삼행로, 문화공원의 현실에 대해 상당히 비판적이다. 그 비판은 주로 두 가지 측면에서 이루어지고 있다.

첫째는 광둥십삼행로가 의류도매시장으로 변모하면서, 과거 광둥 13행의 자취를 전혀 찾을 수 없다는 지적이다. 1757년부터 1840년까지 광저우는 서구와의 무역이 허가된 중국 유일의 대외 무역 항구로 외국 상인의 활동 기지는 13행 상관구였다. 13행 상관과 중국인 거주 지역을 구분하기 위해 13행 상관 북

---

42 「荔灣十三行擬造博物館群 專家建議遷服務市場」, 『南方日報』, 2011.11.15; 「廣州荔灣區 打造十三行商圈」北京路向東、南拓展」(來源 : 新浪), 2011.11.11(http://gz.ifeng.com/wen hua/detail_2011_11/11/105342_0.shtml).
43 沈超, 「歷史文化遺産視角下的十三行資源保護與開發」, 『十三行與廣州城市發展』(廣州 : 廣東世界圖書出版公司, 2011). 374~383쪽.

쪽에 만들어진 광둥십삼행가는 1926년 도로 건설 과정에서 광둥십삼행로로 이름이 바뀌었다. 그러나 13행 상관 일대의 유적과 관련하여 남아 있는 것은 광둥십삼행로라는 이름뿐이다.[44]

현재 광둥십삼행로에는 신중국대하新中國大厦를 비롯하여 의류도매시장이 자리하고 있다. 새벽부터 행인과 수레가 350미터(m)의 좁은 광둥십삼행로를 점유하고 있으며, 무질서하고 무분별한 개발이 이루어져있다.[45] 광둥십삼행로의 동쪽에 있는 신중국대하는 13행 상관 중 소계관, 화란관, 신영국관의 소재지이고, 그 서쪽으로 혼합관, 구영국관, 스웨덴관 등 각국 상관이 들어서있던 공간이지만, 역사적 흔적은 남아 있지 않다.

두 번째로, 문화공원의 위상과 관련한 지적이다. 문화공원 내 동문 쪽에 있는 한성漢城은 고전 건축 기법을 이용하여 한왕조의 궁궐, 원림을 재현한 것으로 의미가 있지만, 한왕조와는 아무런 연관이 없는 공간이다. 한성을 보수하면서 이곳이 13행 상관 내 영국 화원, 미국 화원의 유적지임이 밝혀졌지만, 문화공원 내 그 어디에도 13행 상관 유적지임을 알 수 있는 표지는 하나도 없다. 현재 문화공원의 재직 인원은 200여 명, 퇴직 직원은 300여 명으로, 공원에서 행해지는 업무에 비해 인원이 과다하고 재정 보조금의 부담이 크다. 광저우는 일구통상 시기 서구와의 대외무역이 개방된 유일한 도시로, 그 중심에 광둥 13행이 있다. 그 역사적 의미는 광둥십삼행로의 시끄럽고 질 낮은 의류도매시장, 문화공원의 현상 유지에 비해, 훨씬 크다.[46]

---

44 광둥십삼행로 입구에 13행 행상과 외국 상인 간의 거래를 묘사한 조각상이 세워져있다.
45 「十三行 : 一口通商造就天子南庫」(來源 : 南道網-『南方都市報』). 전문은 廣州文史 홈페이지 참고. http://www.gzzxws.gov.cn
46 「十三行 : 一口通商造就天子南庫」, 『廣州文史』; 楊宏烈 編, 앞의 책, 179쪽.

2) 문화공원 측의 대응

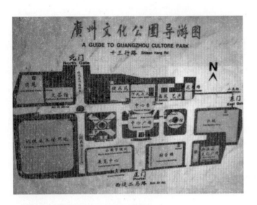

〈사진 1〉광저우문화공원 관람도
(2012.7.25 촬영)

그러면 이에 대한 문화공원 측의 대응은 어떠한가. 문화공원의 면적은 8만 7천 평방미터(㎡)로, 중심광장中心廣場, 중심대中心臺, 전람중심展覽中心, 수산관水産館, 한성漢城 등으로 구성되어 있다(〈사진 1〉 참고). 문화공원은 화난토특산전람교류대회가 끝난 뒤 그 시설물을 기초로 만들어졌기 때문에, 전람회 개최를 장점으로 내세운다. 공원의 중요한 3대 문화 활동으로 1년에 1회 영춘화회迎春花會(1957년부터), 중추등회中秋燈會(1956년부터), 양성국회羊城菊會(1953년부터)가 개최되고 있다. 관내 건축물 예컨대, 중심대는 원래 교류대회 기간 중 문화 체육 활동이 이루어졌던 곳인데, 현재까지도 경극京劇, 월극粤劇 등이 행해지고 있다. 역시 교류대회를 위해 만들어진 수산관은 건축가 샤창스夏昌世가 설계한 것으로, 1949년 이후 전국 최초의 수산관으로 오랜 전통을 갖고 있다.[47] 마오쩌둥을 비롯하여 류샤오치劉少奇, 저우언라이周恩來, 주더朱德, 덩샤오핑 등 뿐 아니라 국외 인사도 이곳을 참관한 바 있다. 이런 점에서 문화공원은 광저우 최초의 종합 문화, 오락 장소이면서도 역사적 의미가 깊은 곳이 다.[48]

---

47 광저우문화공원 홈페이지 참고(http://www.gzwhgy.com).
48 「凝聚一代人的集体文化記憶—廣州文化公園的故事」.

'십이오' 규획이 발표된 뒤 문화공원 측은 13행역사박물관 건립에 민감한 반응을 보였다. 그 계기는 2011년 7일 1일자로 문화공원의 관할권이 시市에서 구區로 이전되면서 촉발되었다. 『양성만보』는 2011년 6월 28일자 기사를 통해, 13행역사박물관 건립과 문화공원의 개조에 관한 문제를 비교적 중도적 입장에서 정리하고 있다. 그에 따르면, 원래 문화공원은 광저우시 원림국園林局이 관리하였지만 그 장소는 리완구에 있기 때문에, 광저우시 원림국과 리완구와의 협조가 충분해야만 일이 진행될 수 있었다. 7월 1일자로 공원 관할권이 리완구로 이전되면서 이러한 어려움이 해결되어 13행 상권商圈 계획이 제일보를 디디게 되었다는 점은 중요한 의미를 갖는다. 그러나 문화공원에 대한 집단 기억은 도시화로 급속히 변화하는 오늘에도 상실되어서는 안된다. 아마도 50~60대 이후 사람들의 심중에는 수산관, 오양배 바둑대회, 원소등회 등 문화공원의 정서가 13행에 대한 인상보다 훨씬 클 것이고, 공원 주변의 주민들 역시 공원의 관할권이 바뀐 뒤에도 공원에는 큰 변화가 일어나지 않기를 바란다.

문화공원의 관리권 이전은 학계, 문화계 관계자를 고무시켰다. 13행역사박물관과 13행주제공원 건립을 강력하게 주장하는 대표적 학자로 13행의 후예인 탄위안헝譚元亨은, 사몐은 13행의 후신後身이고 13행은 사몐의 전신前身이라고 하면서, 시디西堤에는 현재 해관박물관海關博物館, 우정박물관郵政博物館 등이 있기 때문에, 이곳에 13행역사박물관이 들어서면 광저우의 문화적 수준이 높아질 것이라고 하였다.

반면, 문화공원 내 건축물의 가치를 중시해야 한다는 의견도 적지 않았다. 문화공원 측은 13행역사박물관을 건설하되, 건설을 위한 건설로 진정한 역사의 흔적을 훼손해서는 안된다고 하였다. 광저우대학廣州大學 링난건축

연구소嶺南建築研究所 소장으로 사몐 문물 보호 전문가 탕궈화湯國華는, 문화
공원 안의 건축은 중화민국 초기 건축이 현대로 전환되는 과정을 잘 보여주
고 있다고 하면서, 예컨대 수산관의 건축사적 의미를 지적하였다. 중심대를
13행역사박물관으로 개조하자는 의견에 대해서도, 그 장소가 광저우의 '오
랜 세대'의 기억이 남아 있는 곳이므로, 개조의 여부는 응당 민의를 따라야
한다고 주장하였다. 또한 13행 상관구의 화재 이후 이미 문화공원 범위 내
의 13행은 단지 개념으로만 존재하고 있으므로, 문화공원의 원래 역사 흔적
은 보존되어야 한다는 견해를 피력하였다.[49] 이상『양성만보』의 2011년 6
월 28일자 기사에 의하면, 13행역사박물관 건립에 대해서는 반대하고 있지
않으나, 박물관의 건립이 문화공원에 대한 집단 기억, 역사적 건축물 등을
훼손해서는 안된다는 의견 또한 만만치 않음을 알 수 있다.

　여기서 13행역사박물관 건립을 주장하는 측이나 문화공원 측 모두 1951년
개최된 화난토특산전람교류대회를 거론하고 있음은 흥미롭다. 앞서 언급한
양훙례의 경우 13행주제공원의 건립은 시간적으로 일구통상一口通商, 아편
전쟁, 화난토특산전람교류대회, 광교회廣交會, 20세기 후반기의 개혁·개방
등과 연결되는 역사성을 갖추고 있다고 지적하였다. 이 경우 화난토특산전
람교류대회가 국내 상공업·무역의 활성화를 위해 개최되었고, 이 교류대회
의 경험이 중국출구상품교역회中國出口商品交易會 곧 광교회를 개최하는데
중요한 의미를 갖고 있음을 강조한다. 다시 말하자면, 대외 무역 중심지로서
13행 상관구의 '장소성placeness'에 주목하고 있는 것이다. 반면, 문화공원 측
은 화난토특산전람교류대회 장소가 영남문물궁을 거쳐 광저우문화공원으로

---

49 「大十三行規劃走出第一步, 街坊望保留文化公園」,『羊城晚報』, 2011.6.28.

개명되었다는 특수한 역사적 배경을 중시한다. 또한 이미 개념으로만 존재하는 과거 13행을 다시 소환하는 것은 역사를 거꾸로 돌리는 일이라고 하였다.

문화공원 관리권이 공식적으로 이양되고 나서 얼마 뒤, 문화공원 측은 공원의 위상과 미래에 대한 언론 발표회를 거행하였다. 『양성만보』 2011년 7월 8일자 기사에 의하면, 문화공원의 책임자 친구량秦谷良은 문화공원의 모든 인원과 시설은 7월부터 리완구로 이전되고 리완구 건설국建設局과 원림국園林局이 공동 관리한다고 밝혔다. 그러나 공원의 관할 단위가 리완구로 이전된 뒤에도 문화공원은 예전과 마찬가지로 광저우시 재정 보조 사업 단위이므로, 공원의 운영은 상대적으로 온전하고 큰 영향을 받지 않을 것이라고 하였다. 또한 시市, 구區의 주요 책임자가 여러 번 공원을 시찰하고, 대부분 현재의 의미를 중시하였음을 강조하였다. 2010년만 해도 광둥 지역 내 48개 단위의 월극단粵劇團이 문화공원에서 공연을 하였는데 관중이 8만 명을 넘었다고 하면서, 과거 또는 현재에도 문화공원은 광저우인에게 매우 중요한 문화 장소임을 재차 지적하였다.[50]

문화공원의 이름을 둘러싼 논란은, 8월 16일 "광저우 리완구장이 문화공원의 이름은 영원히 변하지 않을 것임을 승낙"함으로써 마무리되었다. 『남방도시보南方都市報』는 2011년 8월 16일자 기사에서 다음과 같이 기술하였다. 문화공원 측은 2001년 12월 정식 설립한 광저우십삼행유지개발이용촉진위원회가 문화공원을 13행주제공원으로 건립하겠다는 의견을 제출하면서부터, 문화공원이 13행주제공원에 의해 없어지게 되는 것을 우려하였다. 그러나 문화공원이 구區로 이양된 이후, 광저우시 부시장과 리완구장이 모

---

50 「文化公園 不改名也不改"性"」, 『羊城晚報』, 2011.7.8.

두 공원의 이름이 바뀌지 않을 것임을 약속함으로써 "10년의 개명을 둘러싼 논쟁은 종결되었다."[51]

위의 기사는 개명을 눌러싼 논쟁이 10년간 계속되었다고 언급하고 있지만, 실제로 그 논쟁이 공식적으로 이루어졌는지는 확인되지 않는다. 또한 문화공원의 이름은 바뀌지 않을 것이라는 이 기사에 대해, 13행역사박물관 건립을 주장하는 학계, 문화계 인사가 어떤 반응을 보였는지도 정확히 드러나지는 않는다. 다만, 문화공원 측도 13행역사박물관 건립은 이미 연구 조사 단계에 들어갔고, 공원 내에 13행 기념 시설을 만드는 것에 대해서는 인정하고 있다. 그러나 문화공원의 이름은 계속 유지됨으로써 향후 문화공원 개조의 수준과 정도에 대해 논란의 여지를 남겨둔 셈이다.

문화공원 측은 1952년 3월 8일 링난문물궁으로 개명된 날을 건립일로 기념하고 있다. 2012년 3월 8일 문화공원 건립 60주년을 맞이하여, 『양성만보』는 2012년 3월 7일자에 「생일을 축하합니다. 문화공원」이라는 제하의 기사를 한 면에 걸쳐 게재하고, 60세 생일을 맞이한 문화공원이 7가지 측면에서 최초의 의미를 갖는다고 선전하였다.[52] 문화공원의 개조를 주장하는 학계, 문화계의 여론을 의식한 문화공원 측의 적극적 대응책이라고 할 수 있다.

---

51 「廣州荔灣區長承諾文化公園名字永遠不變」, 『南方都市報』, 2011.8.16.
52 첫째, 국내 최초로 '문화'로 명명된 공원이다. 둘째, 전람회 개최에 선구적 역할을 하였다. 셋째, 최초로 공원에서 영춘화회迎春花會, 중추등회中秋燈會, 양성국회羊城菊會를 거행하였고, 공원의 3대 전통 문화 활동으로 지금까지 진행되고 있다. 넷째, 공원 중 가장 많은 문예오락 장소를 갖추고 있다. 다섯째, 최초로 전시성全市性 관람 활동을 거행하였다. 여섯째, 최초로 대형 바둑대회가 열렸다. 1956년 개최된 성항省港 바둑대회가 성과를 거두자 이어서 전국 각지 바둑 명수 대항전이 열리고, 1980년대부터는 『양성만보』와 제휴하여 전국 바둑대회인 오양배五羊盃 바둑대회를 개최하였다. 일곱째, 일찍이 최대 관중을 보유한 공원이었다. 1960년대 광주의 인구가 200만 명도 되지 않았을 때 이 공원에는 매년 관람객 1천 명을 넘는 기적을 이루었다. 「生日快樂！文化公園」, 『羊城晚報』, 2012.3.7.

13행역사박물관 건립을 둘러싼 논의를 살펴보면, 13행과 문화공원의 기억에 대해 서로 다른 층위가 존재함을 알 수 있다. 역사문화계의 비판처럼, 문화공원에 대한 역사적 기억을 강조하는 문화공원 측의 입장을, 단순히 문화공원의 기득권 유지 측면으로만 폄하할 수는 없다. 문화공원이 광저우인에게 역사적 의미를 갖는 친밀한 장소였음도 부인하기 어렵다. 그러나 현재 광저우에서 13행 유적 개발을 주장하는 학계, 문화계의 목소리는 문화공원의 현상 유지를 주장하는 여론에 비해 훨씬 크다. 13행 상관구의 장소성을 둘러싼 경합에서 문화공원의 개조와 13행역사박물관 건립은 현실화되었다. 이는 박물관 건립을 상권 개발 차원에서 활용하려는 광저우시 리완구의 전략과도 맞물려 있다. 더 나아가 중국 문명의 글로벌화를 강조하는 중국 정부의 방침에도 부응하는 것임은 물론이다.

참고문헌

『南方日報』

『羊城晩報』

『南方都市報』

廣州文化公園(http://www.gzwhgy.com)

中國人民政治協商會議廣州市委員會 編, 『廣州文史』(http://www.gzzxws.gov.cn)

김승욱, 「근대 상하이 도시 공간과 기억의 굴절」, 『중국근현대사연구』 41, 중국근현
　　　　대사학회, 2009.

박기수, 「청대 광동의 대외무역과 광동상인」, 『명청사연구』 9, 명청사학회, 1998.

유장근, 「아편전쟁 시기의 「漢奸」에 대하여」, 『경남사학』 창간호, 경남사학회, 1984.

이은자, 「개혁 개방 시기 중국 '근대'에 대한 역사인식-역사극『走向共和』를 둘러싼
　　　　논쟁을 중심으로」, 『중국근현대사연구』 25, 중국근현대사학회, 2005.

_____, 「광동 13행과 개항의 기억」, 『사총』 76, 고려대 역사연구소, 2012.

_____, 「廣州의 개항 기억-내셔널리티와 로컬리티의 사이에서」, 『아시아문화연
　　　　구』 29, 경원대 아시아문화연구소, 2013.

한지은, 「탈식민주의 도시 상하이에서 장소 기억의 경합」, 『문화역사지리』 제20권
　　　　제2호, 문화역사지리학회, 2008.

李國榮 편, 이화승 역, 『제국의 상점』 소나무, 2008(李國榮, 『帝國商行—淸代廣州十
　　　　三行紀略』, 廣州 : 廣東人民出版社, 2006).

冷東, 「在中國走向世界的過程中考察廣州十三行的歷史地位」, 『廣州大學學報』(社會
　　　　科學版) 제9권 제8기, 廣州大學, 2010.

戴學稷, 「兩次鴉片戰爭期間廣東人民的反侵略鬪爭」, 『鴉片戰爭史論文專集』, 北京 :
　　　　人民出版社, 1990.

沈超, 「歷史文化遺産視角下的十三行資源保護與開發」, 『十三行與廣州城市發展』, 廣
　　　　州 : 廣東世界圖書出版公司, 2011.

楊顥, 「沙面租界槪述」, 『廣州的洋行與租界』(廣州文史資料 第44輯), 廣州 : 廣東人民

出版社, 1992.

倪俊明,「廣州城市道路近代化的起步」,『廣州史志』第1期, 廣州市地方志編纂委員會, 2002.

王雲泉,「廣州租界地區的來龍去脈」,『廣州的洋行與租界』(廣州文史資料 第44輯), 廣州:廣東人民出版社, 1992.

章文欽,「起源于十三行的廣州街名」,『廣東十三行與早期中西關係』, 廣州:廣東經濟出版社, 2009a.

_____,「清代西關十三行的幾次火災」,『廣東十三行與早期中西關係』, 廣州:廣東經濟出版社, 2009b.

程浩,「兩次鴉片戰爭對廣州港的影響」,『羊城今古』, 第5期, 廣州市地方志辦公室, 1990.

趙矢元,「第一次鴉片戰爭后廣東人民反對英國租地的鬪爭」,『鴉片戰爭史論文專集』, 北京:人民出版社, 1990.

趙春晨,「張之洞與廣東的近代化」,『張之洞與廣東的近代化』, 北京:中華書局, 1999.

_____・陳享冬,「應當重視對廣州十三行商館區的研究」,『十三行與廣州城市發展』, 廣州:廣東世界圖書出版公司, 2011.

曾昭璇 等,「廣州十三行商館區的歷史地理」,『廣州十三行滄桑』, 廣州:廣東省地圖出版社, 2001.

陳敬堂,「籌建十三行歷史博物館芻議」(代跋),『廣州十三行滄桑』, 廣州:廣東省地圖出版社, 2001.

『張文襄公全集』제1책(영인), 北京:中國書店, 1990.

楊宏烈 編,『廣州泛十三行商埠文化遺址開發研究』, 廣州:華南理工大學出版社, 2006.

楊萬秀 主編,『廣州通史』近代卷 下冊, 北京:中華書局, 2010a.

_____,『廣州通史』當代卷 上冊, 北京:中華書局, 2010b.

廣東省立中山圖書館 編,『老廣州』, 廣州:嶺南美術出版社, 2009.

潘剛兒 等 編,『潘同文(孚)行』, 廣州:華南理工大學出版社, 2006.

李權時 等 主編,『嶺南文化』(修訂本), 廣州:廣東人民出版社, 2010.

[美] 亨特, 沈正邦 譯,『舊中國雜記』, 廣州:廣東人民出版社, 2008a(Hunter, William C., *Bits of old China*(2nd ed.), 1911).

[美] ____, 馮樹鐵 譯, 『廣州番鬼錄』, 廣州 : 廣東人民出版社, 2008b(Hunter, William C.,
　　　The Fankwae at Canton(3nd ed.), 1938).

[美] 馬士, 張匯文 等 譯, 『中華帝國對外關係史』 제1권, 上海 : 上海書店出版社,
　　　2000(Morse, Hosea Ballou, *The international relations of the Chinese empire,* 1910).

[美] 魏斐德, 王小荷 譯, 『大門口的陌生人』, 北京 : 中國社會科學出版社, 2002(제2차
　　　인쇄)(Frederic Wakeman, Jr, *Strangers at the Gate : Social Disorder in South China, 1839
　　　~1861,* The Regents of the University of California, 1966).

필자소개

신지은(辛智恩, Shin, Ji Eun)은 부산대학교 한국민족문화연구소 HK교수이다. 프랑스 파리 5대학교 사회학박사이며, 문화사회학 전공이다. 일상생활의 사회학과 공간사회학, 문학사회학 등에 관심을 갖고 있다.

차철욱(車喆旭, Cha, Chul Wook)은 부산대학교 한국민족문화연구소 HK교수이다. 부산대학교 문학박사이며, 한국 현대사 전공이다. 로컬로 이주해 온 사람들의 역사적인 경험이 로컬리티 구성에 어떤 관련이 있는지에 관심을 가지고 있다.

차윤정(車胤汀, Cha, Yun Jung)은 부산대학교 한국민족문화연구소 HK교수이다. 부산대학교 문학박사이며, 국어학 전공이다. 언어나 매체를 대상으로 로컬리티의 재현 메커니즘과 양상, 그리고 주체의 문제에 관심을 두고 있다.

장세용(張世龍, Jang, Se Yong)은 부산대학교 한국민족문화연구소 HK교수이다. 영남대학교 문학박사이며, 역사이론 전공이다. 서양 근현대사상의 한국적 변용과 지역적 변용에 관심을 가지고 있다.

하용삼(河龍三, Ha, Yong Sam)은 부산대학교 한국민족문화연구소 HK연구교수이다. 독일 브레멘대학교 철학박사이며, 독일근대철학 전공이다. 후설의 현상학, 아감벤의 정치철학과 공동체의 관계를 연구하고 있다.

박규택(朴奎澤, Park, Kyu Taeg)은 부산대학교 한국민족문화연구소 HK교수이다. 미국 하와이 주립대학 지리학박사이며, 인문지리 전공이다. 사회·경제 공간, 지리사상, 질적 방법론으로의 생애구술사에 관심을 두고 있다.

공윤경(孔允京, Kong, Yoon Kyung)은 부산대학교 한국민족문화연구소 HK연구교수이다. 부산대학교 공학박사이며, 도시공학 전공이다. 장소, 건축, 도시 등의 공간구조와 함께 로컬리티의 형성, 변화에 관한 연구를 수행하고 있다.

조관연(趙寬衍, Cho, Gwan Yeon)은 부산대학교 한국민족문화연구소 HK교수이다. 독일 쾰른대학교 철학박사이며, 문화인류학 전공이다. 문화변동과 영상과 문화의 관계 그리고 세계화와 공간의 재구성에 대해 관심을 갖고 있다.

이은자(李銀子, Lee, Eun Ja)는 부산대학교 한국민족문화연구소 HK교수이다. 고려대학교 문학박사이며, 중국 근현대사 전공이다. 중국의 비밀결사, 산둥山東 지역사, 재한在韓 화교와 화공華工 등의 문제에 관심이 많다.